INNOVATIVES UNI-MANAGEMENT

Eine Orientierung

herausgegeben von

ALBERT F. OBERHOFER

JOSEF W. WOHINZ

JOSEF KROPIUNIG

Verlag Österreich

Wien 1997

98: 07782

ISBN 3-7046-1027-5

© Österreichische Staatsdruckerei AG 1997
Rennweg 12a, A-1037 Wien
Tel. (++431) 79 789-333, Fax (++431) 79 789-502
e-mail: buch@verlag.oesd.co.at

Satz: Ch. Weismayer, Wien/Salzburg

Inhaltsverzeichnis

4

Vorwort

Die unmittelbar hinter uns liegenden Jahre waren weniger durch Kontinuität und mehr durch Dynamik bis Turbulenz in der allgemeinen Entwicklung gekennzeichnet. Diese Tendenz zum rascheren Wandel, zur Erhöhung der Veränderungsgeschwindigkeit betrifft praktisch alle Bereiche der Gesellschaft. Sie macht selbstverständlich auch vor den Universitäten nicht halt. „Die Universitäten befinden sich im Umbruch" kann heute treffend als Schlagwort verwendet werden und beschreibt damit durchaus die aktuelle Situation. Zwei Beispiele sollen dies verdeutlichen:

Mit der Entscheidung für das Universitäts-Organisationsgesetz 1993 wurde eine Entwicklung an den Universitäten Österreichs eingeleitet, die noch längst nicht abgeschlossen ist und deren Ergebnisse heute nur partiell beurteilt werden können.

Auf der Ebene der Europäischen Rektorenkonferenz hat man das Thema „Innovative University Management" im Mai 1996 zu einem Konferenz-Schwerpunkt erklärt, um dieser Entwicklung Rechnung zu tragen.

In diesen beiden Anlässen ist wohl auch der gedankliche Ansatz für die vorliegende Publikation zu sehen. Der gewählte Titel „Innovatives UNI-Management: Eine Orientierung" sollte das Anliegen der Verfasser bereits deutlich zum Ausdruck bringen.

Es geht um eine Auseinandersetzung mit der aktuellen Entwicklung, insbesondere an Österreichs Universitäten. Dabei soll dem Management-Aspekt, und hier vor allem der innovativen Gestaltung an Universitäten, besonders Rechnung getragen werden. Allerdings ist nicht beabsichtigt, eine alle Details einschließende Gesamtdarstellung zu liefern, sondern eher Denkanstöße zur Orientierung für zukünftige Entscheidungssituationen anzubieten. Als Zielgruppe werden alle VertreterInnen im Bereich innerhalb und außerhalb unserer Universitäten angesehen, denen die weitere Entwicklung dieser Einrichtung ein Anliegen ist.

Der Komplexität dieser Aufgabenstellung soll durch zwei sich ergänzende Maßnahmen entsprochen werden. Einerseits soll dies durch die inhaltliche Struktur der Darstellung gewährleistet werden und andererseits durch die Zusammensetzung des Autorenteams.

Albert F. Oberhofer, ehemaliger Industriemanager, emeritierter Ordinarius für Wirtschafts- und Betriebswissenschaften und mehrmaliger Rektor an der Montanuniversität Leoben, gab den Anstoß zu dieser Publikation. Er bringt damit sein Management-Know-how aus Praxis und Theorie ein, und seine Handschrift tragen insbesondere die Kapitel 1 und 4.

Josef W. Wohinz verfügt aus seiner Tätigkeit als Führungskraft in der Industrie und seiner Amtsperiode als Rektor der Technischen Universität

Graz über ähnliche Erfahrungswerte. Als Ordinarius für Industriebetriebslehre und Innovationsforschung trägt er im wesentlichen das Gesamtkonzept sowie die inhaltliche Gestaltung der Kapitel 2, 3 und 6.

Josef Kropiunig, ehemaliger Präsident des Oberlandesgerichtes Graz und Honorarprofessor an der Montanuniversität Leoben sowie der Karl-Franzens-Universität Graz, beleuchtet das gewählte Thema aus rechtlicher Sicht und prägt damit insbesondere das Kapitel 5.

Die Darstellung ist ganz bewußt im Sinne eines integrierten Management-Konzeptes und damit als gesamthafte Orientierung gehalten. Das Schwergewicht liegt dementsprechend nicht auf der Ausarbeitung zu durchaus wichtigen Einzelfragen; meist liegt dazu ohnehin einschlägige Fachliteratur vor.

Die Arbeit ist aus der praktischen Erfahrung heraus angeregt worden und auch für den praktischen Gebrauch gedacht. Es kann selbstverständlich nicht die Absicht sein, hier vordergründig plakative Patentrezepte für die Universität der Zukunft anzubieten. Vielmehr ist es das Ziel, in praktisch handhabbarer und gleichermaßen wissenschaftlich sorgfältiger Form das gesamte Problemfeld auszuleuchten. Aus dem Aufzeigen der grundsätzlichen Hintergründe sollten aber auch Ansatzpunkte zur innovativen Gestaltung abgeleitet werden können.

Selbstverständlich hoffen die Verfasser auf LeserInnen aus vielen Bereichen des Universitätslebens, die sich kritisch und für sich selbst anregend mit den hier dargelegten Gedanken auseinandersetzen.

Einer möglichen mißverständlichen Interpretation soll hier a priori begegnet werden. Es kann nicht die Absicht sein, die Universität in Zukunft allein nur noch nach Management-Gesichtspunkten zu betrachten. Vielmehr sollte es so sein, daß an den Universitäten in ihrer Größe, Bedeutung, Vielfalt und Differenziertheit Management-Aspekte in Zukunft nicht völlig außer acht gelassen werden können. Insofern geht das Anliegen hier eher in Richtung einer Ergänzung zur gesamthaften Beschreibung, Erklärung und Gestaltung universitärer Entwicklungsschritte.

Zum Abschluß bleibt nur noch zu danken. Dies betrifft zunächst diejenigen Personen, mit denen in vielen fruchtbaren Gesprächen einzelne Inhalte entwickelt wurden; der Dank bezieht sich aber auch auf jene Personen, die zur Realisierung als Buch wichtige Beiträge geleistet haben.

Dipl.-Ing. Johannes Stosiek, Wuppertal, Absolvent der Technischen Universität Graz, Führungskraft, aber auch Künstler mit Ausstellungen im In- und Ausland, lieferte dankenswerterweise die beiden Cartoons, die den Anfang bzw. den Abschluß innovativen UNI-Managements verdeutlichen sollen.

Frau *Ingrid Karpf*, Frau *Anneliese Krenn* und Herr *Dipl.-Ing. Hans J. Lercher* waren um die konkrete Ausfertigung ganz besonders bemüht;

schließlich gilt der Dank Herrn *Mag. Herbert Klein* und dem Verlag Österreich, der die Drucklegung in engagierter Weise und gleichzeitig ansprechender Form übernommen hat.

Graz/Leoben, im Juni 1997   *Albert F. Oberhofer*
                                             Josef W. Wohinz
                                             Josef Kropiunig

Kapitel 1:
Zur Einleitung: Merkmale der aktuellen Situation

,,UOG 93 – Was nun?
Am Markt vorbei!
Unis sind Elfenbeintürme
Die Universitäten im Wettbewerb
Entscheidungslosigkeit gefährdet Uni-Existenz"
    So oder ähnlich lauten die Schlagzeilen, unter denen heute zu aktuellen Fragen der Universitätsentwicklung in unterschiedlicher Weise Stellung genommen wird. Es ist dies eine willkürliche Auswahl, und die Auflistung kann noch beliebig erweitert werden.
    In der nun schon fast tausendjährigen Geschichte der Universitäten in Europa ist ein Zustand eingetreten, der von praktisch allen Mitgliedern unserer scientific community als nicht optimal, vielfach als beklagenswert, manchmal als unzumutbar bezeichnet wird (Abb. 1.1).

1.1. Die historische Entwicklung

Die ,,universitas" ist, historisch gesehen, aus einem Entstehungs- und Konsolidierungsprozeß hervorgegangen, der im 11. und 12. Jahrhundert begann (siehe dazu: *R. A. Müller* [39]). Es gibt verschiedene Entstehungstheorien für die Universitäten. Mit Wahrscheinlichkeit wird angenommen, daß eine Kombination der sogenannten ,,Intellekt-Theorie" und der ,,Sozial-Theorie" der Wirklichkeit am nächsten kommt. Die Intellekt-Theorie besagt, daß wissenschaftliches Interesse allein motivierend war, sich ein Forum für geistige Entfaltung zu schaffen. Die Sozial-Theorie besagt, daß die Hochschulen des 12. Jahrhunderts sich als neue Formen sozialen Zusammenlebens, -arbeitens, -forschens etablierten.
    Die universitates erwarben sich akademische Sonderrechte, so insbesondere das Privileg der Selbstverwaltung mit Rektorswahl, Senat, Vollversammlung, das Promotionsrecht, das Statutenrecht sowie die Jurisdiktionshoheit.
    Zur ersten Generation von Universitäten gehören jene von Paris und Bologna, aber auch Oxford und Cambridge sind dazu zu zählen. Das Bologneser Modell bevorzugte mit seiner Verfassung die Studenten (Rektorswahl, Rektoramt, Kontrolle der Professoren in Lehre und Besoldung), das Pariser Modell war eine Professorenuniversität mit Fakultätseinteilung. Letztere war prägend für das europäische Universitätswesen bis in die Moderne.

Abb. 1.1: Die UNIs in der Krise? (Cartoon von J. Stosiek)

Zur zweiten Generation zählen die universitates mit Gründungsprivileg durch königliche, kommunale oder sonstige staatliche Dekrete und Rechtsakte. Hierzu zählen insbesondere jene von Salamanca, Neapel und Toulouse im 13. Jahrhundert. Im Bereich des Deutschen Reiches setzten die Universitätsgründungen in der Mitte des 14. Jahrhunderts ein. Zu diesen Universitäten zählen beispielsweise jene in Prag, Wien und Heidelberg.

Die Entwicklung der mittelalterlichen universitas vollzog sich grundsätzlich als eine Entwicklung in der Kirche wie auch als Emanzipation von der Kirche.

Das Fakultätenschema – ausgehend von der Pariser Universität – begann, sich im Verlauf des 13. Jahrhunderts durchzusetzen. Die sich herauskristallisierenden vier Fachbereiche (facultates) waren Philosophie, Medizin, Jurisprudenz und Theologie.

Mit dem Übergang vom Mittelalter zur frühen Neuzeit erfolgte eine Ablösung des scholastischen Lehr- und Wissenschaftsbetriebes durch das humanistische Lebens- und Bildungsprinzip. Die Universitäten reagierten dabei auf Strömungen in Zentren humanistischer Gelehrsamkeit. Der Humanist war Gelehrter, Literat und Rhetoriker. Im Deutschen Reich wurde im Rahmen der Bildungsreform der Humanismus von der Reformation überlagert. Martin Luther übernahm die Leitbildfunktion von Erasmus von Rotterdam. Die Universitätsaufsicht lag beim landesherrlichen Kirchenregiment.

In der zweiten Hälfte des 17. Jahrhunderts wurden die humanistischen Ideen durch rationalistische Ideen abgelöst, wobei gleichzeitig ein Aufstieg der empirischen Wissenschaften zu verzeichnen war. Logik, Metaphysik, Mathematik, Physik und Geographie gewannen an Bedeutung. Observatorien wurden errichtet; naturkundliche und physikalische Kabinette wurden verbessert; botanische Gärten, klinische Ambulatorien und anatomische Institute wurden gegründet. Am Beginn des 18. Jahrhunderts wurden an den Universitäten Halle und Frankfurt an der Oder die ersten ordentlichen Professuren für Kameralia und Ökonomia gegründet.

Die Dominanz der Utilia (nützlichen Fächer) gegenüber den Kuriosa (Kuriositäten) führten zu kritischen Vorwürfen gegenüber den bestehenden Universitäten, die diesen Idealen nur in beschränktem Umfang nachkamen. Gottfried Wilhelm Leibniz (1646 – 1716) sparte nicht mit Spott an den mönchischen Anstalten, an denen man sich seiner Ansicht nach mit „Leeren Grillen" beschäftigte.

Insgesamt ist zu beobachten, daß Reformen, Neuerungen und Lebensfähigkeit vor allem von den Landesherren angestoßen und garantiert werden mußten. Vorstellungen der Universitäten und ihrer Professoren vermochten nur unter bestimmten Voraussetzungen das Handeln der Landesherren mitzubestimmen, nämlich dann, wenn sie ihrer Hochschule ohnehin geneigt waren. Der frühen Neuzeit waren verschachtelte Kompetenzen, sich scheinbar widerstreitende Ansprüche, horizontal sich gliedernde und konkurrierende Instanzen nichts Ungewöhnliches. In vielen Lebensbereichen gab es das. Folgerichtig störte es weder staatliche noch kirchliche Zuständigkeitsansprüche, daß die Universitäten einen gelegentlich bemerkenswert weiten Selbstbestimmungsraum bewahren konnten.

Gegen Ende des 18. Jahrhunderts besaß Deutschland etwa 45 Universitäten. Es kam zu einer Art Übersättigung an Universitäten mit einer ,,akademischen Überproduktion". Der Konservatismus in der Lehre, aber auch die mangelhafte Beteiligung der Universitäten an der Forschung erfuhr oftmals eine Mißbilligung. So kam es, daß etwa die Hälfte der deutschen Universitäten eingestellt oder zu zweitrangigen Hochschultypen degradiert wurden.

Diese ,,Universitätskrise" wurde durch eine neue Universitätsideologie überwunden, die die Hochschule zur ,,Gelehrtenrepublik" machte. Neben die akademische Lehre trat die eigenverantwortliche Forschung. Dieser neue Universitätstypus entstand im ersten Drittel des 19. Jahrhunderts und war die Idee von großen Reformern. Durch Wilhelm von Humboldt an der Universität Berlin wurde die Idee Realität.

Wilhelm von Humboldt (1767 – 1835) brachte revolutionäre Neuerungen. Er stellte den Vorrang von Wissenschaft und Forschung vor der Lehre her. Er verband diesen Leitgedanken ,,allein der Hauptgesichtspunkt bleibt die Wissenschaft" mit dem Postulat der Wissenschaftsfreiheit ,,so sind (in Wissenschaft und Universität) Einsamkeit und Freiheit die in ihrem Kreise vorwaltenden Prinzipien". Hiermit wird der wesentliche Unterschied zur ,,Lernuniversität" früherer Jahrhunderte deutlich.

In der Programmschrift Humboldts ,,Über die innere und äußere Organisation der höheren wissenschaftlichen Anstalten in Berlin" finden sich folgende wesentliche Kerngedanken (siehe dazu: *R. A. Müller* [39] bzw. *W. Rüegg* [59]):
– eine inhaltlich bestimmte Idee vom Wesen der Universität;
– das Organisationsprinzip der Einheit von Forschung und Lehre;
– die staatlich garantierte Wissenschaftsautonomie der Universität;
– ein Berufungsmonopol seitens der staatlichen Verwaltung;
– der Wettbewerb innerhalb der Universität.
Mit der Industrialisierung in der zweiten Hälfte des 19. Jahrhunderts entwickelten sich die Universitäten hin zur ,,Großwissenschaft" und somit zum ,,Großbetrieb der Wissenschaft". Diese Entwicklung beeinträchtigte die Darstellung der Universität als Vermittlerin humanistisch akademischer Bildung, welche ersetzt wurde durch das Postulat der wissenschaftlich-forscherlichen Ausbildung.

Der Wandel zum wissenschaftlichen Großbetrieb beruhte zum einen auf dem Fortschreiten der wissenschaftlichen Spezialisierung und der Verwissenschaftlichung der entstehenden Industriegesellschaft, zum anderen auf dem enormen Anstieg der Studentenzahlen.

Für den akademischen Großbetrieb waren neben ordentlichen Professoren auch in zunehmender Zahl außerordentliche Professoren und Assistenten sowie Privatdozenten erforderlich. Das führte dazu, daß zu Beginn des 20. Jahrhunderts an deutschsprachigen Universitäten zwei Fünftel Ordinarien und drei Fünftel Extraordinarien und Privatdozenten arbeiteten. Erste Anzeichen von Organisationsaufgaben im Forschungs- und Lehrbetrieb machten sich bemerkbar.

In der zweiten Hälfte des 19. Jahrhunderts erfolgte eine immense Ausdehnung des universitären Fächerkanons, die sich zu Beginn des 20. Jahrhunderts fortsetzte. Dies erfolgte in allen Fakultäten, beginnend bei den philosophischen Fakultäten über die medizinischen Fachbereiche bis hin zu den Naturwissenschaften, die verstärkt in das Universitätsgeschehen einbezogen wurden.

Im letzten Drittel des 19. Jahrhunderts erfaßte auch das technische Hochschulwesen eine starke Aufwärtsentwicklung. Pionierhafte Vorbereiter für dieselben waren die Polytechnischen Schulen und die Bergakademien, die im letzten Drittel des 18. Jahrhunderts und im ersten Drittel des 19. Jahrhunderts zur Ausbildung von technisch versierten Personen gegründet worden waren. Der Durchbruch der wissenschaftlichen Technik erfolgte durch die Industrialisierung. Allmählich erfolgte eine Aufwertung der Polytechniken zu „Hochschulen" und weiter zu „Technischen Hochschulen".

Nach Kontroversen zwischen Universitäten und Technischen Hochschulen erfolgte um die Wende vom 19. zum 20. Jahrhundert eine Angleichung der Professoren und des Promotionsrechtes.

Neben den technischen Hochschulen entstanden weitere Fachanstalten mit Hochschulstatus, etwa Handels- bzw. Wirtschaftshochschulen, Landwirtschafts- und Forsthochschulen sowie tierärztliche Hochschulen.

Die beiden Weltkriege im 20. Jahrhundert und die Zwischenkriegszeit wirkten sich naturgemäß auf die Entwicklung der Universitäten aus. Mit dem Wiederaufbau in der zweiten Hälfte des 20. Jahrhunderts erlebten die Universitäten einen Boom in der Entwicklung.

Steigender Lebensstandard und eine verbesserte soziale Absicherung führten zu steigenden Studentenzahlen, zu Neugründungen von Universitäten und damit auch zu einer Erhöhung des Personalstandes an den Universitäten sowohl an wissenschaftlichem Personal als auch an nichtwissenschaftlichem Personal.

„Einsamkeit und Freiheit", das Leitmotiv der Humboldt-Universität wird an den modernen „Massenuniversitäten" in Frage gestellt. Ende der 60er Jahre

14

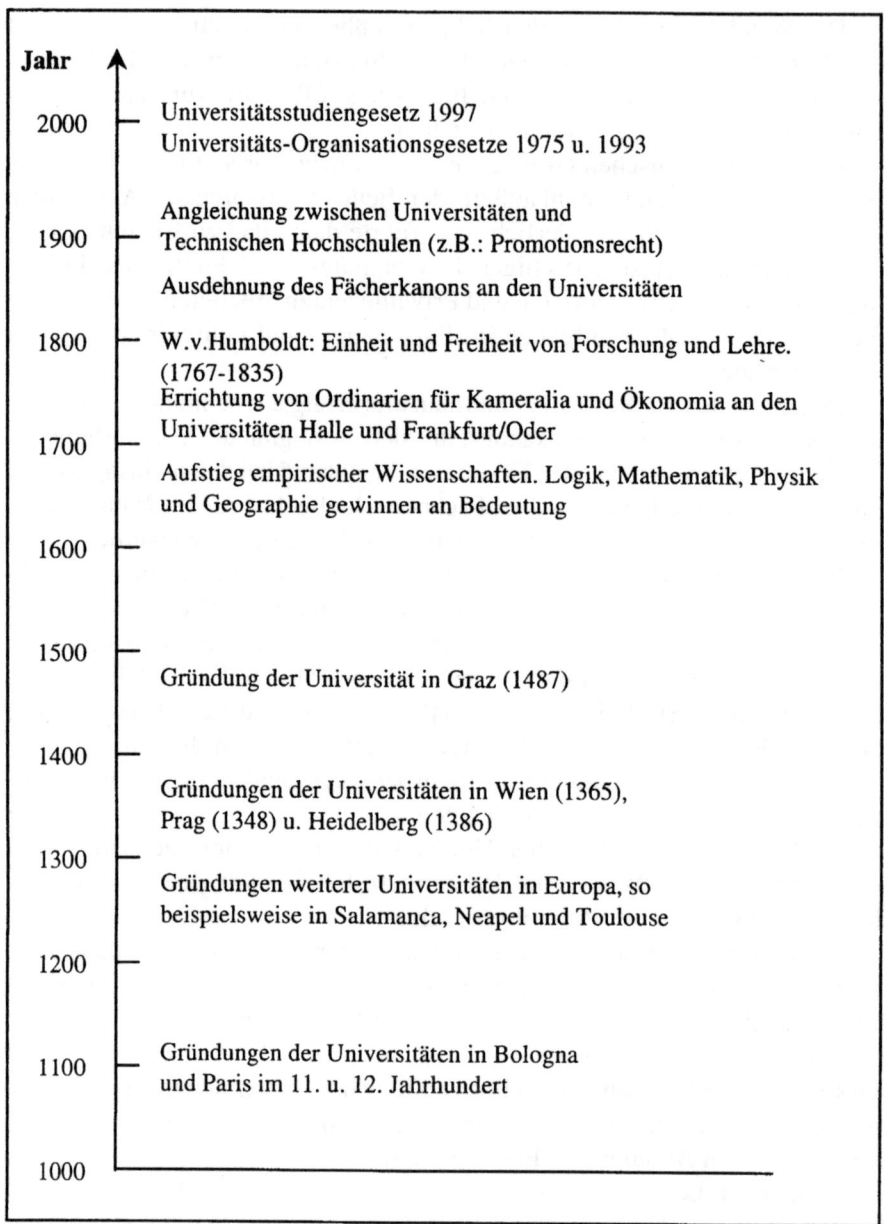

Jahr

2000 — Universitätsstudiengesetz 1997
Universitäts-Organisationsgesetze 1975 u. 1993

1900 — Angleichung zwischen Universitäten und
Technischen Hochschulen (z.B.: Promotionsrecht)

Ausdehnung des Fächerkanons an den Universitäten

1800 — W.v.Humboldt: Einheit und Freiheit von Forschung und Lehre.
(1767-1835)
Errichtung von Ordinarien für Kameralia und Ökonomia an den
Universitäten Halle und Frankfurt/Oder

1700 —

Aufstieg empirischer Wissenschaften. Logik, Mathematik, Physik
und Geographie gewinnen an Bedeutung

1600 —

1500 —

Gründung der Universität in Graz (1487)

1400 —

Gründungen der Universitäten in Wien (1365),
Prag (1348) u. Heidelberg (1386)

1300 —

Gründungen weiterer Universitäten in Europa, so
beispielsweise in Salamanca, Neapel und Toulouse

1200 —

1100 — Gründungen der Universitäten in Bologna
und Paris im 11. u. 12. Jahrhundert

1000 —

Abb. 1.2: Zeittafel über die Entwicklung der Universitäten in Europa

sprach man sehr oft von „Bürokratisierung, Verschulung, Massenausbildung, Studentenberg". Dies ergab sich zwangsläufig aus der rapiden Expansion des Universitätswesens. Die Studentenrevolte von 1968 war nicht zuletzt eine Folge einer Universitätsorganisation und -führung, beginnend beim zuständigen Bundesministerium bis hin zu den Universitäts-, Fakultäts- und Institutsleitungen. Die Großuniversitäten mit sehr vielen Studenten und weit verzweigten spezialisierten Fächern waren mit der damaligen Organisation und dem Management, basierend auf Ordinariaten, ohne ein geeignetes Führungsinstrumentarium und Evaluierungssystem nicht mehr führbar (siehe dazu: *A. G. Absenger* [1]). Mit der Studentenrevolte 1968 wurden doch wesentliche Veränderungen in der Universitätsorganisation ausgelöst. Forderungen nach „Demokratisierung" der „Ordinarienuniversität" entstanden. Anstelle der Ordinarienuniversität bildete sich in der Bundesrepublik Deutschland und Österreich die „Gruppenuniversität".

In einer Zeittafel (Abb. 1.2) wird ein Überblick über wesentliche Meilensteine der Universitätsgeschichte gegeben.

1.2. Die aktuellen Probleme

Die Ausgaben der Republik Österreich für Universitäten und Hochschulen umfassen einerseits den beim Bundesministerium für Wissenschaft, Verkehr und Forschung veranschlagten Personal- und Sachaufwand einschließlich der hochschulrelevanten Forschungsförderung, andererseits die beim Bundesministerium für wirtschaftliche Angelegenheit budgetierten Bauausgaben.

Diese Hochschulausgaben sind in den vergangenen Jahren laufend angestiegen. Die jährlichen Steigerungsraten lagen bei 3,5 bis 8,4% bis einschließlich 1995.

Der Anteil des Hochschulbudgets am Bundeshaushalt stieg von 3,4% (1990) auf 3,94% (1995), jener am Bruttoinlandsprodukt von 1,07% auf 1,25%. Für 1996 ist ein Anteil am Bundeshaushalt von 3,97% veranschlagt, für 1997 von 4%.

Die Entwicklung des Hochschulbudgets im Vergleich mit der Anzahl der Studenten und dem Bundeshaushalt zeigt, daß die Steigerung des Hochschulbudgets über den Zuwächsen bei den Studenten liegt.

Mit den Budgets für 1996 und 1997 der Republik Österreich wurden auch dem Sektor „Universitäten" Sparmaßnahmen auferlegt. Besonders spürbar für den laufenden Universitätsbetrieb sind Einschränkungen im Personalsektor.

Es zeigte sich in der Führung der Universitäten, daß das Führungsinstrumentarium nur ungenügend geeignet ist, den auferlegten Restriktionen so entgegensteuern zu können, daß eine weitgehende Beibehaltung des Niveaus in Forschung und Lehre sichergestellt ist.

Die Verwaltungen der Universitäten sind den Erfordernissen des UOG 93 nur unvollkommen gewachsen. Für die Erfordernisse der Führung der Universitäten mit verstärkter Autonomie fehlen oftmals Qualifikationen von Führungs- und Verwaltungspersonal und Abteilungen, die den Führungsprozeß begleiten können.

Die Studiendauer an Österreichs Universitäten ist zu lange, die drop-out-Raten sind zu hoch. An den Fachhochschulen werden durch eine entsprechende Organisation wesentlich kürzere Ausbildungszeiten erwartet. Ein Tatbestand, der der Industrie und Wirtschaft sehr entgegenkommt, bekommt sie dadurch von den Fachhochschulen doch Personal, das wesentlich jünger seinen Dienst antritt.

Als nachteilig für die Führung der Universitäten zeigt sich das derzeitige Dienst- und Haushaltsrecht. Das Dienstrecht behindert derzeit insbesondere Anpassungsmöglichkeiten am Personalsektor auf die auferlegten Restriktionen. Das Haushaltsrecht beschränkt die Möglichkeit der Umschichtung von Ausgabenarten im Rahmen des Gesamtbudgets sachlich und zeitlich.

Als nachteilig für die Führung, insbesondere für die strategische Ausrichtung der gesamten österreichischen Universitäten, erweist sich das Fehlen einer Wissenschaftspolitik.

Universitäten sind ein Stein im Mosaik der internationalen Gesellschaft. Die Universitäten müssen sich in diese Gesellschaft einfügen. Sie müssen mit anderen Institutionen der Gesellschaft, wie der Politik, der Industrie, der Forschung und Lehre u.a.m., kooperieren und in Konkurrenz treten.

Das Umfeld zeigt, daß Europäer und Amerikaner kein alleiniges Monopol mehr in der Wissenschaft haben. In vielen anderen Staaten haben Forschung und Lehre unseren Standard erreicht, oder ist man ihm zumindest nahe gekommen.

Informationen werden aufgrund neuer Technologien sehr rasch verbreitet. Ebenso ist Dank der Technik und Organisation das internationale Transportwesen für Menschen und Güter in der Lage, Bedürfnisse weltweit in kürzester Zeit abzudecken.

Der hohe soziale Standard mit hohen Löhnen und hohen Lohnnebenkosten, relativ geringe Arbeitszeiten im Verhältnis zur Anzahl der Sonn-, Feiertags-, Pensions- und Urlaubszeiten wirken sich in Österreich auf die Wirtschaft aus. Dies trifft besonders hart die Universitäten mit Personalkostenanteilen von 1/2 bis 3/4 der Gesamtkosten.

Unternehmen reagieren darauf mit Arbeitsteilung und Fremdvergabe von Arbeiten. Universitäten sollten dies insbesondere mit Arbeiten der Verwaltung tun, aber auch mit anderen Servicetätigkeiten. Auch hier verhindert die derzeitige Rechtslage im Haushalts-, aber auch Dienstrecht, diesen Erfordernissen rasch und flexibel nachzukommen.

Die Bedeutung, die Wissenschaft und Forschung auch in anderen auf hohem Lebensstandard stehenden Ländern zugemessen wird, zeigt beispielsweise die Regierungserklärung vor dem Landtag Nordrhein-Westfalen vom September 1995 (Landesregierung Nordrhein-Westfalen [30]). Zu den Leitlinien der Politik von Wissenschaft und Forschung gehören vornehmlich die Sicherung der Ressourcen, die Fortsetzung der Öffnungspolitik, die Förderung der Hochschulautonomie und der Ausbau der Forschung.

Zur Förderung von Wissenschaft und Forschung sollen zusätzliche Mittel für den Hochschulbereich mobilisiert werden. Autonomie und Selbststeuerung sollen so forciert werden, daß die Nordrhein-Westfälischen Hochschulen mehr als bisher ihre Angelegenheiten selbst regeln. Der Staat soll sich auf wenige, aber verläßliche Rahmenvorgaben beschränken. Ein besonderes „Innovationsprogramm Forschung" soll die Entwicklung fördern. Die Forschungsergebnisse sollen so präsentiert werden, daß hierüber eine gesellschaftliche Diskussion stattfinden kann. Dies wird als eine entscheidende Voraussetzung für den gesellschaftlichen Konsens über Forschung und Technologie und für die Umsetzung und Verwertung der Ergebnisse betrachtet.

Das Innovationsprogramm Forschung soll als wirtschaftliche „Schubkraft" für Nordrhein-Westfalen entscheidend beitragen. Es soll weiterhin beitragen, zukunftsweisende Schlüsseltechnologien für das Land zu schaffen.

Es ist anzunehmen, daß in den meisten auf hohem Lebensstandard und hoher wissenschaftlicher Basis stehenden Ländern in der nächsten Zeit ähnliche Initiativen in Wissenschaft und Forschung gesetzt werden. Die wirtschaftliche und politische Integration in der Europäischen Union mit der Intention einer einheitlichen Währung und den dazu erforderlichen Budgetkonsolidierungen geben Anlaß, einen solchen Trend vorauszusehen.

Die Industrie und Wirtschaft ist bestrebt, Organisation und Management so aufzubauen, daß einerseits das Wissen und Können der Mitarbeiter genutzt wird und andererseits alle Mitarbeiter, insbesondere die leitenden Mitarbeiter, motiviert werden, für „ihre" Arbeitsbereiche das rationellste Vorgehen sicherzustellen. Information und Motivation im Zusammenwirken sollen zu einer bestmöglichen Nutzung aller Ressourcen führen.

Man beschränkt sich in Industrie und Wirtschaft auf die Kernkompetenzen der Einheiten. Im Rahmen einer volkswirtschaftlichen und weltwirtschaftlichen Arbeitsteilung werden „Nichtkernkompetenzen" an andere kompetente Unternehmungen vergeben (Outsourcing). Dieser Trend, der in hochentwickelten Wirtschaftssystemen, und nur dort, gangbar ist, führt zu Vorteilen, die sich einerseits aus der Spezialisierung der Einheiten und andererseits aus einer wirtschaftlichen Vernetzung ergeben.

Es wäre sinnvoll, solche Wege auch im Universitätssektor zu beschreiten. Entsprechende Gesetzesänderungen, insbesondere im Budget- und im Dienstrecht, müßten realisiert werden, um den Nutzen einer solchen Arbeitsteilung auch für den Universitätssektor sicherzustellen.

Universitäten sind auch berufen, zur gedeihlichen Entwicklung der Gesellschaft und der natürlichen Umwelt beizutragen (*G. Bast* [3], § 1). Universitäten sind somit ein Glied der Gesellschaft. Sie müssen sich in diese Gesellschaft einfügen. Universitäten produzieren die Dienste Forschung und Lehre.

Bei aller Beachtung der Freiheit von Forschung und Lehre und der Lernfreiheit der Studierenden ist der Relation von Angebot und Nachfrage nach Akademikern am Arbeitsmarkt Beachtung zu schenken. Die Akademikerarbeitslosigkeit nahm besonders in den 80er Jahren rasch zu, ist aber auch in den letzten Jahren angewachsen. Die Arbeitslosenquote von Akademikern betrug 1995 2,8% (Österreichische Rektorenkonferenz [46]). Hierbei sind die Absolventen der Geistes- und Naturwissenschaften am stärksten betroffen, gefolgt von Sozial- und Wirtschaftswissenschaften, der Technik und den Rechtswissenschaften. Die geringsten Anteile fallen auf die Theologie, Pharmazie, Studienrichtungen der Bodenkultur und der Montanistik. Die Beschäftigungsprobleme der Universitätsabsolventen werden sich in Zukunft eher verschärfen, da auch Mitte der 90er Jahre der Zustrom zu den Universitäten in Österreich unvermindert anhielt.

Eine Verbesserung der Studien- und Berufsberatungen von staatlichen oder privaten Stellen muß den jungen Menschen vor ihrem Studium besser als bisher Beratungen über Berufschancen nach Absolvierung der Studien vermitteln als bisher.

Die Kontrolle der Forschung und Lehre sollte in den ,,Arbeitsberichten der Institutsvorstände" erfolgen. Evaluierungen der Forschung und Lehre mit Konsequenzen sind zwar im Gesetz, aber ansonsten kaum vorhanden.

Österreich spielt im Vergleich mit anderen Industrienationen in den Aufwendungen für Forschung und Entwicklung vergleichsweise eine bescheidene Rolle (*K. L. Komarek* [27]).

Beträgt der Prozentsatz in anderen Industrieländern etwa 2,3 bis 3% des BNP, so beträgt dieser in Österreich knapp 1,5%. (Der Durchschnitt für EU-Länder liegt bei 2,1%.)

Neben den Aufgaben der Lehre sind Österreichs Universitäten die Hauptträger der Grundlagenforschung. Mit angewandter Forschung beschäftigen sich hauptsächlich die Industrie und andere Institutionen.

Die vor etwas mehr als 25 Jahren für die Förderung der Grundlagenforschung gebildeten Fonds zur Förderung der wissenschaftlichen Forschung (FWF) und für die Förderung der Angewandten Forschung der Förderungsfonds für die Gewerbliche Wirtschaft (FFF) haben sich bei der Förderung der Forschung gut bewährt.

Die Förderung der Grundlagenforschung basiert auf stabilen Förderungsstrukturen und leistungsfähigen Wissenschaftssystemen und ist in Österreich eine nationale Aufgabe. Sie ist eng mit der Förderung des wissenschaftlichen Nachwuchses in den nationalen Bildungs- und Ausbildungssystemen verbunden, sie stellt in der Wissenschaftstradition und Wissenschaftskultur einen besonderen Wert dar. Forschungspolitik muß danach streben, das wissenschaftliche Potential zu erhalten und auszubauen und auf längere Sicht die wirtschaftliche Wettbewerbsfähigkeit zu verbessern.

Auf nationaler Ebene hat sich die Situation der Grundlagenforschung in Österreich in den letzten 20 Jahren verbessert. Auch jungen Wissenschaftlern bieten Wissenschaftsfonds und Stipendien Möglichkeiten für ihre Arbeit.

Das Volumen der Forschungs- und Entwicklungsprogramme der EU hat zugenommen. Das Rahmenprogramm 1990 bis 1994 sah ein Budget von öS 78,5 Mrd. vor, für das darauffolgende Rahmenprogramm ist ein Aufwand von öS 178 Mrd. vorgesehen. Der Gesamtanteil der Forschungs- und Entwicklungsausgaben der EU stieg von 2,5% im Jahr 1987 auf 4% im Jahr 1992 an. Eine weitere Zunahme auf 6% ist vorgesehen. Die Forschungs- und Technologiepolitik auf der Ebene der EU soll die Forschungspolitiken ergänzen und vervollständigen. Nach dem Subsidiaritätsprinzip soll die EU nur dann eingreifen, wenn eine Aktion auf einzelstaatlicher Ebene nicht oder nur mit Schwierigkeiten durchgeführt werden kann.

Für Unternehmen ist bei der raschen Entwicklung der Produkte und Prozesse ein permanenter Anpassungsprozeß technologischer und organisatorischer Art erforderlich. Mehr und mehr ergibt sich eine Verflechtung von ökonomischen, technischen und psychologischen Prozessen. Gesellschaftspolitische Aspekte durchdringen das Gesamtsystem.

Daraus resultieren breit gefächerte Anforderungen für die einzelnen Unternehmen, aber auch für die Berufsausbildung und Berufsvorbildung an den Universitäten. An Führungskräfte der Zukunft werden qualitativ neue Anforderungen gestellt. Sie müssen besonders für einen laufenden Anpassungsprozeß in Wirtschaft und Gesellschaft vorbereitet werden.

Ausgehend von diesem ständigen Anpassungsprozeß, ergibt sich eine Anforderung an Führungskräfte besonders im Hinblick auf ihre Kreativität und Lernfähigkeit. Besonders im oberen Management verschiebt sich das Spektrum der Anforderungen vom reinen Fachwissen hin zur Fähigkeit, sich ständig neues Wissen anzueignen und kreativ umzusetzen. Das bedeutet die Notwendigkeit einer fundierten fachlichen Ausbildung bis hin zum Verknüpfen von Verbindungen zu anderen Wissensdisziplinen. Kreativität ist ein wesentlicher Anspruch an Führungskräfte der Zukunft.

Hier liegt eine große Aufgabe der Universitäten von heute. Zur Ausbildung bzw. Berufsvorbildung an den Universitäten muß in verstärktem Maß eine Weiterbildung in Kooperation mit der Wirtschaft kommen.

Österreichs Universitäten haben aber auch eine bedeutende Aufgabe im internationalen System. Ziel muß es sein, Studenten aus Entwicklungs-, aber insbesondere aus Schwellenländern zum Studium an Österreichs Universitäten zu bewegen. Von besonderem Interesse sind hier Schwellenländer, an denen Österreichs Wirtschaft wegen möglicher Wirtschaftskontakte Interesse hat. Solche Studenten werden als Absolventen später in ihre Heimatländer zurückgehen und dort österreichisches Fachwissen und Kulturgut verbreiten. Sie werden Partner für Österreichs Wirtschaft und Kultur von morgen sein.

Auf dem Gebiet der Forschung ist ein verstärkter Verbund zwischen Universitäten und der Wirtschaft anzustreben.

Wird Forschung gegliedert in ,,Grundlagenforschung", ,,zweckorientierte Grundlagenforschung" und ,,angewandte Forschung", so ist dieser Verbund besonders für zweckorientierte Grundlagenforschung und angewandte Forschung wichtig.

Beschäftigt man sich mit der Frage, wie Humboldts Erbe in unserem Universitätssystem nachwirkt, so soll von Humboldts fünf leitenden Prinzipien ausgegangen werden.

Im österreichischen Studien- und Organisationsrecht hat Humboldt deutliche Spuren hinterlassen. Als Grundsätze und Ziele werden genannt: die Freiheit der Wissenschaft in ihrer Lehre, die Verbindung von Forschung und Lehre, die Lernfreiheit und die Autonomie der Hochschulen nach Maßgabe der gesetzlichen Vorschriften.

Den Wissenschaftern an Österreichs Universitäten wird in Forschung und Lehre ein sehr großer Freiraum zugeordnet, um ihr Gedankengut in wissenschaftlichen Leistungen Gestalt werden zu lassen. Neben dieser ,,eigenständigen Forschung und Lehre" (im Sinne Humboldts) gibt es aber auch die Gesamtziele der Universitäten oder Fakultäten. Zu diesem Gesamtziel müssen die einzelnen Wissenschafter auch ihre Beiträge in Lehre, aber auch in Forschung erbringen (,,Gemeinschaftsbezogene Forschung und Lehre").

Im Gegensatz zur Zeit Humboldts (vor etwa 150 Jahren) ist heute die Universität ein Großbetrieb. Die berufsqualifizierende Ausbildung an den Universitäten gewinnt immer mehr an Bedeutung. Im Rahmen der Studienreform (z.B. Technikstudienreform) muß versucht werden, Mängel und Strukturprobleme der Technikstudien zu beseitigen, so daß die Studien kürzer, die Arbeitsmarktflexibilität höher, die Sozialkompetenz der Absolventen verbessert und die Wirtschaftsferne mancher Studien vermindert wird. Aber auch Kürzung der Studienzeiten der Studierenden sowie mehr Lernfreiheit soll angestrebt werden.

> •Steuerung durch Vorschrift funktioniert nicht mehr. Die Universitäten sind bürokratische Organisationen geworden. Lösung: Selbständigkeit mit Verantwortung
>
> •Das alte Studienrecht sichert Ressourcen, ein Ruck zur Orientierung an den Interessen der Klienten tut not.
>
> •Ministerium und Gesetzgeber sind zu Vollzugsinstanzen der Wünsche der Fachvertreter geworden.
>
> •Die Konkurrenz der Universitäten ist neu und groß.
>
> •Die offene Universität: Für soziale Gerechtigkeit und zum wirtschaftlichen Nutzen.
>
> •Nicht Wissenschaft treiben können, ist das Qualifikationsziel für 90 %, sondern mit Wissenschaft handeln.
>
> •Die Universität ist (auch) Schule.
>
> •Was Universität ausmacht: Humboldt nicht nur im Penthouse, sondern auch zu ebener Erde und im ersten Stock.
>
> •Politik schafft Bedingungen zur Selbsterneuerung der Universität — und die braucht den Zweifel an der veralteten Selbstgewißheit.

Abb. 1.3: Neun Thesen zur aktuellen Situation an den UNIs in Österreich (von S. Höllinger [21])

Prioritätensetzungen in der Forschung, aber auch Reformen der Studien sind von der fachlichen Ausrichtung von Ordinariaten und von der Berufung qualifizierter Personen abhängig. Hier gilt es, in Zukunft Verfahren zu finden, die sowohl bei der Schwerpunktbildung in der Forschung als auch bei der Reform der Studien fachlich notwendig werdende Umschichtungen von der Wissenschaftsentwicklung her möglich machen.

Wichtig ist es, sich die Frage zu stellen, inwieweit die Leistungsorientierung in Forschung und Lehre erhöht werden kann. Es gibt kaum Konkurrenz der Hochschullehrer und Forscher untereinander. Es ist schwierig, Mechanismen festzulegen, die Wettbewerbselemente in die Universitäten hineintragen. Es wird aber in Zukunft zu überlegen sein, mit welchen Verfahren auch im Ausbildungsbereich ein Wettbewerb um Ressourcen und Planstellen initiiert werden kann, der dazu führt, daß sowohl die Qualität der Ausbildung angehoben als auch fachliche und regionale Schwerpunktprofile in der Ausbildung entwickelt werden.

Die neun Thesen zur aktuellen Situation an den Universitäten Österreichs (von *S. Höllinger* [21] bzw. [22]) (Abb. 1.3) bilden eine Basis für die weiteren Ausführungen.

1.3. Problemorientierung als Strukturansatz

Allein die schlaglichtartige Problembeschreibung zeigt, daß für die Universitäten in ihrer Gesamtheit, aber auch für jede Universität in ihrer Besonderheit eine entsprechende Orientierung für die zukünftige Entwicklung unabdingbar notwendig erscheint.

Die gegenwärtige Tendenz zum noch rascheren Wandel, zur Erhöhung der Veränderungsgeschwindigkeit, erfordert eine Anpassung der vorherrschenden Einstellungen und Lösungsansätze für anstehende Probleme. Innovation als aktuelles Anliegen unserer Zeit erfordert gerade an und für die Universitäten besondere Bereitschaft und Fähigkeit.

Die Grundfrage, von der die weitere Betrachtung ausgeht, kann mit ,,Die UNI als Management-Objekt?" umschrieben werden. Diese Eingangsfrage wird – so viel kann hier bereits vorweggenommen werden – grundsätzlich positiv beantwortet werden. Allerdings sind in Ergänzung dazu die besonderen Merkmale, Möglichkeiten und Einschränkungen deutlich herauszuarbeiten.

Darauf aufbauend, werden nach der Struktur des St. Galler Management-Konzeptes zunächst die ,,strategische" Ebene, danach die ,,operative" Ebene und schließlich die ,,normative" Ebene behandelt.

Im Anschluß daran wird auf die Rolle der ,,UNI-ManagerInnen" eingegangen. Schließlich werden mögliche Innovationsansätze zur Entwicklung aufgezeigt.

Der weitere Aufbau des Buches folgt dieser Gliederung. Die einzelnen Kapitel behandeln die umrissenen Inhalte und ergeben in ihrer Gesamtheit den beabsichtigten Überblick über das gewählte Thema (Abb. 1.4).

Das Buch richtet sich damit an alle, denen die weitere Entwicklung unserer Universitäten ein Anliegen darstellt.

Es richtet sich an jene, die derzeit oder in Zukunft Management-Aufgaben (im weitesten Sinn) an der Universität wahrnehmen wollen. Ihnen soll damit eine gewisse Orientierung gegeben werden.

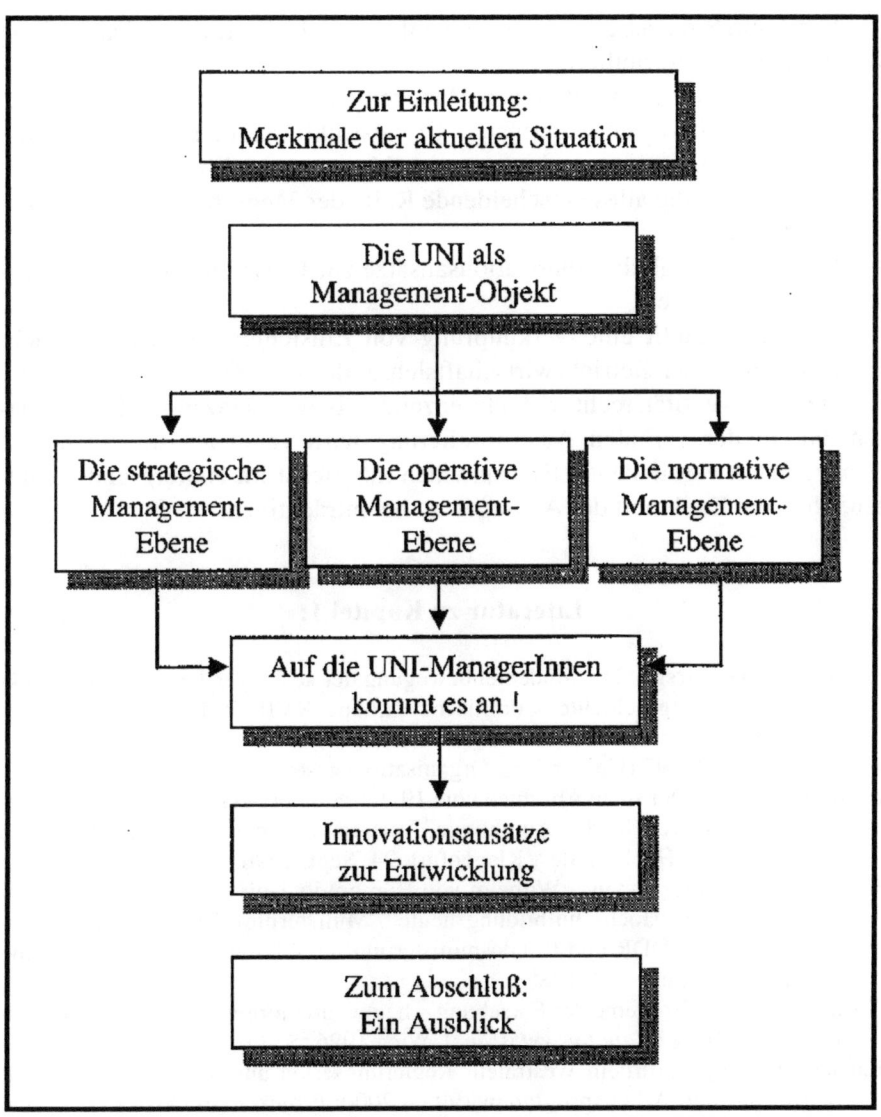

Abb. 1.4: Die Gliederung der Abschnitte nach der inhaltlichen Entwicklung

Es richtet sich aber auch an jene, die dieser „Managementisierung" der Universitäten skeptisch bis ablehnend gegenüberstehen. Bei aller Unterschiedlichkeit der Standpunkte soll damit erreicht werden, daß diese hier geäußerten Gedanken als ein möglicher Ansatz in die weitere Diskussion eingebracht werden.

In diesem Sinn lassen sich zusammenfassend die Ziele dieser Darstellung folgendermaßen formulieren:
- Aufzeigen der grundsätzlichen Management-Aspekte an Universitäten;
- Herausarbeiten der wichtigsten Grundstrukturen in Hinblick auf die strategische, operative wie normative Management-Ebene;
- Hinweis auf die alles entscheidende Rolle der Menschen als UNI-ManagerInnen;
- Darstellen möglicher Innovationsansätze zur Umsetzung der hier dargelegten Gedanken.

Der Inhalt stellt eine Verknüpfung von Einsichten aus der Unternehmungsführung, der Betriebswirtschaftslehre, der Organisationsentwicklung wie dem Universitätsrecht und angrenzenden bzw. ergänzenden Fachgebieten dar. In der verbalen Ausformulierung wird versucht, die mit diesen Fachgebieten verbundenen Fachsprachen möglichst im Hintergrund zu halten, ohne die Exaktheit der Aussagen zu beeinträchtigen.

Literatur zu Kapitel 1:

Absenger, A. G. (Hrsg.): Die Studentenbewegung der sechziger Jahre: Schwerpunkt Österreich. Zeitgeschichte – Politische Bildung XVII; Pädagogisches Institut des Bundes in Wien 1993. Heft 146.

Bast, Gerald: UOG 93 (Universitäts-Organisationsgesetz), Wien 1994.

Höllinger, Sigurd: Der späte Abschied vom 19. Jahrhundert – Österreichs Hochschulen auf dem Weg in die Autonomie, Vortrag, in: Internationaler Workshop „Unternehmen Hochschule", Klagenfurt, 24. Sept. 1996.

Höllinger, S./Musner, L.: in: „Wilhelm von Humboldts Universitätsidee – ihre Bedeutung für die Hochschulbildung heute", Ministerium für Hoch- und Fachschulwesen der DDR und Bundesministerium für Wissenschaft und Forschung der Republik Österreich 1988.

Komarek, K. L.: „Probleme der Forschung – heute und morgen", in: Forschungsmanagement (Hrsg.: *Zapotoczky/Strunz*), Wien 1996, S. 3 ff.

Landesregierung Nordrhein-Westfalen: Regierungserklärung 1995; Abschnitt VI, S. 16 – 17, und Arbeitsprogramm 1995 – 2000; Projekte aus Wissenschaft und Forschung, S. 10 ff.

Müller, R. A.: Geschichte der Universität, München 1990.

Österreichische Rektorenkonferenz: Planungsdaten; Auszüge aus: bm:wvk: Hochschulbericht 1996, Band 1 und 2, Wien 1996; ADV-Datenbank des bm:wvk; bm:wfk/ bm:uka/ams: Universitäten. Hochschulen, Studium und Beruf. Wien 1995; APA-Datenbank.

Rüegg, W.: Geschichte der Universität in Europa, München 1993.

Kapitel 2:
Die UNI als Management-Objekt

Der spezifische und unverwechselbare Charakter der Universität liegt immer noch in der besonders engen Verknüpfung von Forschung und Lehre. Neben dieser Verbindung von Forschung und Lehre können die Lehr- und Lernfreiheit sowie die weitgehende Selbstverwaltung der Institute zu den durch die Tradition geprägten Grundvorstellungen – insbesondere seit Wilhelm von Humboldt – gezählt werden.

Diese Ansprüche werden auch an die Universität von heute gestellt; sie stellt immer noch ein Zentrum der Wissenschaft dar. Die an der Universität tätigen WissenschafterInnen verstehen sich – bei allem Einsatz in der Lehre – doch überwiegend als ForscherInnen. Dennoch tritt die Dominanz der Ausbildungsfunktion im allgemeinen Erscheinungsbild der Universität immer mehr in den Vordergrund.

Schließlich werden an der Universität jene Qualifikationen vermittelt, die auch für einen beruflichen Einsatz außerhalb der Universität von Bedeutung sind. Das nur den Universitäten vorbehaltene Recht zur Verleihung akademischer Grade unterstreicht diese Ausnahmestellung. Äußerlich kommt dies in den Insignien zum Ausdruck, die traditionellerweise bei akademischen Feiern auch heute noch Verwendung finden. Szepter der Universität, Amtskette des Rektors, Talar und Barett der akademischen Funktionäre können als äußerer Ausdruck dieser inneren Einstellung interpretiert werden.

Darüber hinaus stellen Universitäten heute aber auch organisatorische Einheiten dar, die mit allen Problemen knapper werdender Ressourcen zur Aufrechterhaltung ihrer eigenständigen Existenz konfrontiert sind und denen immer häufiger die Steigerung der internen Effizienz als wichtige Aufgabenstellung zugedacht wird.

In der Tat stellen Universitäten Wirtschaftskörper dar, an denen – je nach Situation – mehrere hundert bis mehrere tausend MitarbeiterInnen beschäftigt sind und über Einrichtungen in mehrstelliger Millionenhöhe verfügen. Ein jährlicher Kostenrahmen von mehreren hundert Millionen bis zu mehreren Milliarden Schilling ist die unmittelbare Konsequenz. In diesem Sinne erscheint es durchaus zweckmäßig und sinnvoll, die Universität auch unter dem besonderen Aspekt des Managements zu betrachten.

2.1. Der Begriff des Management

Der Begriff des Management kann in zweierlei Hinsicht interpretiert werden. Zum einen umfaßt der Begriff des Management (in institutionaler Sicht) die

Gesamtheit jener Personen bzw. Ebenen in einer Organisation, die vorwiegend mit dispositiven Aufgaben beschäftigt ist. Üblicherweise wird hier in drei Ebenen, nämlich das Top-Management (als oberste Ebene), das Middle-Management (als mittlere Ebene) und das Lower-Management (als untere Ebene) differenziert.

Diese Personen sind nun mit Aufgaben beschäftigt, die das Management (in funktionaler Sicht) als Funktionsinhalt beschreiben. Nach *K. Bleicher* ([6], S. 35) werden darunter die Gestaltung, Lenkung und Entwicklung von Unternehmungen in einem komplexen Umfeld verstanden (Abb. 2.1).

Institutionales und funktionales Verständnis des Management stehen in einer komplementären Beziehung zueinander: Erst mit der Klärung der spezifischen Aufgabeninhalte kann die Klärung von Verantwortlichkeiten erfolgen bzw. ergeben sich aus der Klärung von Verantwortlichkeiten bzw. Rollen die Aufgabeninhalte im Management.

Von den drei genannten Funktionen gewinnen tendenziell die Gestaltung und Entwicklung besondere Bedeutung. Die Anpassung von unternehmerischen Einheiten an veränderte Umfeldbedingungen wird zum zentralen Anliegen des Managements und damit der ManagerInnen.

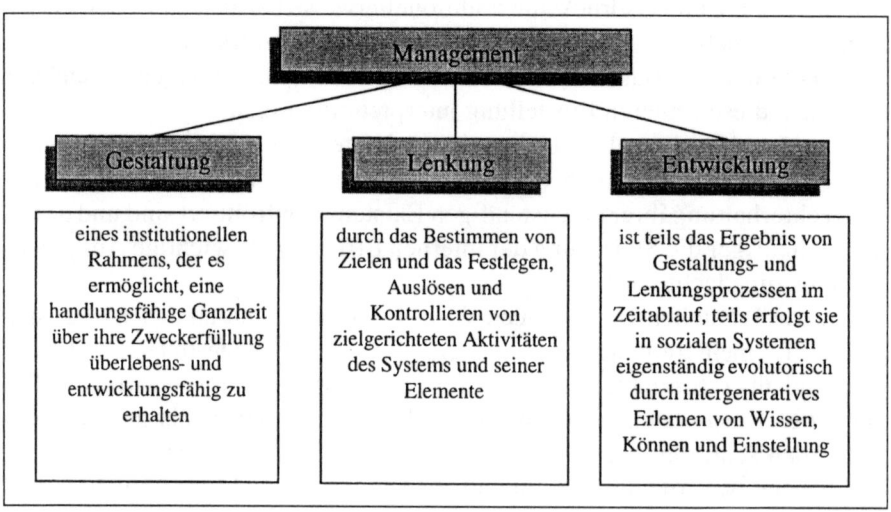

Abb. 2.1: Die Funktionen des Mamagements (nach K. Bleicher [6], S. 35)

Gestaltung bedeutet demnach die Festlegung eines Rahmens, der die Ausbildung von Entwicklungsfähigkeiten ermöglicht; Entwicklung umfaßt insbesondere das Einleiten und Bewältigen von Veränderungsprozessen.

Die Lenkungsfunktion schließlich beinhaltet das Ausfomulieren von Zielen und das Realisieren daraus abgeleiteter Aktivitäten. Gerade der zuletzt genannte Aspekt wird vielfach auch in einem Regelkreis-Modell dargestellt; damit soll explizit zum Ausdruck gebracht werden, daß bei dieser Funktion die koninuierliche Wahrnehmung ganz besonders deutlich gegeben ist.

Management ist an sich auf eine kontinuierliche Entwicklung hin orientiert und bedarf deshalb der ständigen Analyse von aktuellen Situationen, der Ausformulierung von Zielen, des Setzens von Maßnahmen wie des Analysierens von Abweichungen (Abb. 2.2).

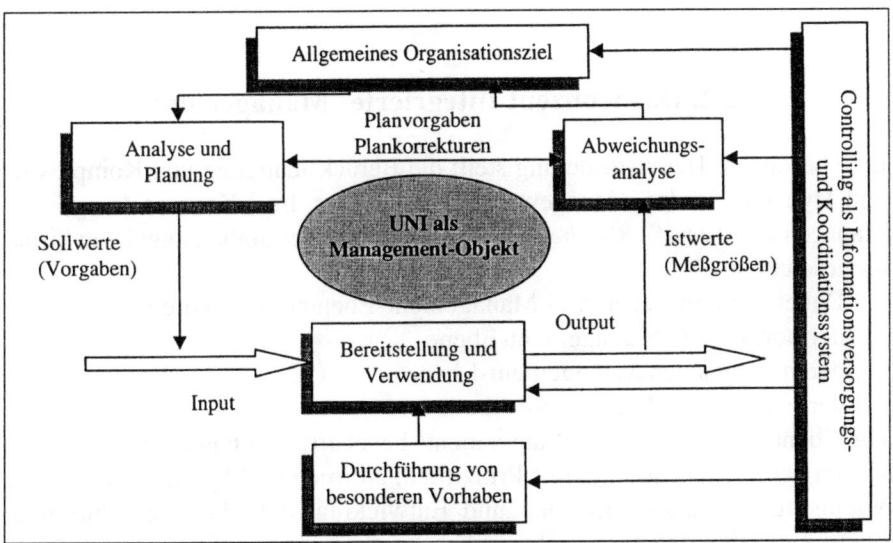

Abb. 2.2: Die Management-Funktion im Regelkreis-Modell

Diese allgemeingültigen Aussagen erscheinen wohl auch auf die besondere Situation an Universitäten übertragbar zu sein.

Die beschriebenen Funktionsinhalte – Gestaltung, Lenkung und Entwicklung – haben selbstverständlich auch für Universitäten ihre Bedeutung und müssen von den dafür Verantwortlichen wahrgenommen werden.

Tendenziell stehen auch hier Gestaltung und Entwicklung im Vordergrund; aber auch die kontinuierliche Wahrnehmung der Lenkungsfunktion ist von Bedeutung. Aus dem allgemeinen Organisationsziel abgeleitet, sind zunächst die Analyse und Planung für relevante Sollwerte (als Vorgabe) von Bedeutung; von diesen Grundlagen ausgehend können jene Ressourcen bereitgestellt und eingesetzt werden, die für die Realisierung der Leistungsprozesse notwendig erscheinen.

Als Leistungsprozesse können in diesem Sinn Forschung und Lehre interpretiert werden: der Output als Ergebnis dieser Prozesse setzt einen entsprechenden Input an Ressourcen wie das zielorientierte Management dieser Prozesse voraus.

Aus der Gegenüberstellung von Sollwerten (als Vorgabe) und Istwerten (als Meßgrößen) lassen sich jene Abweichungsanalysen anstellen, die als Grundlagen in zukünftige Planungen eingehen. Das Controlling stellt dazu eine Servicefunktion dar, die vor allem die Planungs- und Kontrollprozesse in Gang hält und koordinierend die benötigten Informationen bereitstellt.

2.2. Das Konzept Integriertes Management

Eine besondere Herausforderung stellt die Berücksichtigung von Komplexität und Dynamik in den Management-Systemen dar. Im „Konzept Integriertes Management" (von K. *Bleicher* [6]) wird dazu eine gesamthaft angelegte Struktur geschaffen.

Dabei wird zwischen drei Management-Ebenen unterschieden:
– der normativen Management-Ebene
– der strategischen Management-Ebene
– der operativen Management-Ebene
Die Ebene des normativen Managements beschäftigt sich mit den generellen Zielen der Unternehmung, mit Prinzipien, Normen und Spielregeln, die die Voraussetzung für die Lebens- und Entwicklungsfähigkeit der Unternehmung darstellen. Die Unternehmung soll nicht nur lebensfähig sein und ihre Identität bewahren können, sondern sie muß auch über die Voraussetzungen für ihre eigene Weiterentwicklung verfügen.

Die Ebene des strategischen Managements ist auf den Aufbau, die Pflege und die Nutzung von Erfolgspositionen und Erfolgspotentialen gerichtet, für die Ressourcen eingesetzt werden müssen. Dabei kommt der Fähigkeit, neue Potentiale zu identifizieren und zu erschließen, besondere Bedeutung zu.

Die Ebene des operativen Managements setzt die normativen und strategischen Vorgaben in entsprechende Prozesse um; sie lenkt damit die Unternehmungsentwicklung (Abb. 2.3).

Integration und Management finden in vertikaler Hinsicht über die drei genannten Ebenen statt. In horizontaler Hinsicht geschieht dies durch Aktivitäten, Strukturen und Verhalten. Die Metaintegration wird durch eine alles umfassende Management-Philosophie realisiert.

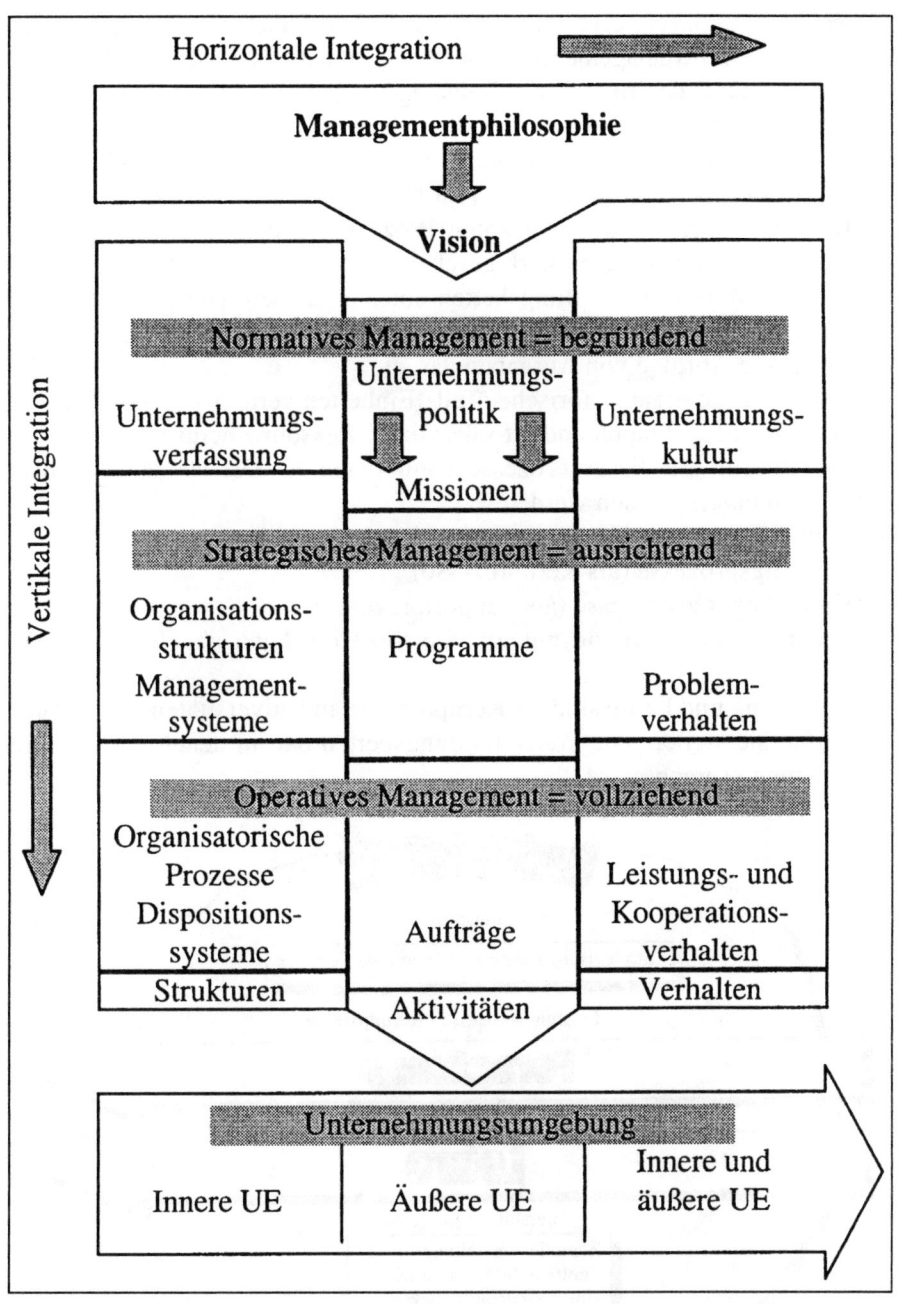

Abb. 2.3: Das Konzept Integriertes Management
(nach K. Bleicher [6], S. 56)

Dieses Gesamtkonzept erscheint für die Auseinandersetzung mit Fragen des innovativen UNI-Managements besonders geeignet. Es wird deshalb in der weiteren Struktur des Buches als Grundlage verwendet. In der Abfolge wird allerdings zunächst auf die Ebene des strategischen Managements eingegangen, danach die Ebene des operativen Managements behandelt; schließlich werden Fragen des normativen Managements für Universitäten ausgelotet.

Dem Management der relevanten Prozesse wird in der jüngsten Entwicklung besonderes Augenmerk geschenkt. Mit der Fokussierung auf Prozesse sollen die Wertschöpfungsketten einer organisatorischen Gesamtheit transparent gemacht werden. Ein solcher Prozeß

– stellt eine Abfolge von Aufgaben dar, die
– über mehrere organisatorische (Teil-)Einheiten verteilt sein können;
– produziert Leistungen und erfordert dafür Ressourceneinsatz.

In einer Typologie dieser Prozesse kann (nach *H. Österle* [45]) in drei Kategorien unterschieden werden:

– Führungsprozesse (der strategischen bzw. operativen Führung)
– Leistungsprozesse (als Kernprozesse)
– Unterstützungsprozesse (als Supportprozesse)

In einem Übertrag auf die universitäre Situation kann abgeleitet werden (Abb. 2.4):

– Forschung und Lehre sind als Kernprozesse an Universitäten zu interpretieren; sie stellen jene Wertschöpfungsketten dar, in denen universitäre Leistung erbracht wird.

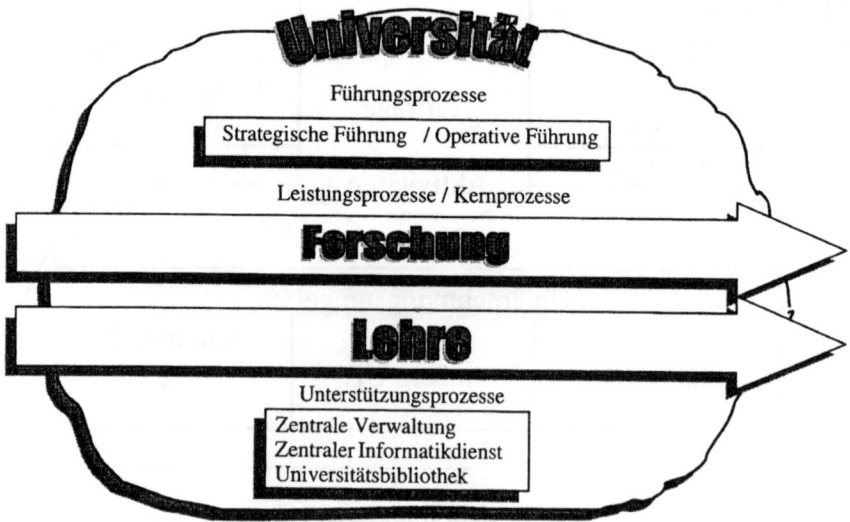

Abb. 2.4: Das Management von UNI-Geschäftsprozessen

– Die notwendige Unterstützung dieser universitären Leistungsprozesse wird durch entsprechende Supportprozesse (d.h. die universitäre Verwaltung, den zentralen Informatikdienst sowie die Universitätsbibliothek) vorgesehen.

– Mit den universitären Führungsprozessen (und zwar sowohl der strategischen wie der operativen Führung) sind jene Aufgabeninhalte umschrieben, die Leistungsprozesse und Unterstützungsprozesse ermöglichen bzw. begleiten.

2.3. Kenngrößen des Managements

Als Kenngrößen des Managements können (in Anlehnung an *C. Pümpin/J. Prange* [56], S. 20) genannt werden:

– die Legitimität als Kenngröße für das normative Management („Die Gesamtaufgabe erfüllen");

– die Effektivität als Kenngröße für das strategische Management („Die richtigen Dinge tun");

– die Effizienz als Kenngröße für das operative Management („Die Dinge richtig tun").

Die Orientierung an der Legitimität hat die Aufrechterhaltung der Lebensfähigkeit bzw. Entwicklungsfähigkeit zum Ziel, die Orientierung an der Effektivität hat die Pflege bzw. den Ausbau der strategischen Erfolgspositionen im Wettbewerb zum Ziel, und die Orientierung an der Effizienz hat die Einhaltung des Rationalprinzips im operativen Management zum Ziel (Abb. 2.5).

Diese Kenngrößen werden immer stärker auch in die Diskussion über Ansätze zur Entwicklung an Universitäten eingebracht.

Die Gesamtaufgabe zu erfüllen, dabei die richtigen Dinge zu tun und gleichermaßen die Dinge richtig zu tun, wird zur aktuellen Herausforderung eines zukunftsorientierten UNI-Managements.

Insbesondere die Einhaltung des Rationalprinzips (als allgemeingültiges Prinzip des vernunftgemäßen Handelns) soll hier noch verdeutlicht werden. Es sieht bei Entscheidungen über einen Mitteleinsatz zwei Möglichkeiten vor:

– Im Minimalprinzip wird angestrebt, daß ein vorgegebenes, bekanntes Ergebnis (als Ziel) mit dem geringstmöglichen Mitteleinsatz erreicht wird.

– Im Maximalprinzip wird angestrebt, daß mit verfügbaren, gegebenen Mitteln ein bestmögliches Ergebnis (als Ziel) erreicht wird.

In ökonomisch orientierter Betrachtungsweise werden daraus spezifische Kenngrößen abgeleitet (siehe dazu: *J. W. Wohinz/W. Keplinger* [72]):

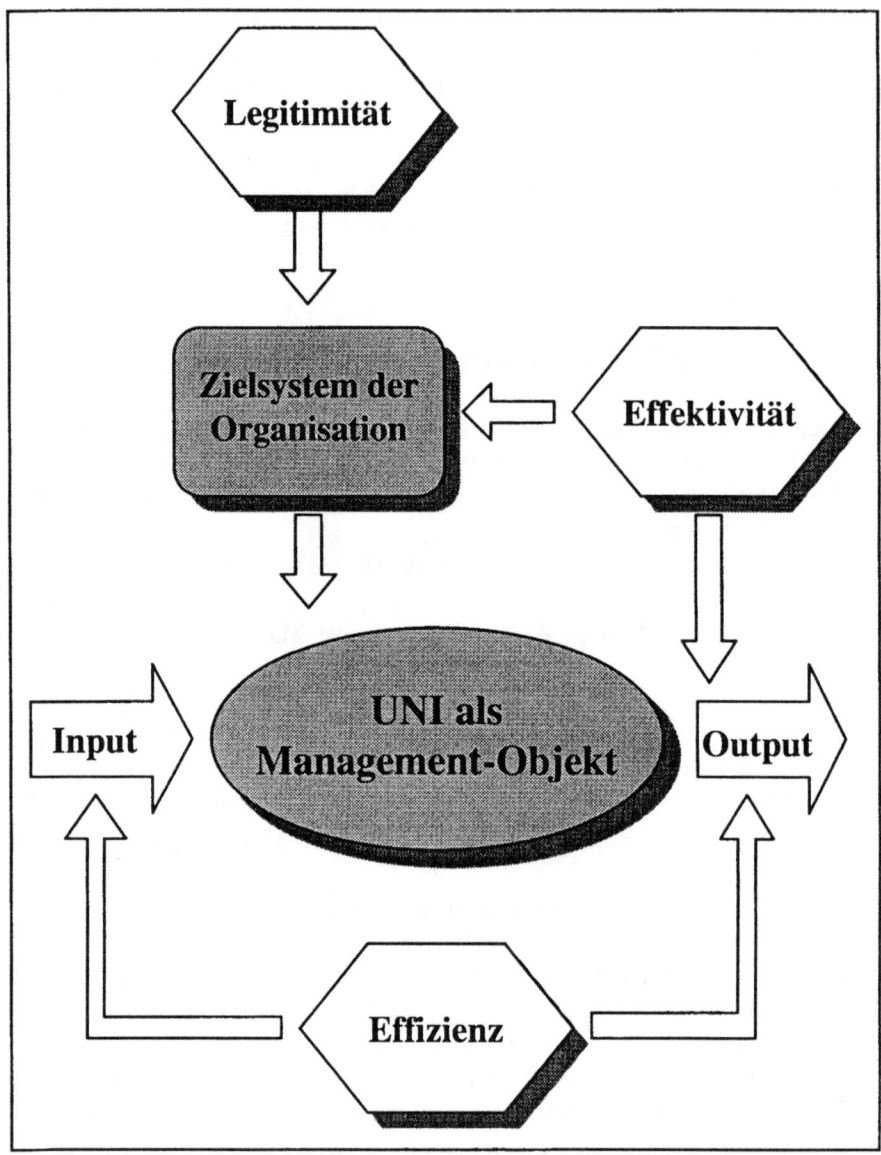

Abb. 2.5: Legitimität, Effektivität und Effizienz als Kenngrößen des UNI-Managements

- Die Produktivität

Sie bezeichnet als Kenngröße der technischen Leistungsmessung das Verhältnis von mengenmäßigem Output und mengenmäßigem Input an Ressourcen.

$$Produktivität = \frac{mengenmäßiger\ Output}{mengenmäßiger\ Input}$$

Der Kehrwert dieser Produktivitätskennziffer wird als spezifischer Mitteleinsatz bezeichnet.

$$Spezifischer\ Mitteleinsatz = \frac{mengenmäßiger\ Input}{mengenmäßiger\ Output}$$

Hier muß auf die unmittelbare Analogie zu dem in der Technik verwendeten Begriff des Wirkungsgrades verwiesen werden.

- Die Wirtschaftlichkeit

In dieser Kenngröße wird durch monetäre Bewertung der erstellten Leistung (Output) und der Einsatzfaktoren (Input) das Wirtschaftlichkeitsprinzip („Erwirtschaften" statt „Verwirtschaften") konkret gefaßt.

$$Wirtschaftlichkeit = \frac{Leistungsbedingte\ Erlöse}{Kosten}$$

Leistungsbedingte Erlöse ergeben sich aus dem mengenmäßigen Output, bewertet mit am Absatzmarkt erzielbaren Preisen; ebenso resultieren die Kosten als Werteinsatz zur Leistungserstellung aus dem mengenmäßigen Einsatz, bewertet mit den durch den Beschaffungsmarkt gegebenen Preisen.

Werden (wiederum als Kehrwert) die angefallenen Kosten dem mengenmäßigen Output gegenübergestellt, so ergeben sich daraus die spezifischen Kosten je Output-Mengeneinheit.

$$Spezifische\ Kosten = \frac{Kosten}{mengenmäßiger\ Output}$$

Der Begriff der Wirtschaftlichkeit kann auch als Quotient des Ist-Einsatzes zum Soll-Einsatz formuliert werden und wird damit zum Ausdruck der Sparsamkeit als Effizienzgröße; die Frage der Zweckmäßigkeit führt auf die Kenngröße der Effektivität zurück.

Mit Recht kann darauf verwiesen werden, daß die Bildung von solchen Kenngrößen im universitären Bereich nur beschränkt von Interesse sein kann. Kenngrößen reduzieren die zu beschreibende Wirklichkeit auf einen konstruierten Aspekt, gleichzeitig liegt aber gerade in dieser Reduktion auch ihre besondere Chance.

Für die Durchführung von intra-universitären wie auch inter-universitären Vergleichen wird ihnen deshalb für die Zukunft dennoch eine gewisse Bedeutung beizumessen sein. Im besonderen wird dies dann der Fall sein, wenn in noch stärkerem Maße als bisher die „Effizienzsteigerung" vom UNI-Management erwartet wird.

Die Quantifizierung von (mengenmäßig erfaßbaren) Ergebnissen in Lehre bzw. Forschung ist schwierig genug; daneben muß aber der Aspekt der Qualität von Lehre und Forschung gleichermaßen einer möglichen Beurteilung unterzogen werden.

In welche Richtung hier aber in Zukunft Untersuchungen und damit Entscheidungsgrundlagen zu erwarten sein werden, führen *P. Mertens* und *M. Haase* [36] am Beispiel der Ermittlung spezifischer Kosten eines Universitäts-Diploms in unterschiedlichen Studienrichtungen vor.

2.4. Wertmanagement als Gesamtansatz

Über die bisher genannten Aspekte hinaus sind bei einer gesamthaften Betrachtung (im Sinne des Stakeholder- bzw. Wertmanagement-Ansatzes nach *P. Gomez* [18]) für das UNI-Management noch zusätzliche Überlegungen von relevanter Bedeutung. Sie resultieren aus dem Sachverhalt, daß für eine Universität verschiedene Anspruchsgruppen mit unterschiedlichen Interessen gegeben sind und deshalb bei universitären Entscheidungen zu berücksichtigen sein werden (Abb. 2.6).

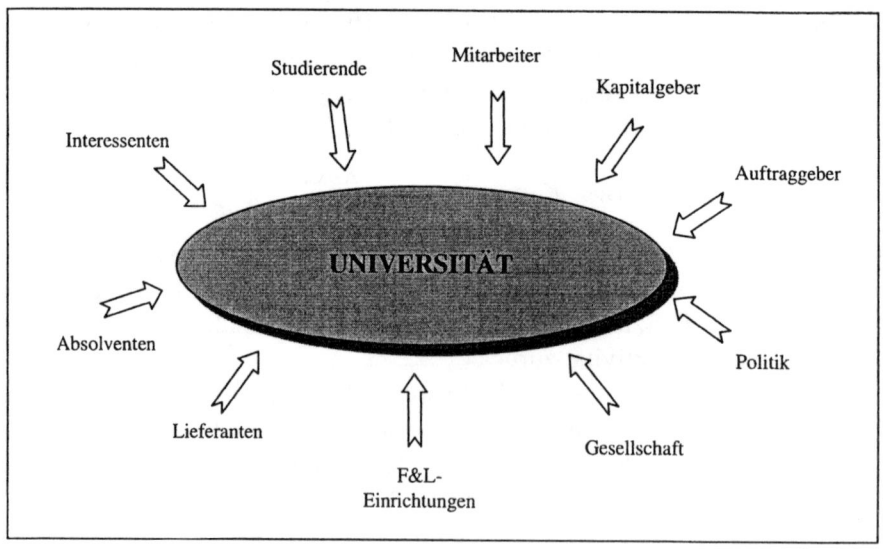

Abb. 2.6: Die UNI und die relevanten Anspruchsgruppen

Dabei sind zunächst jene Einrichtungen zu erwähnen, die die Grundlagen universitären Geschehens schaffen: in rechtlicher Hinsicht durch politische Instanzen, in finanzieller Hinsicht durch relevante Kapitalgeber. Fragen der Legitimität, der Effektivität und der Effizienz werden als Anforderungen von diesen Gruppen angesprochen.

Studierende, aber auch Studier-InteressentInnen wie an Weiterbildung interessierte AbsolventInnen stellen jene Gruppe dar, der für die Entwicklung der universitären Lehre ganz besondere Bedeutung zukommt. Gute Informationen über Studienmöglichkeiten, die attraktive Gestaltung der Studienprogramme sowie möglichst gute Studienbedingungen werden hier anzustreben sein.AuftraggeberInnen aus Verwaltung, Wirtschaft und Industrie treten ebenfalls mit Ansprüchen an die Universitäten heran; diese werden in der professionellen Leistungserstellung bzw. Abwicklung von Aufträgen (insbesondere im Bereich der Forschung) wie in gut ausgebildeten AbsolventInnen zu sehen sein.

Für die UNI-MitarbeiterInnen stehen die interessanten Arbeitsaufgaben, die Qualität der Arbeitsbedingungen im Vordergrund des Interesses; kreative Freiräume für selbständiges wissenschaftliches Arbeiten bzw. Möglichkeiten der Selbstorganisation neben Sicherheit des Arbeitsplatzes und angemessener Entlohnung können hier beispielhaft genannt werden.

Lieferanten, die mit der UNI zusammenarbeiten, werden eine faire Partnerschaft erwarten. Analoges gilt auch für andere Einrichtungen im Lehr- und Forschungsbereich, die Möglichkeiten zur Kooperation suchen.

Die Gesellschaft im weitesten Sinn wird von den UNIs entsprechende Lösungsansätze für anstehende Probleme im Sinne einer Zukunftswerkstätte erwarten; gleichzeitig wird nicht nur die Einhaltung von Rechtsnormen, von Moral und Ethik, sondern auch der Nachweis der Glaubwürdigkeit (durch entsprechende Transparenz der Entscheidungsprozesse) nachgefragt (Abb. 2.7).

In einer Zusammenfassung der bisher angestellten Überlegungen kann abgeleitet werden, daß mit der prioritären Betrachtung der Universität unter Management-Aspekten durchaus neue Einsichten zu aktuellen Problemstellungen erwartet werden können.

Die Universität (als Erfahrungsobjekt) kann unter verschiedenen Aspekten gesehen werden: die Betrachtung der Universität als Management-Objekt (im Sinne eines spezifischen Erkenntnisobjektes) liefert eine ergänzende Sichtweise zu den bisher bestehenden Darstellungen.

Dazu werden in einem Beschreibungsmodell bestehende Situationen im Sinne des Erkenntniszieles dargestellt, im Sinne eines Erklärungsmodelles analysiert sowie interpretiert und im Sinne eines Gestaltungsmodelles Hinweise für eine zukünftige Gestaltung abgeleitet.

Anspruchsgruppen	Hauptinteresse	Beispielhafte Parameter
Politik • Bund • Länder • Gemeinden	UNI als Zukunftswerkstätte	- Beitrag zur Volkswirtschaft - Anzahl der Arbeitsplätze - Förderung des Gemeinwohls
Kapitalgeber • Bund • Land, Gemeinden • Andere	Legitimität, Effizienz und Effektivität	- Rationaler Mitteleinsatz - Entsprechende Forschungsergebnisse - Angebot an Lehre
StudentInnen • StudierinteressentInnen • Studierende • AbsolventInnen	Optimale Information bzw. Studienbedingungen	- Infos über Möglichkeiten - Optimale Studienbedingungen - Mögl. der Weiterbildung
Auftraggeber • Verwaltung • Wirtschaft • Industrie	Professionelle Auftragsabwicklung	- Professionelle Dienstleistung - Verwertbare Ergebnisse - Gut ausgebildete AbsolventInnen
MitarbeiterInnen • ForscherInnen • LehrerInnen • Allg. Bedienstete	Optim. Arbeitsbedingungen („Arbeitsqualität")	- Interessante Arbeit, Freiräume - Sicherheit des Arbeitsplatzes - Angemessene Entlohnung
Lieferanten • Geschäftspartner	Faire Zusammenarbeit	- Stabile Beziehung - Faire Preisgestaltung - Partnerschaftliches Verhalten
F&L Einrichtungen • Andere UNIs • FHs • Andere F&L Einr.	Möglichkeiten zur Kooperation	- Anzahl Austauschprogramme - Forschungsschwerpunkte - Kooperationsprojekte
Gesellschaft • Allgemein • Spez. Gruppen	Lösungsansätze für aktuelle Probleme	- Einhaltung von Rechtsnormen - Einhaltung von Moral/Ethik - Transparenz/Glaubwürdigkeit

2.7: Die relevanten Anspruchsgruppen und mögliche Hauptinteressen

Dies geschieht insbesondere unter dem Aspekt
- der langfristigen Entwicklung;
- der Komplexität und Dynamik im Umfeld;
- des Spannungsfelds zwischen Tradition und Innovation gerade an Universitäten.

Die weiteren Schwerpunkte sind demnach vorgezeichnet und beschäftigen sich mit Grundfragen
- des strategischen Managements
- des operativen Managements
- des normativen Managements
- der Rolle der UNI-ManagerInnen
- der Innovationsansätze im UNI-Management

und prägen damit inhaltlich die weiteren Kapitel.

Literatur zu Kapitel 2:

Bleicher, Knut: Das Konzept Integriertes Management. Das St. Galler Management-Konzept, Bd. 1, Frankfurt – New York 1991.

Gomez, Peter: Wertmanagement. Vernetzte Strategien für Unternehmen im Wandel, Düsseldorf – Wien – New York – Moskau 1993.

Mertens, Peter/Haase, Michael: Die Kosten des Universitäts-Diploms. Berechnungsmodell und Beispiel. Arbeitspapier Nr. 3/1996, Bereich Wirtschaftsinformatik I, Universität Erlangen – Nürnberg.

Österle, Hubert: Business Engineering. Prozeß- und Systementwicklung, Bd. 1: Entwurfstechniken, 2. Aufl., Berlin 1995.

Pümpin, Cuno/Prange, Jürgen: Management der Unternehmensentwicklung. Phasengerechte Führung und der Umgang mit Krisen. Das St. Galler Management-Konzept, Bd. 2, Frankfurt – New York 1991.

Wohinz, Josef W./Keplinger, Wolfgang: Effizienz und/oder Effektivität? Kenngrößen erfolgsorientierter Betriebsführung, in: Der Wirtschaftsingenieur, 25 (1991) 3, S. 4 – 8.

Kapitel 3:
Die strategische Management-Ebene

Das strategische Management ist auf den Aufbau, die Pflege und die Nutzung von Erfolgspositionen und Erfolgspotentialen einer organisatorischen Einheit ausgerichtet.

Ganz bewußt wird hier zunächst auf Fragen der strategischen Management-Ebene eingegangen, da sie für die weitere Entwicklung der Universitäten von ganz besonderer Bedeutung erscheinen.

Eine eindeutige und zweifelsfreie begriffliche Abgrenzung des Strategiebegriffes existiert eigentlich nicht. In Theorie wie in Praxis haben sich allerdings Definitionen herauskristallisiert, die durchaus als taugliche Arbeitsgrundlage verwendet werden können.

H. H. Hinterhuber ([19], S. 7) bezieht sich auf *H. Moltke* [37], der die Strategie mit der ,,Fortbildung des ursprünglich leitenden Gedankens entsprechend den stets sich ändernden Verhältnissen" umschreibt.

Die Strategie sollte demnach den einmaligen, spezifischen und unwiederholbaren Charakter einer Unternehmung zur Geltung bringen, und dies erscheint für Universitäten besonders interessant.

3.1. Das Gesamtkonzept der strategischen Führung

Eine Strategie hat (nach *H. H. Hinterhuber* [19], S. 7) vier Schwerpunkte zu berücksichtigen:
- die Analyse der strategischen Ausgangsposition;
- die Bestimmung der zukünftigen Stellung der strategischen Geschäftseinheiten und der Unternehmung als Ganzes im unternehmerischen Umfeld;
- die Auswahl und die Entwicklung der Fähigkeiten und Ressourcen, mit denen die Unternehmung die geplante Stellung im Umfeld einnehmen kann;
- die Festlegung von Kriterien und Standards, anhand deren der Erfolg der Strategien und die erwartete Zielerfüllung gemessen werden können.

In einer Gesamtkonzeption der strategischen Unternehmungsführung werden sieben Komponenten unterschieden, die aber durch Rückkopplungsmechanismen verbunden sind (Abb. 3.1).

Die unternehmerische Vision stellt die Bewußtwerdung eines Wunschtraumes für eine Änderung dar; das Wesen liegt mehr in den Richtungen, die sie weist, und weniger in den Grenzen, die sie setzt.

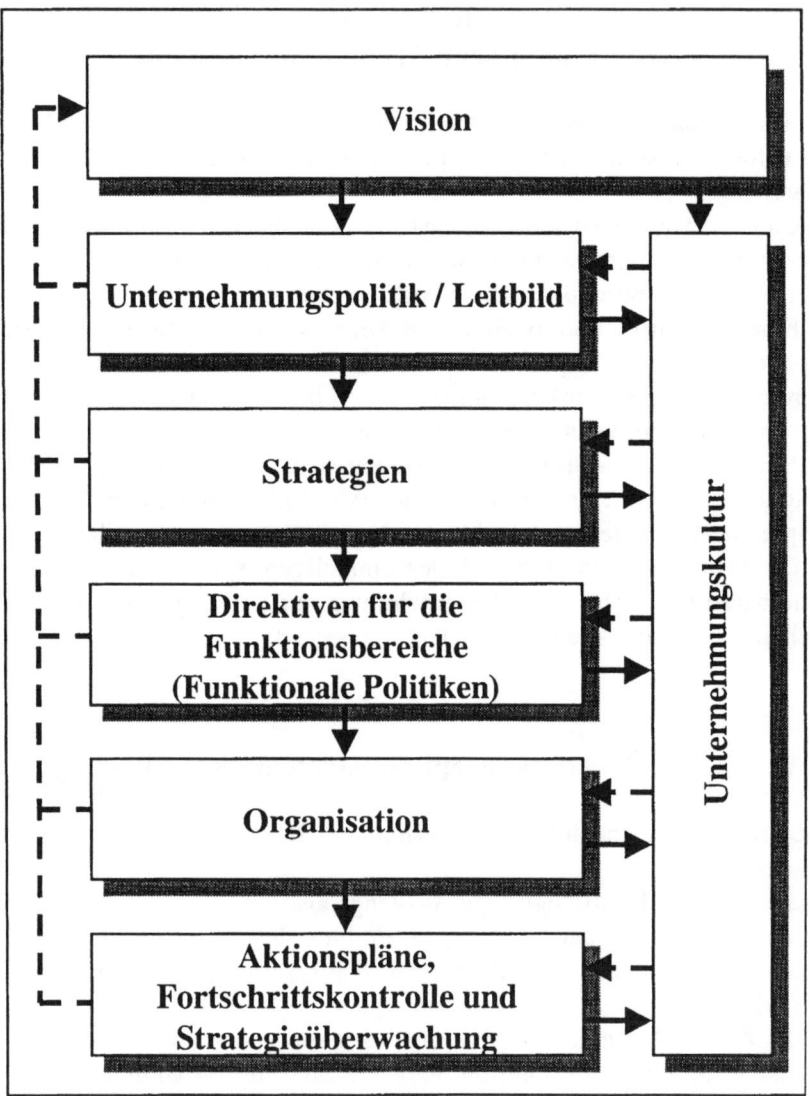

Abb. 3.1: Das Gesamtkonzpet der strategischen Unternehmungsführung
(nach H. H. Hinterhuber [19], S. 26)

Die Unternehmungspolitik faßt – ausgehend von der Vision – die Unternehmungsgrundsätze zusammen. Sie legt damit die Werte, Normen und Ideale fest, denen sich die Unternehmung verpflichtet sieht. Insbesondere mit dem Begriff der Mission wird hier die Ausformulierung von geschäftspolitischen Grundsätzen verstanden.

Innerhalb der Strategien werden nun die durch die Unternehmungspolitik formulierten Aufgaben unter bestmöglicher Verwendung der verfügbaren Ressourcen zu erreichen versucht.

Die Strategie bildet Schwerpunkte im Hinblick auf unternehmerische Hauptziele. *C. Pümpin* [55] prägt dafür den Begriff „strategische Erfolgsposition" (SEP). Bei einer SEP handelt es sich um eine in einer Unternehmung durch den Aufbau von wichtigen und dominierenden Fähigkeiten bewußt geschaffene Voraussetzung, die es dieser Unternehmung erlaubt, Konkurrenzüberlegenheit – und damit langfristig – überdurchschnittliche Ergebnisse zu erreichen.

Die funktionalen Politiken sind nun jene Richtlinien, die den LeiterInnen der einzelnen Funktionsbereiche als Richtschnur für selbständig zu treffende Entscheidungen im Interesse der Strategien dienen.

Eine Unternehmung wird um so erfolgreicher sein, je besser und engagierter die Bereichsleiter ihre Handlungsfreiheit im Sinne der Strategien nutzen.

Es gehört zur Aufgabe der Leiter der einzelnen Bereiche, die Strategien im Detail auszuarbeiten, allenfalls Abänderungen vorzuschlagen, dabei jedoch das Ziel der Gesamtstrategie entschlossen zu verfolgen.

Die Organisation hat nun mit den Strategien auf der einen Seite und mit den Bedürfnissen, Wünschen und Vorstellungen der MitarbeiterInnen auf der anderen Seite in Abstimmung zu stehen. Die Bezugspunkte der organisatorischen Festlegungen sind demnach in den folgenden Punkten zu sehen:

– die Unternehmung in ihrer Größe und ihrer bisherigen Entwicklung;
– die strategischen Geschäftseinheiten, in die die Unternehmung gegliedert ist;
– die Geschäftsprozesse, die in der Unternehmung ablaufen;
– die verfügbaren MitarbeiterInnen in Anzahl und Qualifikation.

Für die Umsetzung der Strategien sind Aktionspläne, Fortschrittskontrolle und Strategieüberwachung wichtig. Die Umsetzung erfordert Planung und Disziplin und meist weit mehr Energie als deren Ausformulierung.

Die Unternehmungskultur schließlich umschreibt die in der Unternehmung vorherrschenden Wertvorstellungen, Traditionen, Überlieferungen, Mythen, Normen und Denkhaltungen, die den MitarbeiterInnen auf allen Verantwortungsebenen Sinn und Richtlinien für ihr Verhalten vermitteln. In jeder Unternehmung können unterschiedliche Kulturen anzutreffen sein, je nachdem, ob Offensivstrategien, Defensivstrategien oder Desinvestitionsstrategien im Vordergrund stehen.

H. H. Hinterhuber ([19], S. 36) spricht im Falle einer strategisch geführten Unternehmung von einer Konföderation von Unternehmern. Dabei kommt es darauf an, ein dynamischen Gleichgewicht einzurichten zwischen:

- der vollen Nutzung der Individuen, die innerhalb ihrer Geschäftseinheiten Entscheidungen zu treffen und deren Umsetzung vorzubereiten
haben, und
- der Koordination dieser Individuen im Hinblick auf das Gesamtergebnis,
wobei dieses größer sein soll als die Summe der Teilergebnisse.

Mit dieser Feststellung werden die Auswahl, der Einsatz und die Entwicklung
von Führungskräften zur wichtigsten Aufgabe innerhalb einer Unternehmung.

In abgewandelter Form erscheint dieses Gesamtkonzept der strategischen
Führung auch für ein innovatives UNI-Management von großem Interesse.

Die Diskussion über Vision und Mission, die Ausformulierung von strategischen Schwerpunkten, die Ableitung von Richtlinien für die LeiterInnen
operativer Einheiten (Institute, Abteilungen), die Entwicklung einer entsprechenden Organisationsstruktur wie Organisationskultur können als wichtige
Anliegen für alle Angehörigen im UNI-Management interpretiert werden.

Natürlich können gerade an Universitäten solche strategisch orientierten
Fragen nicht ohne Rücksichtnahme auf das normativ vorgegebene Umfeld
bearbeitet werden. Die Einbeziehung von relevanten Vorgaben durch die den
einzelnen Universitäten übergeordneten Entscheidungsinstanzen (wie z.B.
das zuständige Bundesministerium) in einem Gesamtkonzept der strategischen Entwicklung ist notwendigerweise vorzusehen; dennoch bleiben auch
innerhalb dieser Rahmenstrukturen noch wesentliche Fragen zur strategischen Entwicklung zu klären.

Insbesondere gilt dies für die Auswahl, den Einsatz und die Entwicklung
von Führungskräften im Sinne eines innovativen UNI-Managements. Dabei
sind drei Grundfragen zu klären:
- Welche Personen sind als UNI-ManagerInnen anzusehen?
- Welche Rolle ist diesen UNI-ManagerInnen in einer zukunftsorientierten
Entwicklung zuzuordnen?
- Welche Anforderungen müssen von UNI-ManagerInnen (in Ab-
hängigkeit von ihrer Rolle) erfüllt werden?

Diesen wichtig erscheinenden Grundfragen ist bewußt ein eigenes Kapitel
(Auf die UNI-ManagerInnen kommt es an!) gewidmet.

3.2. Strategisch orientierte Basisanalysen

Den Einstieg in die Ausarbeitung eines strategischen Konzeptes stellt die
strategisch orientierte Analyse der Ausgangssituation dar. Diese spezifische
Analyse wird heute üblicherweise als SWOT-Analyse, d.h. Analyse der

S ... Strengths = Stärken
W ... Weaknesses = Schwachstellen
O ... Opportunities = Chancen
T ... Threats = Gefahren
bezeichnet (Abb. 3.2).

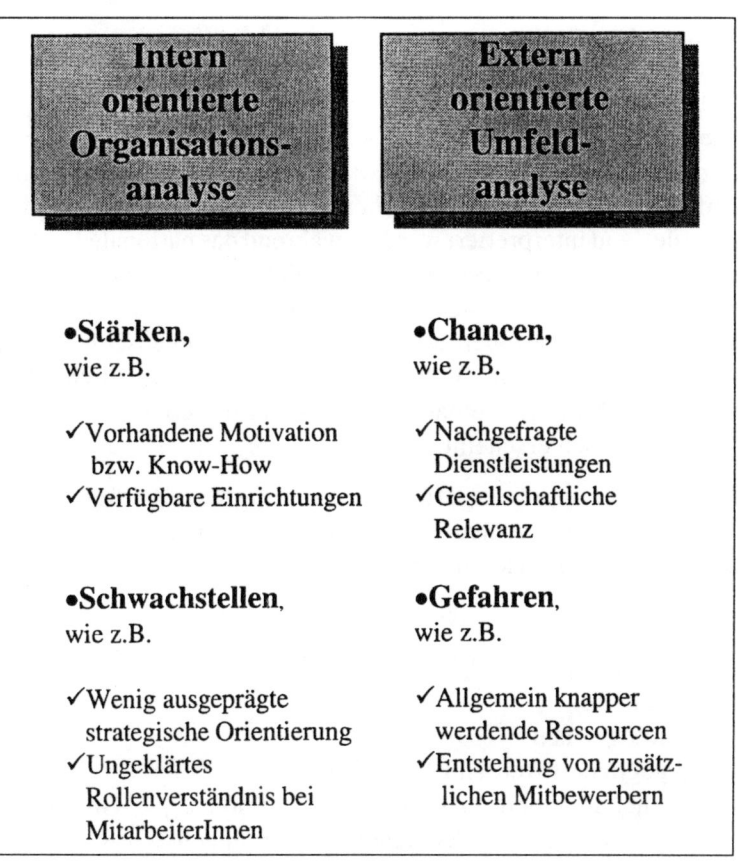

Abb. 3.2: Die SWOT-Analyse als strategisch orientierte Analyse
der Ausgangssituation

Unter Stärken bzw. Schwachstellen werden Merkmale in interner Sicht beleuchtet, mit Chancen und Gefahren werden Merkmale der Entwicklung im Umfeld dargestellt.

Am Beginn dieser strategisch orientierten Analyse sollte also die Analyse des relevanten Umfeldes stehen. Dazu sind in gesamthafter und systematischer Form nicht nur die Merkmale der aktuellen Situation herauszuarbeiten, sondern auch die zukünftigen Entwicklungstrends abzuschätzen.

Üblicherweise wird dazu das relevante Umfeld nach zwei Kategorien differenziert:

- Nach den unterschiedlichen Systemgrenzen kann in das
  - lokale
  - regionale
  - nationale
  - internationale
  - globale

  Umfeld gegliedert werden.

  Als lokales Umfeld einer Universität kann die jeweilige Stadt mit ihren spezifischen Gegebenheiten gesehen werden; das regionale Umfeld kann als Bundesland interpretiert werden, während das nationale Umfeld durch die Staatsgrenzen (als Systemgrenzen) definiert ist. International orientierte Analysen berücksichtigen Entwicklungen über die staatlichen Grenzen hinweg, bezogen auf bestimmte Zusammenschlüsse, wie z.B. die Europäische Union. Globale Betrachtungen schließlich gehen über alle Grenzen hinaus, wie das für die „scientific community" eigentlich besonders typisch erscheint.

- Innerhalb der oben angeführten Systemgrenzen können nun Entwicklungen in unterschiedlichen Systemkategorien festgestellt werden. Danach kann in Entwicklungen im
  - gesellschaftlichen
  - politischen
  - wirtschaftlichen
  - ökologischen
  - technologischen

  Umfeld gegliedert werden (Abb. 3.3).

Neben einer eher allgemein ausgerichteten Umfeldanalyse wird vielfach eine spezifische Analyse (als sog. Branchenanalyse) angebracht sein.

In einer solchen Analyse wird nur jener Sektor untersucht, in dem eine Organisation (z.B. als Unternehmung) aktiv ist bzw. aktiv zu werden plant; für Universitäten ist dies der Sektor der Forschung (in unterschiedlichen Ausprägungen) und der Lehre (Aus- und Weiterbildung).

Die Beobachtung der Entwicklungen im Umfeld stellt einen kontinuierlichen Prozeß dar. Die Auswertung der Ergebnisse dieser Umfeldanalyse stellt einen wesentlichen Inhalt für die strategische Orientierung dar. Mögliche Bedrohungen sollten so rechtzeitig erkannt werden, daß Auswirkungen entweder überhaupt abgewendet oder zumindest bewältigbar gemacht werden. Mögliche Chancen sollten als solche identifiziert und als zukünftige Aktivitätsfelder aufbereitet werden.

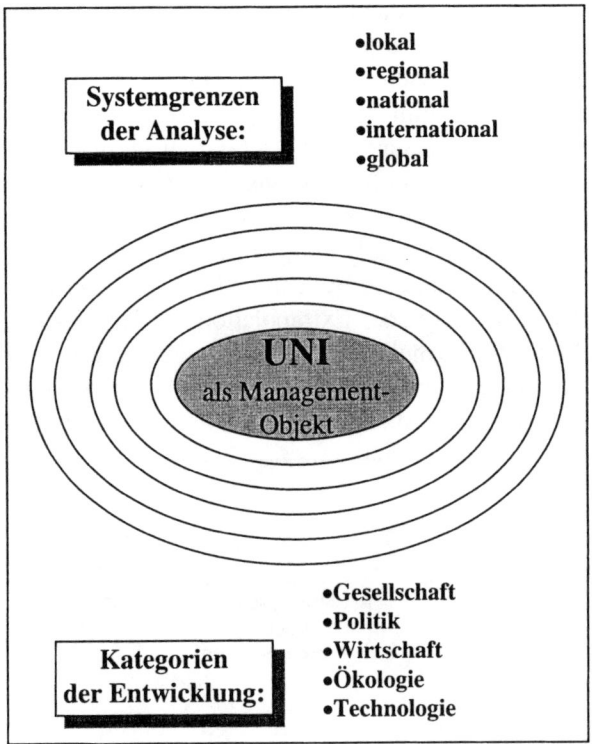

Abb. 3.3: Die relevanten Systemgrenzen und Kategorien
einer Umfeldanalyse

Die Umfeldanalyse liefert somit Hinweise, welche Möglichkeiten, aber auch welche Gefahren in zukünftigen externen Entwicklungen liegen können.

Demgegenüber hat nun die intern orientierte Organisationsanalyse zu klären, welche Voraussetzungen in Hinblick auf Stärken und Schwachstellen gegeben sind.

Mit dem Stärken/Schwachstellen-Profil einer Unternehmung ist die relative Position der organisatorischen Einheit in bezug zu den kritischen Faktoren aus der Umfeldanalyse und insbesondere in Hinblick auf die relevanten Mitbewerber zum Ausdruck zu bringen.

Beispielhaft sind in einer solchen Organisationsanalyse zu untersuchen:
– das aktuelle bzw. zukünftige Leistungsprogramm (als Output);
– die Leistungspotentiale bzw. verfügbaren Ressourcen, die zu diesem Output beigetragen haben (Know-how, MitarbeiterInnen, Anlagen);
– die organisatorischen Prozesse und Strukturen, die eingerichtet sind (für Leistungs- wie Führungsprozesse);

– die Organisationskultur, das Problemverhalten, das Leistungs- und Ko-
operationsverhalten im weitesten Sinn.

Es gehört zu den unbestrittenen Grundsätzen jeder strategischen Orientierung,
daß vorhandene Stärken zum Nutzen gegebener Chancen weiterentwickelt
werden sollen und gleichermaßen Schwachstellen vermieden werden sollen,
besonders wenn sie mit Bedrohungen aus dem Umfeld im Zusammenhang
stehen. Allerdings sollte der Schwerpunkt immer auf der Nutzung vorhandener
Stärken liegen, während der Bearbeitung vorhandener Schwachstellen für strategische Überlegungen sekundäre Bedeutung beizumessen ist.

Der realen Situation bzw. der Extrapolation der Entwicklung aus der Vergangenheit steht die Zielformulierung für eine gewünschte zukünftige Entwicklung gegenüber. Aus dieser Gegenüberstellung resultiert eine Differenz (als
Lücke), die durch geeignete Maßnahmen auszugleichen ist (Abb. 3.4).

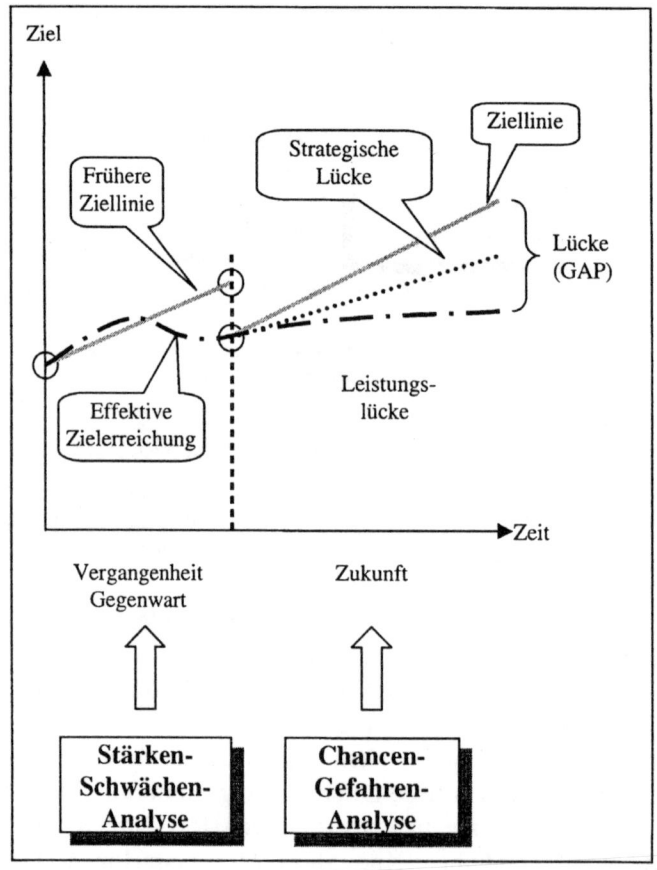

*Abb. 3.4: Die Leistungslücke bzw. strategische Lücke in der
UNI-GAP-Analyse (nach B. Bircher [5])*

Diese als GAP-Analyse bezeichnete Vorgehensweise (nach *B. Bircher* [5]) sieht Aktivitäten auf zwei Ebenen vor:
- das Schließen der Leistungslücke durch Verbesserungen im Prozeß der Leistungserstellung, d.h. Effizienzsteigerung bzw. Rationalisierung („die Dinge richtig tun");
- das Schließen der strategischen Lücke durch Verbesserungen im Leistungsangebot, d.h. Effektivitätssteigerungen bzw. Innovation („die richtigen Dinge tun").

Mit dieser Lücken-Analyse wird die gedankliche Weiterentwicklung der Analyse der Ausgangssituation in Richtung zu setzender Aktivitäten konkretisiert. Dafür sind drei Schritte vorzusehen:
- Diskussion und Ausformulierung zukünftig gewünschter bzw. angestrebter Ergebnisse als Darstellung einer Ziellinie;
- Abschätzung der tatsächlich zu erwartenden Ergebnisse unter der Annahme, daß keine Änderung im gegenwärtigen Verhalten bzw. den gegenwärtigen Aktivitäten erreicht werden kann („Was geschieht, wenn nichts geschieht?");
- Feststellen der Lücke, die sich aus der Diskrepanz zwischen der Zielprojektion einerseits und der Prognose andererseits ergibt, und Herausarbeiten von Maßnahmen, mit denen die identifizierte Leistungslücke bzw. strategische Lücke geschlossen werden kann.

Die konkrete Ausformulierung zukünftiger Zustände kann auf unterschiedliche Weise erfolgen. Jedenfalls sind die relevant erscheinenden Zielkriterien (als Formalziele) festzulegen und innerhalb dieser Zielkriterien Quantifizierungen (als Sachziele) vorzunehmen.

Im Grunde werden an den Universitäten häufig Stellungnahmen abgegeben, die als Ansätze einer solchen GAP-Analyse angesehen werden können. Beispielhaft können hier angeführt werden:
- Entwicklungen bei den Hörerzahlen für bestimmte Lehrprogramme (aus der Vergangenheit) und Projektion einer gewünschten Entwicklung für die Zukunft;
- Entwicklungen bei Ressourcen-Zuteilungen für bestimmte Forschungsprogramme und Ausformulierung gewünschter Entwicklungen in den nächsten Jahren;
- Diskussion der Ergebnisse von UNI-Rankings (aus der Vergangenheit) und Darstellung gewünschter Rangplätze in der Zukunft.

Was dabei meist weniger deutlich geschieht, ist das Herausarbeiten und Umsetzen von Maßnahmen, mit denen eine allenfalls festgestellte Lücke geschlossen werden kann; Ergebnisse in der Zukunft resultieren deshalb häufig nicht aus gezielten Gestaltungsmaßnahmen, sondern werden stark durch die allgemeine Entwicklung bestimmt.

Eine weitere Möglichkeit zur Darstellung strategischer Positionierungen wie zur Festlegung zukünftiger Entwicklungsrichtungen stellt die Portfolio-Matrix dar. Solche Portfolio-Darstellungen können unterschiedliche Ausprägungen aufweisen; jedenfalls wird der Zusammenhang zwischen der Umfeldentwicklung und der relativen Unternehmungsposition in einer Matrix zum Ausdruck gebracht. Daraus werden dann strategische Stoßrichtungen (zur Mittelbindung bzw. Mittelfreisetzung) abgeleitet (Abb. 3.5).

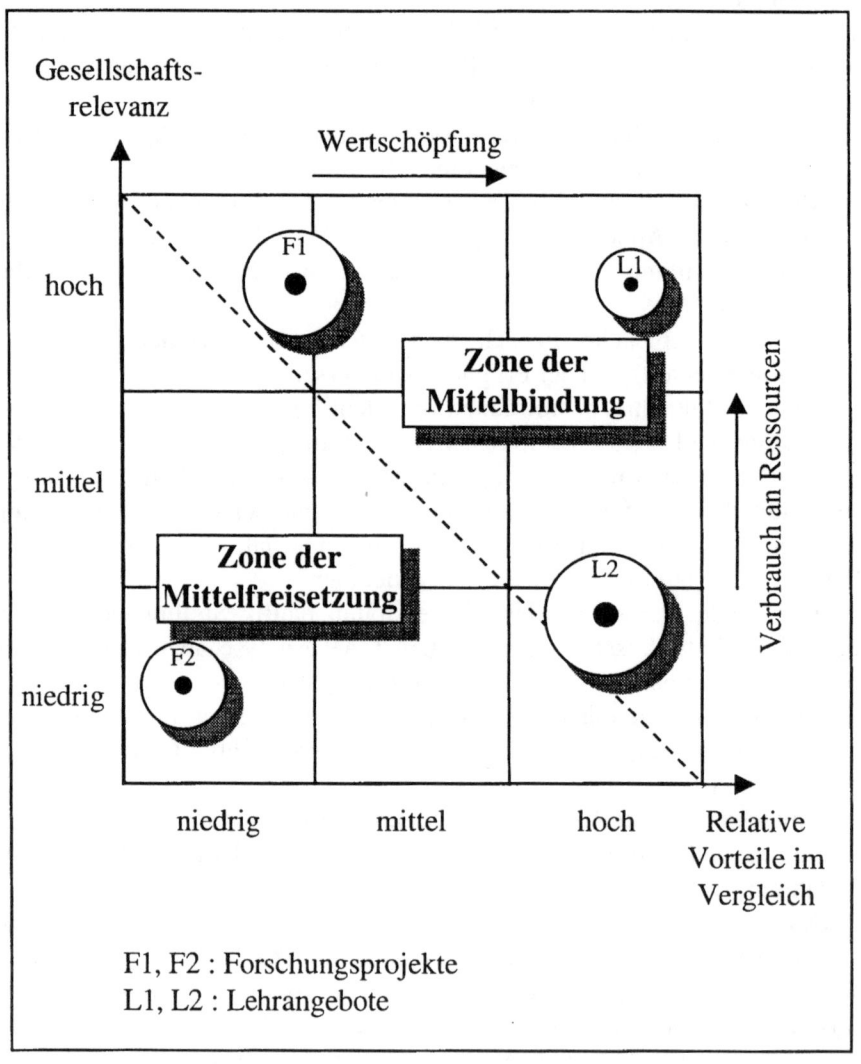

Abb. 3.5: Die Portfolio-Darstellung zur Positionierung von Forschung und Lehre (in Anlehnung an H. H. Hinterhuber [19], S. 109)

Die Entwicklungen im Umfeld werden üblicherweise als Markt- oder Technologieattraktivität beschrieben. Für die Universitäten erscheint hier der Begriff der Gesellschaftsrelevanz besonders geeignet. Dabei sind zwei Aspekte einzubeziehen:

– bedarfsseitig die Einsatzmöglichkeiten im Sinne einer Bedarfsrelevanz
– potentialseitig die Entwicklungsmöglichkeiten im Sinne einer Potentialrelevanz

Die gezielte Orientierung an der Gesellschaftsrelevanz sollte es einer Universität ermöglichen, durch offensiv angelegte Strategien ihren Platz in einem Netzwerk von wissensproduzierenden Organisationen sicherzustellen (siehe dazu: *A. Pellert* [50], S. 43).

Als konkrete Beispiele können hier die Orientierung an den Anforderungen des Arbeitsmarktes für einzelne Studienrichtungen erwähnt werden bzw. die Bedeutung von Problembereichen, für die Universitäten als Wissensproduzenten in der Forschung tätig sind.

Diese relative Position der eigenen organisatorischen Einheit kann nur im Vergleich mit den im relevanten Umfeld tätigen Mitbewerbern ermittelt werden. Hier wird üblicherweise Marktposition als Marktanteil bzw. Technologiestärke zum Ausdruck gebracht. Allgemein und so auch im Falle der Universitäten kann dies durch zwei Parameter zum Audruck gebracht werden:

– das verfügbare Know-how im Potential der MitarbeiterInnen (Leistungsbereitschaft und Leistungsfähigkeit, Innovationsbereitschaft und Innovationsfähigkeit);
– die verfügbaren Mittel (als finanzielle Mittel bzw. verfügbare Einrichtungen) zur Realisierung der Leistungsprozesse Forschung und Lehre.

Aus der Positionierung einzelner strategischer Geschäftseinheiten (der Forschung bzw. Lehre) können Normstrategien zugeordnet werden, die

– als Investitionsstrategien eine Zuführung zusätzlicher Ressourcen vorsehen (Zone der Mittelbindung),
– als Desinvestitionsstrategien eine Reduktion in der Ressourcenzuteilung vorsehen (Zone der Mittelfreisetzung),
– als Selektionsstrategien zusätzliche Analysen vorsehen, mit denen die weitere Entwicklung entweder in Richtung Offensive oder in Richtung Defensive entschieden werden kann.

Damit werden Grundstrukturen für eine höchst aktuelle Diskussion aufgezeigt. Entscheidungen, welche Studienrichtungen (als Lehrangebote) an welchen Standorten bzw. welche Forschungsprojekte an welchen Standorten aufgenommen, weitergeführt oder abgeschlossen werden sollen, erfordern eine entsprechende strategisch orientierte Entscheidungsvorbereitung.

In einem Arbeitsprogramm des Bundesministeriums für Wissenschaft und Verkehr zur Rationalisierung des Lehr- und Studienangebotes und zur

Entwicklung von Schwerpunkten [12] werden dazu die folgenden Zielsetzungen genannt:

„– Handlungsspielräume der einzelnen Universitäten und der universitätsübergreifenden Organe erhöhen
 – Aufgabenbezogenes Sparen auf Universitätsebene und universitätsübergreifender Ebene
 – Effektivitätssteigerung des Lehr- und Studienangebotes
 – Effizienzsteigerung der Lehre

Um diese Zielsetzungen zu erreichen, sind folgende Maßnahmen erforderlich:

 – Inneruniversitäre Konzentration von Lehr- und Forschungskapazität
 – interuniversitäre Umschichtung von Lehr- und Forschungskapazität
 – Konzentration von Lehr- und Forschungskapazität an weniger Standorten und/ oder in weniger Studien durch die Auflassung von Studienstandorten und eventuell fachliche Entdifferenzierung des Studienangebotes."

Die notwendigen Basisanalysen sind auf Universitätsebene zu führen. Daraus resultierende Vorschläge für Investitions- bzw. Desinvestitionsentscheidungen gehen über die einzelne Universität hinaus und haben universitätsübergreifende Aspekte miteinzubeziehen. Deshalb werden darüber hinaus Kooperationen zwischen einzelnen Universitäten wie Abstimmungen mit Schwerpunkten der Wissenschaftspolitik anzustreben sein; letztlich erfordern konkrete Umsetzungsschritte nicht nur die Mitwirkung der Universitäten, sondern auch Entscheidungen auf der Ebene des Bundesministeriums bzw. des Parlaments. Dennoch sollte die Initiative von den Universitäten ergriffen werden, um damit die strategischen Handlungsmöglichkeiten nachhaltig zu verbessern.

3.3. Das Leitbild als Ausdruck der strategischen Orientierung

Den zusammenfassenden Ausdruck der grundsätzlichen strategischen Orientierung stellt das Leitbild dar. In ihm werden unternehmerische Vision und unternehmungspolitische Grundsätze so gefaßt, daß sie mit allen MitarbeiterInnen kommuniziert und damit diskutiert werden können.

In einem solchen Leitbild einer Universität sollten
 – Leitlinien des Handelns nach außen
 – Leitlinien des Handelns nach innen
enthalten sein (Abb. 3.6).

Abb. 3.6: Leitlinien universitären Handelns nach außen und nach innen

Beispielhaft können hier die folgenden Punkte als Leitlinien des Handelns nach außen ausformuliert werden:

- Wissenschaftsorientierung:
  Motto: Wir wollen der wissenschaftlichen Forschung und Lehre dienen; der Freiheit der Wissenschaft und ihrer Lehre, der Vielfalt der Lehrmeinungen und der Verbindung von Forschung und Lehre fühlen wir uns verpflichtet.

- Gesellschaftsorientierung:
  Motto: Wir wollen verantwortlich zur Lösung der Probleme des Menschen sowie zur gedeihlichen Entwicklung der Gesellschaft und der natürlichen Umwelt beitragen.

- Zielgruppenorientierung:
  Motto: Wir wollen auf die relevanten Interessen der einzelnen Zielgruppen (Studierende, AbsolventenInnen, andere Anspruchsgruppen) eingehen, um möglichst spezifische Dienstleistungen erbringen zu können.

- Kooperationsbereitschaft extern:
  Motto: Wir stehen Kooperationswünschen allgemein und insbesondere von anderen Einrichtungen der Forschung und Lehre grundsätzlich positiv gegenüber und wollen uns um eine konstruktive Zusammenarbeit bemühen.

- Internationalität
  Motto: Wir sehen unsere Mitwirkung in der „scientific community" über alle regionalen und nationalen Grenzen hinweg und stehen in diesem Sinn der Globalisierung offen gegenüber.

Als Leitlinien des Handelns nach innen können beispielhaft ausformuliert werden:

- Orientierung an MitarbeiterInnen:
  Motto: Die Förderung der Entwicklung aller MitarbeiterInnen stellt für uns ein besonderes Anliegen dar. Dabei kommt der gleichen Behandlung von Frauen und Männern besondere Bedeutung zu.

- Innovationsorientierung:
  Motto: Wir setzen uns mit Entwicklungen im Umfeld offensiv auseinander und stehen allem Neuen aufgeschlossen gegenüber.

- Zielorientierung:
  Motto: Wir bemühen uns um die Ausformulierung von Zielen für unsere zukünftigen Entwicklungen; diese sollen auf breiter Basis diskutiert und damit möglichst von allen UNI-Angehörigen vertreten werden.

- Leistungsorientierung:
  Motto: Wir wollen Forschung und Lehre unter den Aspekten von Wirtschaftlichkeit, Sparsamkeit und Zweckmäßigkeit durchführen; Effizienz, Effektivität und Legitimität zählen zu den Kenngrößen unseres Handelns.

- Kooperationsbereitschaft intern:
  Motto: Wir bemühen uns um eine vertrauensvolle, interdisziplinäre Zusammenarbeit aller Mitglieder der Universität als wichtigster Grundlage für das Erreichen der vereinbarten Ziele.

Mit der Ausformulierung eines Leitbildes wird eine wichtige Grundlage für strategisches Denken und Handeln in einer Organisation gelegt. Dabei darf allerdings nicht übersehen werden, daß mit dem Leitbild nur ein Element im Sinne eines gesamthaften strategischen Konzeptes gebildet wird.

3.4. Probleme strategischen Denkens und Handelns

Die Notwendigkeit für strategisch orientiertes Denken und Handeln auch an Universitäten erscheint wohl außer Zweifel zu stehen. Letztlich werden damit die Voraussetzungen geschaffen, langfristig überdurchschnittliche Ergebnisse zu erzielen. Dennoch gibt es in der praktischen Umsetzung auch Probleme, die in zweierlei Hinsicht gesehen werden können (siehe dazu: *J. W. Wohinz* [69]).

Zum einen liegen mögliche Probleme darin begründet, daß unter dem Druck der Tagesereignisse nur schwer der notwendige Freiraum für strategische Überlegungen erhalten werden kann. Allzu oft behindert also die erfolgreiche Bewältigung aktueller Tagesprobleme die Auseinandersetzung mit Fragestellungen von langfristiger und damit eigentlich existentieller Bedeutung.

Zum anderen liegen mögliche Probleme in dem Umstand begründet, daß die notwendigerweise langfristig orientierten Vorstellungen noch wenig operationell erscheinen. Damit solche Vorstellungen erfolgreich realisiert werden können, ist ein gewisses Maß an Strukturierung unbedingt anzustreben; die Ausarbeitung von Aktionsplänen zur Fortschrittskontrolle und Strategieüberwachung stellt damit ein wichtiges Element eines Gesamtkonzeptes der strategischen Führung dar.

Beispielhaft können als typische Determinanten eines strategischen Konzeptes genannt werden:

- Das strategische Konzept steht am Anfang aller anderen Aktivitäten; es ist lang- bis mittelfristig ausgerichtet.
- Das strategische Konzept hat grobe Entwicklungslinien festzuhalten und damit den Rahmen für detaillierte Ausarbeitungen zu liefern.
- Das strategische Konzept ist an einem zuvor definierten Zielsystem zu orientieren.
- Im strategischen Konzept hat gesamthaftes Denken in Wirkungszusammenhängen Vorrang vor einseitigen, isolierten Betrachtungen.

- Für die Erarbeitung des strategischen Konzeptes ist auf das Kreativpotential möglichst vieler qualifizierter Personen zurückzugreifen.
- Durch die aktive Mitarbeit ist anzustreben, eine möglichst hohe Identifikation der MitarbeiterInnen mit dem entworfenen strategischen Konzept zu erreichen.
- Information über die wesentlichen Inhalte des strategischen Konzeptes ist auf breiter Basis durchzuführen.
- Analyse der Ausgangssituation, Zielformulierung, Ausarbeitung von Aktivitäten als Phasen auf dem Weg zum strategischen Konzept sind damit für alle UNI-Angehörigen transparent zu gestalten.
- In das strategische Konzept sind externe Daten (Umfelddaten) wie interne Daten (Organisationsdaten) miteinzubeziehen.
- Insbesondere der Dynamik der Umfeldbedingungen ist in einem strategischen Konzept durch permanente Innovationsbereitschaft Rechnung zu tragen.
- Ergebnisse aus dem strategischen Konzept sind als Handlungsvorschläge auszuformulieren und mit klaren Teilzielsetzungen zu versehen (Formalziele, Sachziele; Ressourcenplanung).
- Wenn notwendig, sind bei der Erarbeitung des strategischen Konzeptes für abgrenzbare Teilbereiche spezielle Arbeitsgruppen zu installieren; deren Arbeitsergebnisse sind nahtlos in den Gesamtrahmen einzubauen.
- Das strategische Konzept ist in regelmäßigen Abständen auf seine Aussagefähigkeit hin zu überprüfen; neben situationsbedingten Anpassungen ist damit die Gestaltungsmöglichkeit für neu hinzukommende MitarbeiterInnen gegeben.

In einer Zusammenfassung lassen sich die folgenden Konklusionen ableiten:
- Die Notwendigkeit der Ausformulierung einer Strategie als langfristige Orientierung für zukünftige Entwicklungen erscheint auch an Universitäten gegeben und damit sinnvoll.
- Gerade die Verstärkung von Innovationsbereitschaft und Innovationsfähigkeit sollte auch für Universitäten gelten und erfordert entsprechende Grundlagen.
- Eine strategische Orientierung darf sich nicht auf das alleinige Ausformulieren von Leitbildern beschränken; vielmehr muß der Schritt zur erfolgreichen Realisierung durch Abgrenzung bearbeitbarer Aktivitätenprogramme vorbereitet werden und im Rahmen der Strategieüberwachung auch laufend überprüft werden.

Literatur zu Kapitel 3:

Bircher, Bruno: Langfristige Unternehmungsplanung – Konzepte, Erkenntnisse und Modelle auf systemtheoretischer Grundlage, Bern 1976.

Bundesministerium für Wissenschaft und Verkehr: Arbeitsprogramm zur Rationalisierung des Lehr- und Studienangebotes und zur Entwicklung von Schwerpunkten, Wien, Mai 1997, S. 3 f.

Hinterhuber, Hans H.: Strategische Unternehmungsführung, Band I: Strategisches Denken, 5. Aufl., Berlin – New York 1992.

Moltke, H. v.: Ausgewählte Werke, hrsg. von *F. v. Schmerfeld*, 4 Bände, Berlin 1925.

Pellert, Ada: Zwischen Gesellschaftsrelevanz und Gesellschaftsdistanz: Versuch einer Aufgabenbestimmung der Universität, in: *Pellert, A./Welan, M.:* Die formierte Anarchie – Die Herausforderung der Universitätsorganisation, Wien 1995, S. 43.

Pümpin, Cuno: Strategische Erfolgspositionen, Methodik der dynamischen strategischen Unternehmungsführung, Bern – Stuttgart – Wien 1992.

Wohinz, Josef W.: Wertanalyse – Innovationsmanagement, Würzburg – Wien 1983.

Kapitel 4:
Die operative Management-Ebene

4.1. Die universitären Prozesse

Das Universitätsmanagement hat eine Basis in den Grundsätzen und Aufgaben der Universitäten nach dem Universitäts-Organisationsgesetz 1993 (*G. Bast* [3]). Dort sind als Grundsätze Forschung und Lehre (Kernprozesse), Wirtschaftlichkeit (Unterstützungsprozesse) und Führungsprozesse angeführt. Prozesse und damit zusammenhängende Aufgaben können nach Erfahrungen in Unternehmen adaptiert werden für Universitäten (Abb. 4.1).

Führungsprozesse z.B.:
- Mitwirkung an Wissenschaftspolitik
- Strategische Entwicklungsplanung
- Mitarbeiterführung

Kernprozesse / Kernaufgaben

- Gewinnung von
Interesse / Aufträgen
- Beschaffung von
Produktionsfaktoren

Leistungen z.B.
- Entwicklung der Wissenschaften
- Heranbildung des wissenschaftlichen
Nachwuchses
- Erstellung, Nutzung und Umsetzung
von Forschung und Lehre (national
und international)

Unterstützungsprozesse z. B.
- Bewirtschaftung von Produktionsfaktoren
- Finanz- u. Rechnungswesen, Controlling
- Informationswesen, Marketing, Rechtswesen
- Studienbetrieb, Evaluierung

Abb. 4.1: Die Differenzierung von Prozessen im Universitätssystem

Den Kernprozessen, nämlich der Erstellung von Forschung und Lehre, geht ein Beschaffungsprozeß voraus für Personal und andere Ressourcen, aber auch für Studenten. Die Ziele (Kunden und Absatzmärkte), nach denen die Kernprozesse auszurichten sind, sind Berufsvorbildung, Weiterbildung und Heranbildung des wissenschaftlichen Nachwuchses, die Entwicklung der Wissenschaften sowie die Umsetzung der Forschung und Lehre auf nationalem und internationalem Gebiet. Für die Kernprozesse Forschung und Lehre gilt:
* In einem Teilbereich müssen sie vollkommen „frei" sein. Dieser Bereich, als „eigenständige Forschung und Lehre" bezeichnet, soll an den Insti-

tuten sichern, daß Visionen der Wissenschafter eingebracht und für Innovationen genutzt werden. Dieser Teilbereich findet seinen Ausdruck insbesondere in der „reinen Grundlagenforschung" und der sich daraus ergebenden Lehre.

- In einem weiteren Teilbereich müssen sich Forschung und Lehre in Studienrichtungen der Universität (Fakultät) bzw. in Forschungsgebiete einfügen, die von Universitäten (Fakultäten) in deren Leitbildern von Gesellschaft und Wirtschaft im Forschungsbedarf und von der Wissenschaftspolitik als Ziele gegeben sind. In diesem Teilbereich, mit „gemeinschaftsbezogener Forschung und Lehre" bezeichnet, sind vornehmlich die „zweckorientierte Grundlagenforschung" und die „angewandte Forschung" einzureihen (BMWF [10]).

In den Unterstützungsprozessen ist sicherzustellen, daß die Wirtschaftlichkeit, Sparsamkeit und Zweckmäßigkeit der Gebarung erfüllt wird und daß somit die Produktionsfaktoren bei Beachtung der Ziele der Universitäten in Forschung und Lehre wirtschaftlich beschafft und eingesetzt werden. Als Produktionsfaktoren sind dabei Güter und Dienste (gemessen in Mengen- und Zeiteinheiten), die zur Erstellung von Produkten oder Diensten verbraucht oder genutzt werden (z.B. menschliche Arbeit, Stoffe, Maschinen usw.), zu verstehen.

Im Führungsprozeß sind im Rahmen der Wissenschaftspolitik und Wissenschaftsplanung die Universitätsziele mit Leitbildern, Konzepten, aber auch Visionen anzustreben. Universitätsstrategien und Organisationen des Zusammenwirkens der Universitätsangehörigen, der Forschung und Lehre sind Grundelemente zur Erreichung der Ziele. Zur Wahrung der Chancengleichheit für alle Staatsangehörigen ist dafür Sorge zu tragen, daß jeder oder jede Staatsangehörige studieren kann, die das geistige Rüstzeug für das Studium mitbringen, gleichgültig aus welchen sozialen Verhältnissen sie kommen. Eine Öffentlichkeitsarbeit hat Sorge zu tragen, daß das Universitätsumfeld über die Universitätsziele und -aufgaben informiert wird, aber auch informiert wird über die Chancen der Absolventen am Arbeitsmarkt.

Die Leistungen der Universitäten für Kunden und Absatzmärkte sind schwierig oder gar nicht quantifizierbar. Die Ziele der Universitäten sind aber auf diese Leistungen auszurichten, so beispielsweise auf die Entwicklung der Wissenschaften oder die Heranbildung des wissenschaftlichen Nachwuchses. Die Ziele der Universitäten liegen aber auch in der guten Nutzung der Einrichtungen der Leistungsstellen, so in der Koordinierung der zur Durchführung der Forschung und Lehre notwendigen Mittel.

Zielsetzungen der Universitäten müssen in der Organisation der Universitäten den Zielen der Kernprozesse Forschung und Lehre den Vorrang geben. Mit dieser Zielsetzung soll ein optimaler Nutzen der Universitäten erreicht werden, somit ein größerer Nutzen, als wenn beispielsweise den sekundären Zielen mit einer „bestmöglichen Nutzung der Leistungsstellen" der Vorrang gegeben würde. Mit Leistungsstellen werden Bereiche bezeichnet, die organisatorisch, verantwortungsmäßig und abrechnungsmäßig zusammengehören, z.B. Universität – Institute, Rektorat, Universitätswerkstätten usw.

Bei voller Anerkennung der Priorität des Primärzieles für die Kernprozesse Forschung und Lehre muß aber im Sinne der sparsamen Mittelverwendung versucht werden, auch den Zielen der Sekundärprozesse mit einer bestmöglichen Nutzung der Leistungsstellen so weit nachzukommen, daß das in der Priorität an erster Stelle stehende Ziel gefördert oder zumindest nicht gefährdet wird.

Dazu muß eine moderne Organisation in Verbindung mit einem Rechnungswesen als Führungsinstrument die volle Erreichung des Primärzieles bei weitgehender Erreichung des Sekundärzieles sicherstellen.

Dieser Dynamik in Forschung und Lehre muß durch eine ebensolche Dynamik in der Organisation entsprochen werden.

Hierzu muß
- eine verursachungsgerechte Verrechnung aller Dienste und Güter in einer Kostenrechung gesichert werden;
- die Entscheidung über die Kombination der Anteile menschlicher Arbeit mit Anteilen der Produktionsmittel jenen Stellen zugeordnet werden, die aufgrund ihrer Kompetenz die Kombination so gestalten können, daß eine bestmögliche Leistung in Forschung und Lehre bei minimalen Aufwendungen gesichert wird.

Die verursachungsgerechte Verrechnung aller Dienste und Güter in einer Kostenrechnung zeigt die bewerteten Verbräuche. Der für die Leistungsstelle Verantwortliche hat damit ein Kontroll- und Lenkungsinstrument zur Hand, das vor allem ihm selbst zur sparsamsten Mittelverwendung ein wertvolles Hilfsmittel ist.

Bei schwierigen und meist nur vom Erstellenden quantifizierbaren Leistungen und quantifizierbaren Verbräuchen muß die Entscheidung über die Kombination an Anteilen menschlicher Arbeitskräfte mit Produktionsmitteln aller Art den Leitungen der Leistungsstellen übertragen werden, weil sie hierfür über die besten Kenntnisse, Kritikvermögen und Informationen verfügen. Es gilt festzulegen, bei welcher Kombination von Anteilen menschlicher Arbeitskraft mit Anteilen von Produktionsmitteln aller Art höchste Leistungen in Forschung und Lehre bei minimalen Kosten bewirkt werden. Diese Kombinationen ändern sich durch die Dynamik in der Forschung und durch das Entstehen neuer Schwerpunkte durch neue Forschungsergebnisse. Dieser Dynamik muß in der Kombination entsprochen werden, wenn ein hoher Wirkungsgrad in der Forschung der Universitäten erreicht werden soll.

Heute ist das an den österreichischen Universitäten geübte Rechnungswesen im wesentlichen gekennzeichnet durch
- eine Betrachtung der Einnahmen und Ausgaben (weitgehend in kamera-
  listischer Art)
- eine weitgehende Zentralisierung der Entscheidungen über die Genehmigung einzelner Ausgabenarten im zuständigen Ministerium.

Die (kameralistische) Ausgaben-Einnahmenrechnung, bei der Verbräuche
und Nutzungen zum Zeitpunkt der Rechnungslegung ausgewiesen werden,
läßt keine Aussage über verursachungsgerechte Zuordnungen und Verbräuche von Diensten und Gütern zu den zu erstellenden Leistungen zu.

Die Zentralisierung der Entscheidungen über einzelne Ausgabenarten im
Ministerium, also an einer Stelle, die über die wirkungsvollste Kombination
von menschlicher Arbeit mit Geräten aller Art zur Erbringung höchstmögli-
cher Leistungen in Forschung und Lehre nicht befinden kann, weil ihr dazu
das Kritikvermögen fehlt, kann nicht zur sparsamsten Verwendung der finanziellen Mittel führen.

Die Einführung einer Kostenrechnung in Ergänzung der kameralistischen
Einnahmen- und Ausgabenrechnung macht zweifellos das Geschehen an den
Kostenstellen transparenter. Es wird damit aber nicht das Problem der bestmöglichen Kombination aller an der Leistungserstellung beteiligten Faktoren
gelöst.

Um die optimale Faktorkombination zu erreichen, ist die Kostenrechnung
zu einem Controlling-Instrument auszubauen und zusätzlich ein Instrumen-
tarium für ein langfristiges Controlling zu schaffen.

Mit einem modernen Universitätsmanagement sollen folgende Ziele erreicht werden:
- eine Basis zur Schwerpunktsetzung in Forschung und Lehre;
- nach Instituten (bzw. Fakultäten), Studienrichtungen und Forschungszie-
  len an den einzelnen Universitäten und ihren Teilbereichen;
- nach Universitäten im Gesamtbereich Österreich;
- ein optimaler Einsatz aller Produktionsfaktoren in einer optimalen Faktorkombination; dies gilt für alle Stellen der Forschung, der Lehre und
  der Verwaltung;
- eine optimale Nutzung der Produktionsfaktoren durch eine Motivation
  des Managements in allen hierarchischen Ebenen und nicht durch ein
  Reglement.

4.2. Organisatorische Strukturen

Aus dem Führungsprozeß und den Führungsaufgaben ist eine Aufbauorganisation zu erstellen. Die Kernprozesse Forschung, Lehre und Verwaltung sollen matrixartrig zusammenwirken.

Forschung wird an den einzelnen Instituten erstellt. Aufgabengebiete, Freiräume und Restriktionen der Wissenschafter werden festgelegt durch die Berufungsdekrete einerseits, die Verfügbarkeit der Ressourcen und die Einbindung in die gesamtuniversitäre Zielsetzung in Forschung und Lehre andererseits.

Lehre wird in den meisten Fällen im Zusammenwirken mehrerer Institute erstellt, wobei Aufgaben, Freiräume und Restriktionen der einzelnen Wissenschafter wiederum einerseits durch die Lehrverpflichtungen und andererseits durch Zielsetzung der Gesamtuniversität und durch die Einbindung in die einzelnen Studienrichtungen bestimmt werden. Studiendekan und Studienkommissionen bestimmen mit den Inhalt und den Umfang der einzelnen Lehrveranstaltungen.

Die sekundären Aufgaben (siehe Abb. 4.1) sind in die Aufbauorganisation so einzufügen, daß sie die Kernprozesse Forschung und Lehre als Controllinginstrumente unterstützen und nicht etwa als Kontrollinstrumente in der Arbeit behindern. Auf der Basis UOG 93 ergibt sich unter Einbeziehung der Verwaltung und der Bibliothek eine Matrixorganisation mit den zu erstellenden Diensten Forschung und Lehre (Abb. 4.2).

Werden die Leistungsstellen für die sekundären Arbeiten gegliedert nach deren Funktionen, so ist die „Verwaltung" weiter zu unterteilen in Leistungsstellen für

- Personalwirtschaft
- Anlagenwirtschaft (Anlagen mit Bau und Instandhaltung sowie anderen Produktionsfaktoren beispielsweise Energie)
- Studien- und Prüfungsbetrieb
- Finanz- und Rechnungswesen, Controlling
- Informationswesen
- Rechtswesen
- Universitätsplanung
- Allgemeine Verwaltung mit Schreibbüros.

Die Leistungsstellen für sekundäre Aufgaben sind organisatorisch der Universitätsleitung zuzuordnen. Hierbei ist die Erfüllung auch der tertiären Aufgaben wichtig, um die Leistung der Universität bestmöglich zu erfüllen.

Dem Rektor stehen Vizerektoren zur Seite, denen Arbeitsbereiche zugeordnet sind (UOG 93 § 54). In der Aufbauorganisation bestehen im wesentlichen zwei Varianten für die Zuordnung:

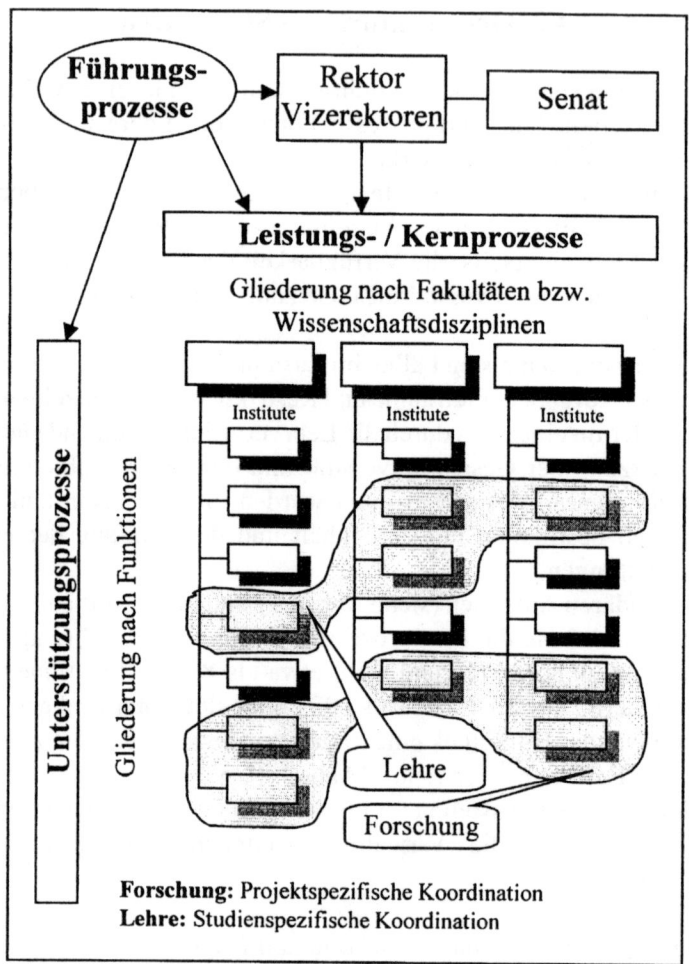

*Abb. 4.2: Die Abbildung der Geschäftsprozesse in der
UNI-Organisationsstruktur*

– die Zuordnung der Leistungsstellen für sekundäre Aufgaben nach Aufgabenarten direkt an Rektor, Vizerektoren, Studiendekan und ggf. andere
Funktionsträger der Universität oder

– die Zuordnung aller oder eines Teiles der sekundären Aufgaben an einen
Universitätsdirektor, der als disziplinarischer und funktionaler Vorge-
setzter den Leistungsstellen Rektor, Vizerektoren und den anderen Funk-
tionsträgern der Universität mit sekundären Aufgaben und Arbeiten dient.

Nach der ersten Variante ist ein Universitätsdirektor entbehrlich. Nach der
Variante zwei erledigt der Universitätsdirektor die Koordinationsarbeit und
die Aufgaben der Ablauforganisation in den einzelnen Sekundärabteilungen.

Zur Erfüllung der tertiären Aufgaben (siehe Abb. 4.1) ist es erforderlich, Schulungen zur Mitarbeiterführung durchzuführen. Alle Funktionsträger einer Universität – gleich wie in Unternehmungen – sollten solche Schulungen mitmachen, um ihr Wissen über Management zu vervollkommnen.

4.3. Funktionale Bereiche

Die Führung der Universitäten in Österreich erfolgt über die hierarchischen Ebenen in den Bereichen zuständiges Bundesministerium – Universitätsleitungen (Fakultätsleitungen) bis hin zu den Institutsleitungen.

Weitgehend monokratische Entscheidungsfunktionen stehen Kontrollfunktionen von Gremien gegenüber, die paritätisch mit Personen aus verschiedenen Bereichen der Universitäten (Professoren, Assistenten, Studenten und nichtwissenschaftliches Personal) und externen Bereichen (Gebietskörperschaften, Wirtschaft und Absolventen) besetzt sind.

Mit dem UOG 93 kann ein formales Management gestaltet werden, wobei anzustreben ist, daß

• vom zuständigen Bundesministerium Werte und Kernkompetenzen im Rahmen einer evolutorischen Wissenschaftspolitik eingepaßt in eine kulturelle Vielfalt, nach außenhin orientiert als Ziele, zumindest aber als Interessensgebiete fixiert werden;

• von den Universitäten, Fakultäten und Instituten in den einzelnen Gebieten der Forschung und Lehre die Wettbewerbspositionen beurteilt und „gemessen" werden, wobei die Universitäten bzw. Institute als Einheit sich innenorientiert sehen;

• vom zuständigen Bundesministerium eine Entwicklungsorientierung gegeben wird nach Stufen und Bereichen mit Spielräumen. Kooperationen mit Stellen im Gesamtsystem und außerhalb der Universitätsbereiche sind in die Zielsetzung einzubeziehen;

• in den Universitäten, Fakultäten und Instituten Steuerungsinstrumente zu erstellen sind, die die Kernaufgaben Forschung und Lehre durch eine Steuerung im Rahmen eines Managements mengen- und kostenorientiert gewährleistet.

Das Gesamtsystem kann als Management-Regelkreis-System (oder Management-Controlling-System) dargestellt werden (Abb. 4.3).

Die primären Aufgaben Forschung und Lehre werden an den Instituten erstellt. Dazu ist eine Institutsverwaltung erforderlich. In den Stellen der Universität (Fakultät) sind die Kernaufgaben Forschung und Lehre in globaler Form angelegt mit der dazugehörenden Verwaltung. Das zuständige

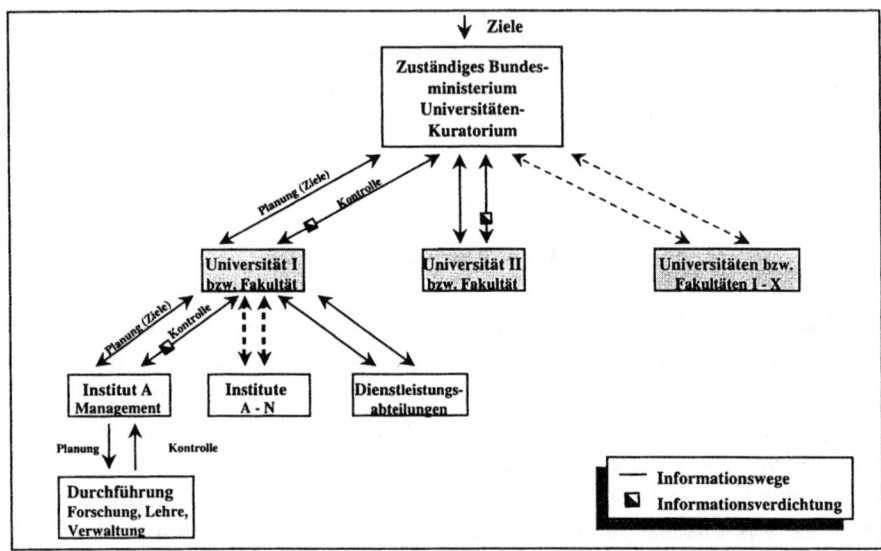

Abb. 4.3: Controlling in den funktionalen Bereichsebenen im Universitätssystem

Bundesministerium hat in der Verwaltung alle Universitäten Österreichs zu betreuen, unterstützt vom Universitätenkuratorium (nach UOG 93).

Das zuständige Bundesministerium (bzw. Universitätenkuratorium) soll in der Wissenschaftspolitik Schwerpunkte aus seiner Sicht setzen und dafür die finanziellen Mittel zur Verfügung stellen, soweit es im Rahmen der budgetären Möglichkeit gegeben ist. Die Basis für die Ziele der Wissenschaftspolitik sind die Kompetenzen in den Universitäten und sonstigen Forschungsinstitutionen.

Aus dieser Wissenschaftspolitik und der Finanzzuteilung erhalten die Universitäten (Fakultäten) ihre Ziele und erarbeiten daraus die Planungen für Forschungs- und Lehrgebiete der Institute und Studienrichtungen (top-down).

Die Institute planen und kontrollieren ihre Forschungs- und Lehrarbeiten auf der Basis der Universitäts(Fakultäts)planungen und der damit verbundenen Zuordnung von Finanzen und Ressourcen.

Der Planungsprozeß ist iterativ als top-down- und bottom-up-Prozeß zu sehen. Dem top-down-Prozeß steht ein bottom-up-Prozeß gegenüber, in dem die Forschungs- und Lehrkompetenzen und -kapazitäten als Planungsgrößen laufen.

Der Kontrollprozeß von den Instituten zu den hierarchischen Ebenen Universität (Fakultät) und zuständiges Bundesministerium (bzw. Universitä-

tenkuratorium) vollzieht sich unter Verdichtung der Informationen derge-
stalt, daß jede hierarchische Ebene jene Informationen erhält, die sie aufgrund ihrer Entscheidungskompetenz verarbeiten kann und die sie für den
Planungsprozeß als Informationen benötigt unter Beachtung der Motivation
der Stellen in den Hierarchien, das Optimum für die entsprechenden hierarchischen Bereiche und der darin enthaltenen Stellen zu erreichen.

Auch der Kontrollprozeß verläuft kombiniert als top-down/bottom-up-
Prozeß.

Für die Erstellung von Leistungen in den Kernprozessen Forschung und
Lehre gilt
- Menschenführung
- bestmögliche Nutzung der verfügbaren Produktionsfaktoren
- sparsame Verwendung der Produktionsfaktoren durch Motivation zum
  Sparen
- Arbeitsteilung und Kooperation durch Motivation
- hohe Produktivität bei der Erstellung der Produkte oder Dienstleistungen.

Für Unternehmen und Universitäten gilt, daß Entscheidungen in jenen hierarchischen Ebenen getroffen werden sollen, wo Fachkompetenz, Informationen (formal und informal) und Motivation für das System oder Teilsystem
am größten sind.

In Systemen der Produktion und Dienstleistung vollzieht sich die Leistungserstellung im Zusammenwirken der Produktionsfaktoren. Hierbei ist
eine optimale Faktorkombination anzustreben.

Um das Zusammenwirken der Produktionsfaktoren in einem System
optimal gestalten zu können, müssen die Leistungsbeiträge der einzelnen
Produktionsfaktoren quantifiziert werden. Dies ist je nach Produktionsfaktor
in mehr oder weniger großen Streubreiten möglich.

Beim Produktionsfaktor menschliche Arbeitskraft, dem wesentlichsten
Produktionsfaktor an Universitäten, ist die eingebrachte Leistung von der
Leistungsfähigkeit (Eigenschaften der Personen, Tätigkeiten, Fertigkeiten,
Kenntnisse etc.), der physiologischen Leistungsbereitschaft (zeitliche
Schwankungen, Wetter, physische Umgebung etc.) und der Motivation zur
Leistung (psychologische Leistungsbereitschaft) abhängig.

Um das Zusammenwirken der Produktionsfaktoren in einem System
optimal gestalten zu können, müssen Informationen über die einzelnen Produktionsfaktoren, aber auch über die Leistungen vorliegen.

Informationen spielen sowohl im Planungsprozeß als auch im Kontrollprozeß sowie in der Zielsetzung und in der Durchführung eine wichtige Rolle.
Informationen beeinflussen in ihrer Qualität und Benutzerfreundlichkeit
auch die Motivation der Menschen. Informationen sollen auf Institute und
Studienrichtungen ausgerichtet sein.

Information und Motivation im Zusammenwirken fördern den Nutzen von Teilsystemen und Gesamtsystemen besonders.

Grundsätzlich gilt für die Zuordnung der Entscheidungskompetenz an die „zentrale" Universitätsleitung sowie an „dezentrale" Institutsleitungen (nach *A. F. Oberhofer* [42]):

$$UK = LSP$$

Darin bedeutet:

- UK = Umformkapazität: „Anzahl der Elemente (Produktionsfaktoren wie Personen, Anlagen, Subsysteme, Erzeugnisse) in einem System, die nach der im Regler installierten Kapazität von dem Regler geführt werden können."
- LSP = Leitungsspanne: „Anzahl der Elemente in einem System (Produktionsfaktoren wie Personen, Anlagen, Subsysteme, Erzeugnisse usw.), die nach der Formalorganisation von einem Regler durchgeführt werden sollen und dürfen."

Weiterhin, daß jede hierarchische Stelle jene Entscheidungen zu treffen hat, für die sie Information und Kompetenz hat. Zum Beispiel ist der Einsatz der Ressourcen (Produktionsfaktoren) an den Instituten von den Institutsleitungen zu entscheiden, die Verteilung der Gesamtressourcen (Produktionsfaktoren) innerhalb der Universität an die einzelnen Institute ist von der Universitätsleitung und die Entscheidung über die Ressourcenzuteilung an die einzelnen Universitäten Österreichs ist vom zuständigen Bundesministerium in Verbindung mit dem Universitätenkuratorium zu treffen.

Management heißt, Ziele setzen und diese bestmöglich zu erreichen, wobei die beteiligten Personen motiviert werden müssen, solche Ziele zu verfolgen. Nun gibt es (in Unternehmen und an Universitäten) Ziele vieler Einzelpersonen und Personengruppen. Diese Ziele sind zu einem gemeinsamen Ziel zu vereinigen. Das Unternehmensziel wird von den Zielen der einzelnen Personen bzw. der Personengruppen, nicht nur beeinflußt, sondern mitgestaltet.

Aus Interessensgebieten, Bestrebungen und Zielen, Information und Motivation der Personen kann eine Zuordnung von Funktionen an hierarchische Bereiche erarbeitet werden, um damit funktionale Bereiche nach hierarchischen Ebenen zu erhalten. Im folgenden soll dazu mit der Betrachtung der hierarchischen Ebene der Institute und Dienstleistungsabteilungen begonnen werden, danach die hierarchische Ebene der Universitäten (Fakultäten) beschrieben und zum Abschluß der Zusammenhang Ministerium-Universitäten gezeigt werden.

Das Management-System Institut
(oder eine Abteilung einer Dienstleistungseinrichtung)

Für die primären Ziele der Kernprozesse Forschung und Lehre stehen den Leitungen der Institute als Bereiche einer Universität Personal, Güter und Dienste als Produktionsfaktoren zur Verfügung. Wesentliche Führungsaufgaben der Institutsleitungen sind Ziele in Forschung und Lehre zu setzen und deren Erreichung zu kontrollieren. Gleiches gilt für die Prozesse der Dienstleistungsabteilungen. Dazu gilt es, im Rahmen der sekundären Prozesse:
– geeignete Produktionsfaktoren zu wählen,
– diese Produktionsfaktoren optimal miteinander zu kombinieren und
– die Produktionsfaktoren sowie deren Kombination laufend sich ändernden Bedürfnissen anzupassen.
Eine bestmögliche Nutzung von Produktionsfaktoren in dem System Universitätsinstitut bzw. Dienstleistungsabteilung erfolgt, wenn in den tertiären Prozessen
– die fachliche Kompetenz an Wissen und Können für das Institut vorliegt,
– das Institut überschaubar ist,
– eine Flexibilität in der Führung möglich ist und
– Führungskönnen bei der Leitung des Institutes bzw. der Abteilung vorliegt.
Die entsprechende fachliche Kompetenz muß für das zu führende System vorliegen. Die Leitung eines Instituts muß in erster Linie über ein Wissen und Können in dem Forschungs- und Lehrgebiet des Institutes verfügen, um die „geeigneten" Personen, Maschinen und andere Produktionsfaktoren zu wählen und miteinander kombinieren zu können. Sicher ist es so, daß sich hierbei der Leiter auf seine Mitarbeiter mehr oder weniger abstützen kann und muß. Das ist abhängig vom Führungsstil, dem Wissen und Können sowie der Motivation der Mitarbeiter. Für die Führung eines Instituts ist ein Wissen im Management erforderlich.

Wahl und Kombination der Produktionsfaktoren wird dann bestmöglich erfolgen, wenn Wissen und Können und ein entsprechender Führungsstil gegeben sind und das System überschaubar ist. Weiterhin muß der Leitung ein Freiraum gegeben werden, um das als „bestmöglich" Erkannte auch verwirklichen zu können.

Überschaubar ist ein System, in diesem Fall also ein Institut bzw. eine Dienstleistungsabteilung, dann für die Leitung, wenn sie die fachlichen Vorgänge in Zielsetzung, Planung, Durchführung und Kontrolle aus ihrem Fachwissen heraus führen kann. Institute mit speziellen Fachgebieten, die sich mit dem Fachwissen der Leitung decken, sind solche überschaubaren Systeme.

Institute und Dienstleistungsabteilungen sollen „Erfolgszentren" sein (siehe dazu: *A. F. Oberhofer* [44], S. 172). Sie sollen
- Erfolge in Forschung und Lehre und
- wirtschaftliche Erfolge aus der Erfüllung des wirtschaftlichen Prinzips

erbringen.

Ein Institut als Erfolgszentrum muß organisatorisch so abgegrenzt sein, daß ihm für die Erfolge auf fachlichem und wirtschaftlichem Gebiet die Verantwortung eindeutig zuordenbar ist.

Erfolgszentren sollen (an Universitäten und in Unternehmen) dazu führen, den Grundsatz für die hierarchische Einordnung von Entscheidungen nach Fachkompetenz, Information und Motivation sicherzustellen. Dies ist ein anerkanntes Erfolgsrezept in der modernen Industrie. Begriffe wie „Austöchterung" oder „small is beautiful" zeigen von diesen Verfahren.

Motivation zur bestmöglichen Nutzung der Produktionsfaktoren, überschaubare Systeme und Flexibilität in der Führung müssen durch eine geeignete Universitätsorganisation geschaffen werden, wenn eine hohe Produktivität der Leistungserstellung erzielt werden soll.

In Forschung und Lehre ist besonders auf laufende Änderungen im Vorgehen, aber auch in den Zielen Bedacht zu nehmen. Stets sind neue Erkenntnisse in Forschung und Lehre zu berücksichtigen.

Eine Organisation muß auf eine solche erforderliche Flexibilität Rücksicht nehmen. Das bedeutet, daß „Richtlinien" anstelle von bis ins Detail gehenden „Geschäftsordnungen" (Gesetze) zu treten haben, daß aber auch bei allen Mitarbeitern eine Flexibilität anstelle einer „lebenslangen" Pragmatisierung treten muß.

Das Management-System Universitätsleitung – Institute

Für die primären Ziele der Kernprozesse Forschung und Lehre besteht die Managementaufgabe der Führungsebene Universität im wesentlichen
- in der Motivation der Leitungen der Institute (und Dienstleistungsabteilungen), Ziele zu setzen für Institute und Universität und diese Ziele bestmöglich zu erfüllen;
- in der Motivation der Leitungen der Studienrichtungen, Ziele zu setzen für Studienrichtungen und Universität und diese Ziele bestmöglich zu erfüllen;
- im Abwägen dieser Ziele im Sinne des Gesamtzieles der Universität.

Für das Abwägen der Ziele der Institute ist zu berücksichtigen, daß an Universitäten und in Unternehmen der Aufwand meßbar ist, beim Ertrag und damit beim Ergebnis, in Universitäten ein wesentlich kleinerer Teil quantifizierbar ist als in Unternehmen.

Das Ergebnis aus Ertrag minus Aufwand ist ein wesentliches Maß für die Verteilung der Arbeits- und Leistungsschwerpunkte in Unternehmen. An Universitäten muß für die Mittelverteilung von der Universitätsleitung an die Institute eine neue Basis geschaffen werden.

Heute übernimmt die Verteilung der finanziellen Mittel an die einzelnen Universitäten (Fakultäten) in großen Maßen „determiniert" nach sogenannten „Ansätzen" das zuständige Bundesministerium. Basis der Verteilung sind Erfahrungszahlen. Sicher spielen Interventionen oder nachdrückliche Forderungen von Personen oder Personengruppen, Instituten, Fakultäten, Universitäten, politische Ziele und anderes mehr eine Rolle bei der Mittelverteilung.

Eine „neue Basis" für eine Verteilung im Sinne eines unternehmensähnlichen Managements kann auf der Basis einer Bewertung und Evaluierung erfolgen. Eine solche Bewertung müßte enthalten
– die laufende Arbeit der bestehenden Institute und
– strategische Gesichtspunkte der Universität.
Die laufende Arbeit der Institute sollte als wesentliche Grundlagen die Bewertungen
– der Lehre
– der Forschung und
– der „Serviceleistung"
beinhalten.

Für die Bewertung der Lehrtätigkeit gibt es Erfahrungen aus Weiterbildungskursen. Tests und Semantikanalysen können genützt werden (siehe dazu: *K. M. Bolte* [7]).

Studenten sind die Empfänger der an Universitäten in den Lehrveranstaltungen angebotenen Wissensgebiete. Werden die Ziele hohe Produktivität und sparsame Nutzung der Produktionsfaktoren auch auf die Ausbildung der Studenten angewendet, dann muß eine Motivation der Studenten zur Leistung geschaffen werden.

Die Absolventen der Universitäten sind in Wirtschaft, in Krankenhäusern oder Arztpraxen, im Rechtswesen, in Schulen oder in der Wissenschaft tätig. Die späteren Tätigkeitsbereiche der Absolventen haben daher Interessen an den Berufsvorbildungen an den Universitäten, sie können zur Bewertung der Lehre in den Universitäten eingeladen werden.

Aus diesen Bewertungen und den Bewertungen der Lehre durch Studenten lassen sich bei Gegenüberstellungen zum Istzustand Profile bilden, die eine der Grundlagen für Entscheidungen im Bereich Lehre sind.

Forschung ist in die Zukunft gerichtet. Die Empfänger der Forschungsergebnisse sind einmal die Wissenschaft selbst einschließlich der Lehre, zum anderen aber auch die Wirtschaft und Gesellschaft.

Da die Ergebnisse der Universitätsforschung, meist erst viel später nach dem Aufwand für Forschung als Ertrag aufscheinen, ist eine Bewertung der Forschung aus der Anwendung in einem Markt nicht oder nur schwierig oder erst viel später möglich.

Bei der Bewertung der Forschung sind die Forschungsbereiche nach reiner Grundlagenforschung, zweckorientierter Grundlagenforschung und angewandter Forschung zu berücksichtigen.

Als Serviceleistung soll das „Sich darstellen" eines Institutes nach außen hin, seine Kooperation mit externen Stellen wie zum Beispiel anderen wissenschaftlichen Institutionen, der Industrie und den Studenten bezeichnet werden.

Die skizzierten Instrumente als Basis für die Mittelverteilung in den Universitäten sowohl für die bestehenden Einrichtungen der Universitäten als auch für die strategische Planung können Hilfsmittel für die Entscheidung sein. Die Entscheidung selbst muß von einem Wissenschafter als Manager getroffen werden, weil die Entscheidungsbasis im weiten Maße nicht quantifizierbare und rechenbare Einflußgrößen enthält. Ein Wissenschafter als Manager muß daher die Universität führen, weil er die wissenschaftliche Bedeutung der Entscheidungen abwägen können muß.

Für die Managementaufgabe des Motivierens zur Mitarbeit müssen den Führungspersonen der Universität (Fakultät) Managementkenntnisse vermittelt werden. Sie müssen Schulungen erfahren in der Führung von Universitäten, ganz gleich wie in Unternehmen. Die Führungspersonen in Unternehmen sind auch aus der Ausbildung beispielsweise Techniker, Betriebswirtschafter oder Juristen. Zu Managern werden sie in der Führungspraxis und durch Schulungen geformt. Ähnliches wie für Institute gilt für die Prozesse der Dienstleistungsabteilungen.

Das Management-System Bundesministerium/ Universitätenkuratorium – Universitäten

Die Aufgaben des zuständigen Bundesministeriums bzw. des Universitätenkuratoriums im Universitätsmanagement sind für die Kernprozesse Forschung und Lehre deren Koordinierung über alle österreichischen Universitäten auf der Basis einer Wissenschaftspolitik.

In den sekundären und tertiären Prozessen muß die Entscheidung im Rahmen der Wissenschaftspolitik insbesondere beinhalten

- die Koordinierung der wissenschaftlichen Forschung und Lehre einschließlich der Errichtung und Auflassung neuer Studienrichtungen und Institute an den Universitäten Österreichs;

- die Verteilung der finanziellen Mittel an die einzelnen Universitäten (einschließlich Personal) in Form von Globalbudgets mit Limits;
- ein Controlling – als Planung und Kontrolle für die einzelnen Universitäten und der Summe der Universitäten. Das Controlling soll sich dabei auf die Summe der finanziellen Mittel und nicht auf Einzelpositionen beziehen.

Für diese Aufgaben sind die Kapazität für Forschung und Lehre und die verfügbaren finanziellen Mittel zu berücksichtigen.

Dem Universitätenkuratorium obliegen nach UOG inter- und inneruniversitäre Controllingaufgaben (UOG 93, § 83).

In das Management-System einzubeziehen ist der Universitätsbeirat (UOG 93, § 56). Der Universitätsbeirat ist sowohl im inneruniversitären Controlling als auch für die Kooperation der Universität mit Wirtschaft und Gesellschaft einzuschalten.

Controllingsysteme

Controlling im deutschen Sprachgebrauch ist abgeleitet vom englischen ,,to control". Es wird im englischen Wörterbuch übersetzt mit ,,beherrschen, verwalten, lenken, steuern bis hin zu bewirtschaften".

Controlling ist eine Teilfunktion der Unternehmensführung mit dem Ziel, die Steuerung des Unternehmens besonders durch die Bereitstellung geeigneter Informationen zu verbessern. Je nach Ausreifung des Steuerungssystems besteht die Führungsunterstützung des Controllings in Maßnahmen der Planungs- und Kontrollrechnung, der Informationsbeschaffung und -verarbeitung, der Bereichskoordinierung und der Kommunikationsverbesserung.

Der Führungsprozeß des Universitätssystems – beginnend bei den Dienststellen im zuständigen Bundesministerium über die Universitäts- und Fakultätsleitungen bis hin zu den Institutsleitungen und Leitungen der Dienstleistungsabteilungen – erfordert ein Controllingsystem, das möglichst alle funktionalen Bereiche einschließt (siehe Abb. 4.3).

Der Hauptteil eines Controlling-Programms wird bestimmt durch die Aufgaben

- der Informationsbeschaffung und -aufarbeitung für die Zwecke der Planung und Instanzenzuweisung (Informationskomponente)
- der planungsrechnerischen Verarbeitung von Informationen im Hinblick auf eine Zielbedingung bzw. ein Entscheidungskriterium (Planungskomponente).

Neben den Informations- und Planungskomponenten zeigt sich zusätzlich noch eine dispositiv ausgerichtete Regelungskomponente. In einem Führungsregelkreis (Abb. 4.4) zeigen Informationen von der Regelstrecke oder aus untergeordneten Reglern (originäre oder derivate Informationen) das Maß der Erfüllung der vorgegebenen Führungsgröße. Diese Informationen stehen dem Kontrollprozeß zur Verfügung. Die Auswertung im Kontrollprozeß verarbeitet diese internen Informationen (aus dem System) oder auch externe Informationen (Informationen, die von außerhalb des Systems in das System kommen) zu „Plan-Informationen".

Für die öffentliche Verwaltung besteht die Aufgabe des Controlling darin, den Führungsebenen einerseits die Auswirkungen von Entscheidungen auf die Effektivität, die Effizienz und den Finanzmittelbedarf aufzuzeigen und andererseits regelmäßig darüber zu berichten, wie sich Effektivität, Effizienz und Finanzmittelbedarf entwickelt haben und welche Maßnahmen ergriffen werden können, um „Fehlentwicklungen" zu korrigieren (siehe dazu: Bundeskanzleramt [9]).

Wichtige Einsatzfelder des Controlling sind das Personalcontrolling mit Personalbedarfsplanung, Personalauswahl, Mitarbeiterentwicklung und -bewertung und einem Personalinformationssystem. Weiterhin ein Budgetcontrolling, ein Investitionscontrolling, ein Projektcontrolling und ein Controlling in der Förderungsverwaltung.

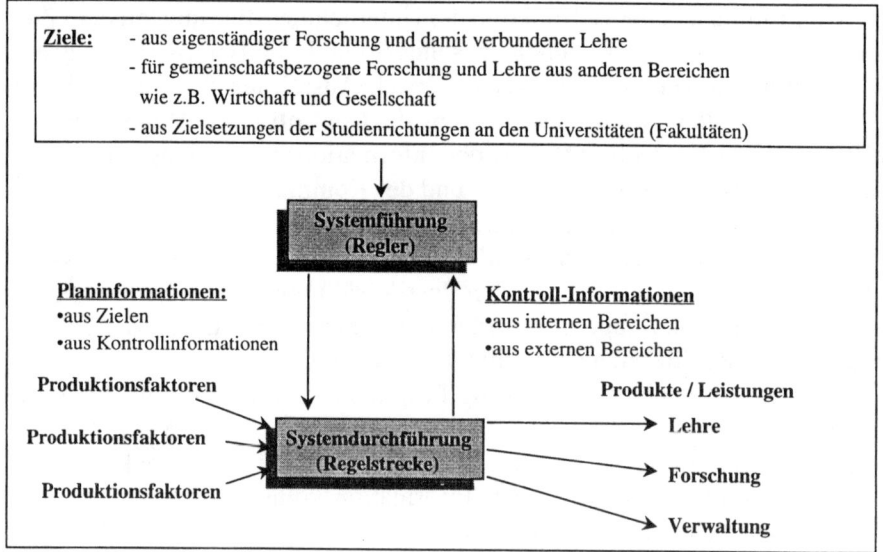

Abb. 4.4: Controlling im UNI-Führungsregelkreis

Controlling kann gegliedert werden nach
- funktionalen Bereichen und hierarchischen Ebenen sowie
- Controlling auf der Basis von Mengen- und Zeitverbräuchen und
- Controlling auf finanzieller Basis.

Controlling soll erfolgen für Forschung und Lehre und für Verwaltung.

Für Lehre werden Ziele, Planungen und Kontrollen in Gesetzen, Verordnungen, Erlässen, aber auch in den Universitäten selbst festgelegt und kontrolliert. Es fehlen derzeit vielfach Rückmeldungen des Marktes über die Berufsvorbildung der Absolventen nach Ansicht der Stellen in der Gesellschaft, in denen die Absolventen arbeiten.

Für Forschung werden die Ziele zum Teil von den Forschern selbst festgelegt. Dies gilt insbesondere für die Grundlagenforschung. Für angewandte Forschung und zweckorientierte Grundlagenforschung werden die Ziele mitbestimmt von jenen Stellen, die an der Anwendung der Forschungsprojekte interessiert sind. Gleiches gilt für Planungen und Kontrolle.

Je nachdem, wie stark die in den einzelnen Leistungsstellen zu bewältigenden Aufgaben in der Forschung, angefangen von reiner Grundlagenforschung bis zur experimentellen Entwicklung, vertreten sind, werden auch die Anteile an Zielvorgaben variieren. Bei hohen Anteilen an Grundlagenforschung wird der Anteil an Zielvorgaben durch die Forscher selbst („eigenständige Forschung") relativ hoch sein.

Forschung und Lehre werden in den „Arbeitsberichten der Institutsvorstände" beschrieben und mit Kennzahlen belegt. Es fehlen für ein modernes Forschungs- und Lehre-Controlling eine benutzerfreundliche Darstellung, eine gezielte Auswertung und eine Einbeziehung eines Marketing. Wie für Unternehmen sind auch für Universitäten die Ergebnisse aus Forschung und Lehre zu „vermarkten". Dazu bedarf es eines „Marketing".

Für Universitäten bedeutet Marketing der Forschung und Lehre eine Anpassung jenes Teiles der Forschung und Lehre, der mit „gemeinschaftsbezogener Forschung und Lehrbereiche" bezeichnet wird. Dieser Teil der Forschung und Lehre ist auf dem „Markt" mit den Verbrauchern oder Verwendern dieser Leistungen abzustimmen.

Das Controlling der Verwaltung muß in das System die wesentlichen Unterstützungsprozesse einbeziehen, so besonders die Personal-, Material-, Bau- und Finanzwirtschaft und das Rechnungswesen. Eine Datenverarbeitung muß für ein modernes Controlling die Informationsbasis benutzerfreundlich bieten. Das Controlling der Verwaltung an Universitäten leidet heute besonders an dem für ein modernes Management ungeeigneten Haushaltsrecht (kein globales Budget mit Limit, Jährlichkeit des Budgets) und an der Unausgewogenheit der Entscheidungszuordnung nach hierarchischen Ebenen.

Controlling als Instrument zur Unterstützung der Universitätsführung soll einmal für Forschung und Lehre zur besseren Nutzung vorhandener Ressourcen führen, so vor allem zum effizienteren Einsatz des Personals, zur besseren Nutzung der Räume, der Apparate und Maschinen, aber auch der anderen Produktionsfaktoren. Controlling soll weiterhin eine Grundlage für die Planung in der Universitätsführung bieten.

Controlling soll die Universitätsführung sowohl im Bereich der Verbräuche und der Nutzung von Produktionsfaktoren als auch im Bereich der Leistungserstellung unterstützen. Bewertungen der erstellten Leistungen und der Leistungserstellung sind wichtig in einem Controllingsystem.

Controlling soll aber auch eine Basis sein für die Fremdvergabe von Funktionen an der Universität und in den darüberliegenden hierarchischen Ebenen. Hier ist besonders zu denken an diverse Dienste, wie beispielsweise Dienste der Verwaltung, Wartungs- und Reinigungsdienste, aber auch Dienstleistungen in Werkstätten und Labors.

Mit dem Controlling sollen auch Entscheidungsgrundlagen geschaffen werden für die Verteilung neu hinzukommender Ressourcen und Leistungen sowie für Einsparungen vorhandener Ressourcen und Leistungen.

4.4. UNI-Managementinstrumente

Managementinstrumente dienen der Führung von Systemen. Solche Systeme sind im Universitätswesen Institute, Fakultäten, Universitäten, aber auch die in der Hierarchie darüberliegenden Leistungsstellen im zuständigen Ministerium.

Managementinstrumente sind auf das gesamte Führungsregelkreissystem auszurichten und zweckbestimmt.

Managementinstrumente können auf der Basis von Mengen- und Zeitverbräuchen oder auf finanzieller Basis aufgebaut sein. Sollten einzelne Produktionsfaktoren oder Leistungen betrachtet werden, dann genügt ein Controlling in Mengen oder Zeiten. Dies gilt beispielsweise für den Einsatz des Personals oder die Nutzung der Räume bei den Produktionsfaktoren, so wie die erbrachten Lehrveranstaltungen bei den Leistungen.

Sollten alle Produktionsfaktoren in ihrem Zusammenwirken zu betrachten sein, ist eine Bewertung der Produktionsfaktormengen oder der Leistungsmengen in Geldeinheiten erforderlich, weil bei den unterschiedlichen Dimensionen der Produktionsfaktoren und Leistungen eine Addition oder Subtraktion nur möglich ist, wenn vorab durch Multiplikation der Mengen mit Geldeinheiten eine einheitliche Dimension geschaffen wurde.

Mengen- und Zeitverbräuche – Controlling nach Mengen- und Zeitverbräuchen

An Universitäten verursachen die Produktionsfaktoren Personal, Apparate und Maschinen sowie Räume etwa 80 bis 90% der Aufwendungen. Ein Controlling-System auf der Basis von Mengen und Zeitverbräuchen soll im folgenden dargestellt werden.

Personal

Die Personal-Controlling-Informationen sollen über die Zuordnung des Personals nach Instituten und Abteilungen der Verwaltung und Dienstleistungen an Universitäten (Fakultäten) Auskunft geben.

Von Interesse sind diese Informationen einmal für das gegenwärtige Spektrum in Forschung und Lehre, zum anderen aber auch für Leistungen in Forschung und Lehre bei Schwerpunktsetzungen und Optimierungen der Kombination der Produktionsfaktoren oder Fremdvergaben von Tätigkeiten.

Planungsinformationen bei Schwerpunktsetzungen können sich z.B. ergeben bei einer Veränderung in der Lehre eines Instituts durch zusätzliche Lehrveranstaltungen oder in der Forschung durch Forschungsschwerpunkte. Optimierungen können z.B. durch einen Ersatz menschlicher Arbeitskraft durch Maschinen oder durch Fremdvergabe (Outsourcing) von Tätigkeiten erfolgen.

Räume

Das Controlling des Produktionsfaktors „Räume" zeigt die Inanspruchnahme der Räume durch die einzelnen Institute und Dienstleistungsabteilungen an der Universität (Fakultät).

Planungsinformationen sind zweckmäßig zu gliedern für das vorhandene Leistungsspektrum und bei Schwerpunktsetzungen. Zusätzlich sollten aber in den Planungsinformationen Richtwerte für Flächenbedarfe des Personals (m^2 je Person und Räume je Person) einbezogen werden. Weiterhin ist es zweckmäßig, Richtwerte für Labors und Werkstätten zu ermitteln, durch Begehungen der Labors und Werkstätten durch Kommissionen.

Richtwerte für Sollraumgrößen sind vorhanden, wenn auch nicht als verbindlich anzusehen. Richtwerte vom zuständigen Bundesministerium (*F. Faulhammer* [15]) beziehen sich vor allem auf die Rohflächen, die Richtwerte von *G. Magerl* ([32]) beziehen Flächen für Labors und Werkstätten, aber auch Zeichensäle u.dgl. ein. Wesentliche Basisdaten sind für die Flächen, die der Lehre dienen, die Wochenstunden- und Studentenanzahl, für Flächen für Forschungszwecke die Anzahl des wissenschaftlichen Personals sowie Diplomarbeiten und Dissertationen. Auch die Auslastung der Räume wird berücksichtigt.

Apparate und Maschinen

Dazu zählen alle Apparate, wie Büroeinrichtungen bis hin beispielsweise zu Werkstoffprüfeinrichtungen und Maschinen, insbesondere solche der Werkstätten.

Von Interesse sind im Controlling nach Mengen- und Zeitverbräuchen die Nutzungszeiten, die zweckmäßig den Betriebszeiten und ggf. Kalenderzeiten gegenüberzustellen sind. Betriebszeit ist gleich Kalenderzeit minus Samstage, Sonn- und Feiertage. Nutzungszeit ist die Zeit der echten Nutzung der Apparate und Maschinen für Forschung und Lehre.

Planungsinformationen sind zu gliedern in solche für das vorhandene Leistungsspektrum in Forschung und Lehre und solche mit Schwerpunktsetzungen. Zu letzterem gehören auch die Einbeziehung der Fremdvergabe von Serviceleistungen, beispielsweise im Werkstättenbereich, und eine Koordination der Nutzung von Apparaten und Maschinen durch mehrere Institute oder Verwaltungsstellen.

Zeitbilanzen der Apparate und Maschinen sind ein Werkzeug zur Schaffung eines Überblickes über deren Nutzung.

Da laufende Zeitaufzeichnungen in vielen Fällen zu aufwendig sein können, können bei Brach- und Nutzungszeiten nach Erfahrung Durchschnittswerte verwendet werden. Nutzungszeiten sind jene Zeiten, in denen das Gerät genutzt, zur Nutzung vorbereitet und abgerüstet wird. Brachzeit ist die Zeit, in der das Gerät ungenutzt ist infolge Wartung oder Reparatur oder infolge Stillstand mangels Einsatzerfordernis für Lehre und Forschung.

Kennziffern des Controlling

Controllingkennziffern sollen die Universitätsleitung im Management unterstützen. Die Kennziffern sollen Verbräuche und Nutzungen der Produktionsfaktoren, der Leistungen, aber auch Belastungen der Institute und Abteilungen an der Universität zeigen. Zeitliche Entwicklungen können die Benutzerfreundlichkeit unterstützen. Auch die Kennziffern sollen für die wesentlichen Produktionsfaktoren wie Personal, Räume sowie Apparate und Maschinen und für die Leistungen Forschung, Lehre und Verwaltung gebildet werden.

Die Belastung je Institut in der Lehre ist darstellbar in den Kennziffern Lehrveranstaltungen je Professor, je Assistent und je Lehrbeauftragten zweckmäßig in der zeitlichen Entwicklung. Gleiches gilt für die Prüfungen.

Für Forschung können Kennzahlen gebildet werden aus Faktoren für Dissertationen, Diplomarbeiten, anderen Forschungsarbeiten und Veröffentlichungen.

Bei der Personalabteilung lassen sich Kennzahlen aus Bediensteten der Personalabteilung zu den Bediensteten der Universität insgesamt zeigen. Kennziffern sind auch machbar bei der Studien- und Prüfungsabteilung mit dessen Personal in Zusammenhang mit der Anzahl der Studenten oder der Prüfungen. Schwieriger wird es bei der Quästur. Möglich ist eine Darstellung der Verwaltungsaufgaben bei einer Abteilung Räume und Technik. Hier sind es die Flächen der zu betreuenden Räume, die im Verhältnis zu den Angestellten der Abteilung Räume und Technik ein Bild ergeben. Kennzahlen der Verwaltungsstellen sind in ihrer zeitlichen Entwicklung darstellbar.

Kennzahlen der Verwaltung sind insbesondere im Vergleich über die Universitäten von Interesse. Sie sind weiterhin interessant bei Überlegungen der Fremdvergabe von Verwaltungsarbeit.

Kosten- und Leistungsertragsrechnung – Controlling nach Kosten- und Leistungserträgen

Kosten sind leistungsbedingter, bewerteter Gutsverbrauch. Die für eine Leistungserstellung genutzten oder verbrauchten Güter (Produktionsfaktoren in den Dimensionen Mengen- oder Zeiteinheiten) sind mit deren Preisen (Produktionsfaktor-Preise in der Dimension Geldeinheiten je Mengeneinheit Produktionsfaktor) zu multiplizieren, woraus sich Kosten (in der Dimension Geldeinheiten) ergeben. Kosten werden auch definiert mit dem „in Wertgrößen ausgedrückten Güterverbrauch, der bei der Leistungserstellung bzw. bei der Leistungsabgabe angefallen ist" (BMWF [11]).

Leistungserträge stehen den Kosten gegenüber. In Unternehmen können Leistungserträge einmal Erlöse sein, wenn die Produkte an fremde Abnehmer verkauft werden. Zum anderen können Leistungserträge „Verrechnungspreise" sein, wenn die Produkte unternehmensintern, also von Abteilung zu Abteilung weitergegeben werden.

Die Leistungen an Universitäten sind Forschung, Lehre und Verwaltung. Eine wertmäßige Leistungsrechnung mit der Bildung von Leistungserträgen ist an Universitäten über Erlöse (Einzahlungen, Erträge) nur in jenen Berei-

chen durchführbar, in denen Einnahmen als monitäres Äquivalent für er-
brachte Leistungen erzielt werden, so z.B. bei Drittmittelforschungen. In
allen anderen Bereichen kann versucht werden, Verrechnungspreise für ab-
gegebene Leistungen in Forschung, Lehre und Verwaltung zu bilden. Ob es
sinnvoll ist, Verrechnungspreise für Lehre und Forschung zu bilden, muß von
Fall zu Fall untersucht werden. Verrechnungspreise für Forschung könnten
beispielsweise gebildet werden in Anlehnung an Forschungserlöse aus Dritt-
mittelforschungsbereichen.

Evaluierungsergebnisse treten an Universitäten in großem Maße anstelle
der Leistungserträge. Verrechnungspreise für die Leistungen der Verwaltung
sind erstellbar. Sie können abgeleitet werden aus Angebotspreisen aus dem
Markt bei einer Vergabe von Verwaltungsaufgaben an fremde Firmen
(Outsourcing).

Voraussetzung für eine wertmäßige Leistungsrechnung ist eine mengen-
mäßige Leistungsrechnung, die auch eine Grundlage für die Kostenauswertung in Form einer Kosten-Kennzahlen-Rechnung bildet.

Die wesentlichen Bestandteile einer Kostenrechnung sind die Kosten-
ermittlung und die Kostenauswertung (Abb. 4.5 nach BMWF [11]).

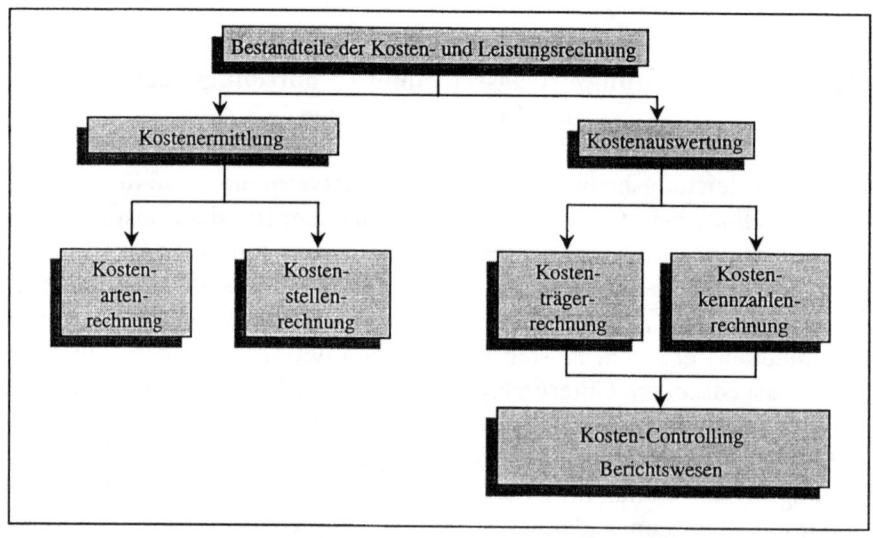

Abb 4.5: Gliederung der Kostenrechnung (aus BMWF [11], S. 44)

Kostenartenrechnung

Mit „Kostenarten" wird das Produkt aus Produktionsfaktor-Menge x Produktionsfaktor-Preis bezeichnet. Kostenarten sind systematisch zu gliedern und so zu erfassen, daß gemäß der Definition der Kosten festgestellt werden kann, welche Kosten der Universität und den einzelnen Kostenstellen an den Instituten entstehen.

Zu den Personalkosten zählen jene für wissenschaftliches und nichtwissenschaftliches Personal mit allen Bezügen einschließlich Zulagen, weiterhin Aufwendungen für Kolleggelder, Dienstreisen und kalkulatorische Versorgungs- und Abfertigungsbezüge für Mitarbeiter.

Materialkosten sind Kosten für Sachgüter, die in einer Abrechnungsperiode verbraucht werden. Zu den Materialkosten zählen beispielsweise Kosten für Brennstoffe, Treibstoffe, Reinigungsmittel, Büromaterial, Chemikalien und EDV-Verbrauchsgüter.

Betriebskosten sind Kosten, die im Rahmen des laufenden Universitätsbetriebes anfallen. Zu diesen zählen beispielsweise Kosten für Energie, Instandhaltung, Reparatur und Wartung, Kommunikation, Mieten, Versicherungen und Fremdleistungen.

Sonstige Kosten umfassen beispielsweise öffentliche Abgaben und Mitgliedsbeiträge.

Kalkulatorische Kosten – Kosten der Anlagennutzung: Anlagen (Betriebsmittel) reichen mit ihrer Nutzungsdauer über die Rechnungsperiode der Kostenrechnung hinaus. Die Kosten der Anlagennutzung drücken die durch die periodenbezogene Nutzung entstandene Wertminderung aus.

Kosten der Anlagennutzung scheinen auf als
– kalkulatorische Abschreibungen und
– kalkulatorische Mieten.
Kalkulatorische Abschreibungen sind abhängig von der Abschreibungsbasis, also jenem Wert, der als Grundlage für die Ermittlung der periodenbezogenen Abschreibungen dient, dem Abschreibungszeitraum, das ist die Nutzungsdauer einer Anlage, und der Abschreibungsmethode. Die Abschreibungsbeträge werden errechnet aus der Division des Betrages der Abschreibungsbasis durch die Nutzungsdauer (bei linearer Abschreibungsmethode). Die Abschreibungsbasis kann hierbei der Anschaffungs-, Zeit- oder Zukunftswert der Anlage sein. Die Nutzungsdauer ist zu schätzen.

Kalkulatorische Mieten entstehen aus der Nutzungsüberlassung gleichartiger Wirtschaftsgüter durch Dritte. Sie entstehen somit für gemietete Anlagengüter, aber auch für gemietete Räume in Gebäuden, gleichgültig ob diese

Gebäude Eigentum des Staates, der Länder oder Gemeinden oder Eigentum von Dritten sind.

Kalkulatorische Kosten – Kosten für Leistungen anderer Dienststellen: Diese Kostenart beinhaltet jene Kosten, die durch Weiterverrechnung von Leistungen anderer Kostenstellen anfallen (Verrechnungspreise). Solche andere Kostenstellen können sein Kostenstellen innerhalb und außerhalb der zu betrachtenden Universität.

Kalkulatorische Kosten – Kalkulatorische Zinsen: Kalkulatorische Zinsen stellen das kostenmäßige Äquvalent für das in den Kostenstellen der Universitäten gebundene Kapital dar.

Für Universitäten wird deshalb eine Gliederung der Kostenarten nach Abb. 4.6 vorgeschlagen.

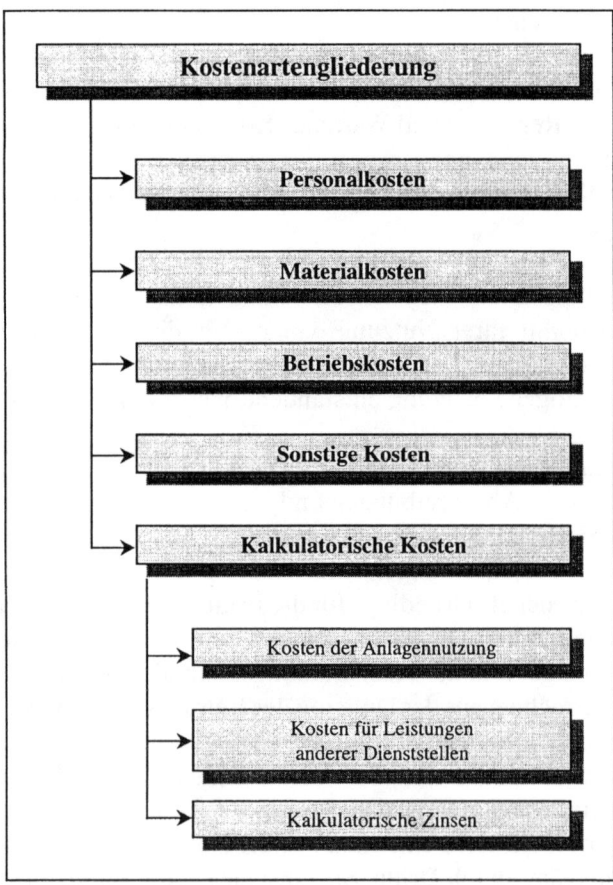

Abb. 4.6: Kostenartengliederung (aus WMWF [11], S. 56)

Kostenstellenrechnung

In der Kostenstellenrechnung werden die Kosten jenen organisatorischen Einheiten zugeordnet, an denen sie verursacht werden. Mit der Kostenstellenrechnung sollen die Kostenstellenverantwortlichen über die von ihren Kostenstellen verursachten Kosten unterrichtet werden.

Die Organisationsstruktur der Universitäten bildet den Ausgangspunkt für die Kostenstellengliederung (Abb. 4.7). Aus der Kombination der Kostenartenrechnung und der Kostenstellenrechnung ergibt sich der Betriebsabrechnungsbogen. Dieser zeigt in der Primärkostenrechnung die Kostenarten auf, in der Sekundärkostenrechnung die Weiterverrechnung der Kosten der Hilfskostenstellen auf die Hauptkostenstellen und Nebenkostenstellen.

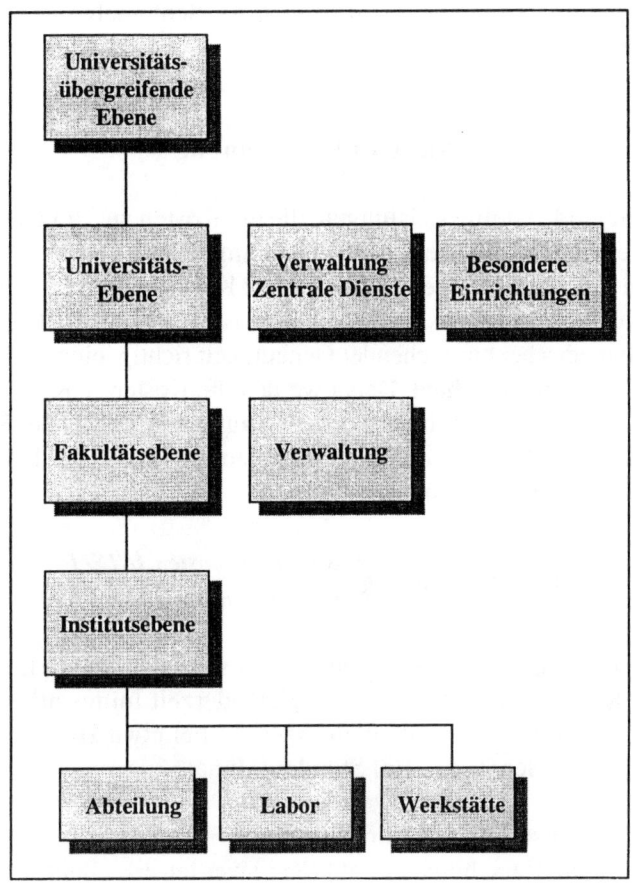

Abb. 4.7: Kostenstellengliederung (aus BMWF [11], S. 75)

Hauptkostenstellen sind jene Kostenstellen, in denen die Kernleistungen entstehen und abgegeben werden.

Hilfskostenstellen sind Kostenstellen, die ihre Leistungen an Haupt- und Nebenkostenstellen abgeben. Beispielsweise zählen zu den Hilfskostenstellen Schreibstellen, Kanzleien, Personal- und Wirtschaftsabteilung, Bibliotheken und Buchhaltungen. Zu den Hilfskostenstellen zählen auch alle Räume für Lehrveranstaltungen.

Nebenkostenstellen sind Kostenstellen, in denen Leistungen erstellt werden, die nicht als „Kernleistungen" der Gesamtuniversität bezeichnet werden können. So sind als Beispiele zu nennen: Sozialeinrichtungen, Freizeiteinrichtungen u.dgl.

Mit der Sekundärkostenrechnung werden die Kosten von Hilfskostenstellen auf die Hauptkostenstellen umgelegt. Diese Umlagen werden dann zu einem Problem, wenn die Aufteilung nicht meßbar ist. Schlüsselgrößen müssen hier eine Abhilfe bieten.

Kostenträgerrechnung

Kostenträger sind erstellte Leistungen, die die Kosten zu „tragen" haben. An Universitäten sind die Kostenträger Forschung, Lehre und Verwaltung.

Von den unterschiedlichen Systemen der Kostenträgerrechnung, wie Zuschlagskalkulation und Divisionskalkulation, ist es an Universitäten aus Gründen des Aufwandes bei hinreichender Genauigkeit richtig, eine Divisionskalkulation als Verfahren zu wählen. Dabei werden die Kosten je Kostenstelle (Kostenstellenkosten K_{KSt}) durch die Normalnutzungszeit (NNZ) der Kostenstelle dividiert. Daraus ergibt sich der Kostenstundensatz (K_{NSt}) der Kostenstelle in Geldeinheiten je Nutzungsstunde.

$$Kostenstundensatz = \frac{Kostenstellenkosten\ (ATS/Per)}{Normalnutzungszeit\ (NNZ/Per)}$$

Die Normalnutzungszeit (NNZ) einer Kostenstelle ist jene Zeit (im Monat), in der eine Kostenstelle genutzt wird (Kalenderzeit minus arbeitsfreie Zeit minus Brachzeit). Die Normalnutzungszeit ist bei etwa 20 Betriebstagen je Monat 20 x 8 Stunden/Tag = 160 Stunden/Monat.

- Kosten des Kostenträgers Forschung:
Die Kosten für ein Forschungsprojekt (K_{FP}) werden errechnet aus der Anzahl der Nutzungsstunden, die für ein Forschungsprojekt aufgewendet werden mal den Kostenstundensatz (K_{NSt}). Für eine Kostenstelle gilt:

$$K_{FP} = K_{NSt} \times NZ_{FP} \text{ (ATS/FoProjekt und Kostenstelle)}$$

Die Kosten eines Forschungsprojekts, das mehrere Kostenstellen beansprucht (K_{FPges}), werden durch Addition der Kosten der einzelnen Kostenstellenkosten für das betrachtete Forschungsprojekt gebildet:

$$K_{FPges} = \Sigma \, K_{FP}$$

- Kosten des Kostenträgers Lehre:

Die Kosten einer Lehrveranstaltung (K_{LV}) werden errechnet aus dem Stundensatz mal der Nutzungszeit für die Lehrveranstaltung je Monat (NZ_{LV}). In dieser Nutzungszeit ist die Zeit für die Lehrveranstaltung plus der Zeit der Vorbereitung einzusetzen. Für eine Kostenstelle gilt:

$$K_{LV} = K_{NSt} \times NZ_{LV} \text{ (ATS/LV und Kostenstelle)}$$

Die Kosten einer Lehrveranstaltung, die mehrere Kostenstellen beansprucht (K_{LVges}), werden durch Addition der Kosten der einzelnen Kostenstellenkosten für die betrachtete Lehrveranstaltung gebildet:

$$K_{LVges} = \Sigma \, K_{LV}$$

Die Kosten der Lehre einer Studienrichtung werden errechnet aus der Summe der Kosten aller Lehrveranstaltungen für die Studienrichtung. Hinzu zu addieren sind die Kosten, die für die Studienrichtung aus den Nutzungen von Räumen für die Lehrveranstaltungen entstehen.

- Kosten des Kostenträgers Verwaltung:

Die Kosten einer Verwaltungstätigkeit (K_{Verw}) (beispielsweise der Personalbetreuung in der Personalabteilung) wird errechnet aus der Anzahl der Nutzungsstunden für die Tätigkeit (NZ_{Verw}) mal den Kostenstundensatz (K_{NSt}).

$$K_{Verw} = K_{NSt} \times NZ_{Verw} \text{ (ATS/Verw)}$$

Die Kosten einer Verwaltungsdienststelle sind deren Kostenstellenkosten.

Kostenkennzahlen-Rechnung

Kostenkennzahlen dienen Wirtschaftlichkeitsvergleichen, Kostenanalysen und der Kalkulation. Die Kalkulation wurde beschrieben (Kostenträgerrechnung). Eine Kostenanalyse für Studiengänge zeigt *P. Mertens* ([35]).

Zu den Wirtschaftlichkeitsvergleichen zählen (Abb. 4.8):

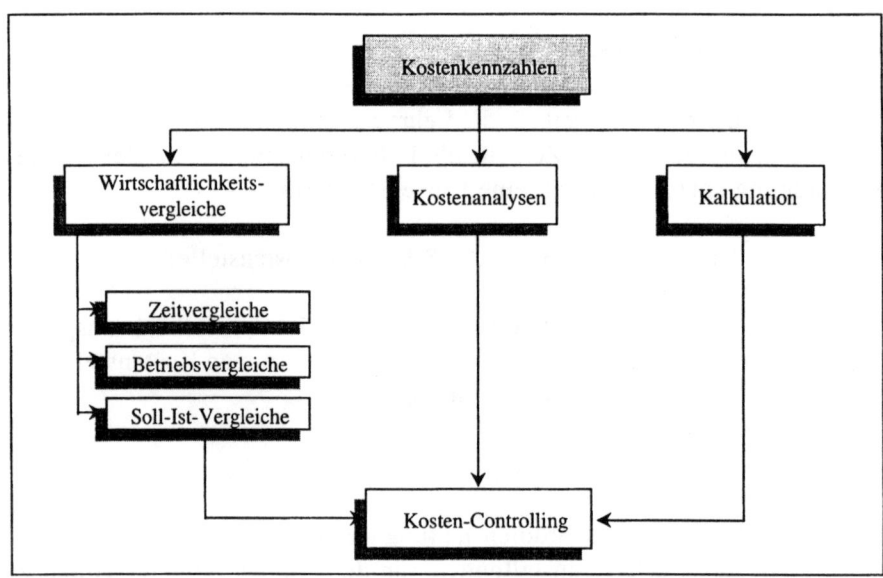

Abb. 4.8: Kostenkennzahlenrechnung (aus BMWF [11], S. 92)

- Zeitvergleiche, die eine Kostenentwicklung im Zeitablauf zeigen sollen. Aus solchen Entwicklungen lassen sich erforderliche Optimierungsmaßnahmen oder Substitutionsmaßnahmen von Produktionsfaktoren erkennen.

- Betriebsvergleiche, bei denen Kosten gleichartiger Einrichtungen verglichen werden. Solche Vergleiche sind sinnvoll z.B. für Abteilungen der Verwaltung oder der Dienstleistungen bis hin zu den Werkstätten.
  Zu den Betriebsvergleichen zählen auch Veränderungen (Erweiterungen und Einschränkungen) von Universitätseinrichtungen wie Institute oder Studienrichtungen. Hierbei werden Kostenveränderungen (Δ K) durch Betriebsveränderungen gezeigt.

Veränderungen der Institutskapazität können alle Kostenarten betreffen und zu Veränderungen der Kostenstellenkosten (Δ K_{KSt}) führen. Veränderungen der Forschungs-, Lehr- oder Verwaltungskapazitäten führen zu Kostenveränderungen (Δ K_{FP}, Δ K_{LV}, Δ K_{Verw}) aus einer Veränderung der Kostenstellenkosten (Δ K_{KSt}) und damit der Kostenstundensätze (Δ K_{NSt}) sowie der zeitlichen Inanspruchnahme der Kostenstellen (NZ_{FP}, NZ_{LV}, NZ_{Verw}).

- Soll-Ist-Vergleiche, bei denen geplante mit realisierten Kosten verglichen werden. Diese Vergleiche sollen nachfolgend näher beschrieben werden.

Sollkosten – Istkosten

Sollkosten für die einzelnen Kostenstellen werden gebildet aus den Planungen an den Universitäten (Fakultäten) und Instituten auf der Grundlage der zu erstellenden Leistungen in Forschung, Lehre und Verwaltung.

Dazu müssen die für die
- bisherigen Arbeitsgebiete und
- die neuen Ziele der Universität (Schwerpunktsetzungen in Forschung und Lehre)

zugewiesenen oder zu erwartenden finanziellen Mittel in Form eines Globalbudgets bekannt sein.

Nach Zuordnung dieser finanziellen Mittel an die Leistungsstellen (Institute und Abteilungen) der Universität ergeben sich die „Budgets der Leistungsstellen".

Vorliegen müssen Kennzahlen aus dem Controlling nach Mengen- und Zeitverbräuchen und aus Erfahrungswerten der eigenen und anderer Universitäten und Forschungsstellen über Verbräuche an Produktionsfaktoren, so z.B. über Räume, Lehrbelastungen u.a.m. Daraus und aus Systemanalysen ist ein „Sollkostensystem" nach Kostenarten und Kostenstellen zu erstellen.

Die Sollkosten der Universitäten und deren Leistungsstellen werden gebildet durch Multiplikation der Verbräuche mit deren Preisen. Zur Bestimmung und Festlegung der Verbräuche und der zum Ansatz kommenden Preise sind die folgenden Grundsätze zu beachten.

Richtverbräuche im laufenden Budget

Richtverbräuche stellen langfristig durchhaltbare Nutzungen und Verbräuche von Diensten und Gütern dar. Sie werden in Mengen- und Zeitverbräuchen

ausgedrückt. In den Richtverbräuchen sind Nutzungen und Verbräuche enthalten für (in Gruppen zusammengefaßt):
- wissenschaftliches und nichtwissenschaftliches Personal
- Gebäude und Flächen
- Apparate und Maschinen
- Energie, Werkzeuge und Sonstiges
- Telefon, Gebühren aller Art und sonstige Administration
- Dienstreisen, Information und Schulung

Richtverbräuche sind Plandaten (Solldaten) für das gegenwärtige Leistungsspektrum. Für die Erstellung der Richtverbräuche kann wie folgt vorgegangen werden:

Wissenschaftliches und nichtwissenschaftliches Personal

Als Grundlagen für die Ermittlung dienen
- Erfahrungszahlen der Leistungsstellen aus der Vergangenheit
- Faktoren zur Berücksichtigung der Leistungen der Leistungsstellen in Forschung, Lehre und in Administration.

Erfahrungswerte aus der Vergangenheit können als eine der Grundlagen verwendet werden, da die Einstellung von Personal vom Leistungsstellenleiter auf irgendeine Weise ,,erkämpft" wurde. Dazu bedurfte es Argumente. Sicherlich konnte dabei nicht immer ,,gerecht" im Sinne der gleichmäßig guten Beteiligung aller Universitäten und Institute vorgegangen werden, weil dazu dem dafür zuständigen Ministerium die Informationen nicht vorliegen konnten.

Daher müssen Faktoren erarbeitet und festgelegt werden, die die Personalerfordernisse für die Aufgaben der Leistungsstellen in Forschung, Lehre und Administration berücksichtigen (siehe ,,Personalkapazitätsplanung").

Erfahrungswerte und diese Faktoren zusammen ergeben die Richtverbräuche für wissenschaftliches und nichtwissenschaftliches Personal der Leistungsstellen an den Universitäten.

Gebäude und Flächen

Zur Ermittlung dieser Richtverbräuche soll von Faktoren für den spezifischen Raumbedarf je Mitarbeiter und Gerät in Büro- und Laborräumen sowie je Student in Hörsälen und Seminarräumen ausgegangen werden.

Die Bemessung der absoluten Anteile für Gebäude und Flächen in den Budgets der Universität und deren Leistungsstellen müssen die Richtverbräuche für Personal, Apparate und Maschinen berücksichtigen.

Gebäude und Flächen werden den Universitäten vom Staat zur Verfügung gestellt. Universitäten und deren Leistungsstellen „bezahlen" aber aus den finanziellen Mitteln ihrer Budgets Mieten für die Benutzung der Gebäude und Flächen in Form von Verrechnungspreisen. Jede Leistungsstelle bezahlt Verrechnungspreise für jene Räume und Flächen, die von ihr genutzt werden. So bezahlt ein Institut Mieten für Büro-, Labor-, Werkstätten- und Bibliotheksräume des Institutes und die Leistungsstelle EDV Mieten für deren genutzte Räume. Mieten für gemeinschaftlich genutzte Räume wie Hörsäle und Seminarräume werden auch über Verrechnungspreise zugeordnet.

Apparate und Maschinen

Apparate und Maschinen haben eine Lebensdauer, die über den Abrechnungszeitraum von einem Jahr hinausgeht. Es handelt sich also um Gegenstände, die in der Wirtschaft einer Verteilungsabschreibung unterliegen. Diese Geräte werden den Universitäten und deren Leistungsstellen vom Ministerium zur Verfügung gestellt. Die Universitäten und die Leistungsstellen „bezahlen" aus ihren Budgets Kapitalkosten (Abschreibung und Zinsen).

Für **Apparate** dienen als Grundlage zur Ermittlung der spezifischen Richtverbräuche Erfahrungswerte der Leistungsstellen aus der Vergangenheit und Vergleiche mit ähnlichen Leistungsstellen an Universitäten und anderen Forschungsanstalten. Bei der Erstellung der absoluten Richtverbräuche sollten die Möglichkeiten der gemeinsamen Nutzung von Apparaten durch mehrere Leistungsstellen beachtet werden, soweit dadurch nicht das Primärziel der Universitäten „Nutzung des Wissens und Könnens der Wissenschafter" eingeengt wird.

Für Maschinen sind die Erfahrungswerte über deren Bestand und zeitliche Nutzung maßgebliche Grundlagen zur Ermittlung der spezifischen Richtverbräuche. Ansonsten gilt das gleiche wie in der Rubrik „Apparate" ausgeführt.

Energie, Werkzeuge, Gebühren, Administration, Dienstreisen, Information, Schulung und Sonstiges

Die Grundlagen hierfür sind Erfahrungswerte der Leistungsstellen, Vergleiche mit ähnlichen Leistungsstellen und Faktoren, die aus der Anzahl der an der Leistungsstelle beschäftigten Personen, der Ausrüstung der Leistungsstelle mit Apparaten und Maschinen sowie Anteilen an Gebäuden und Flächen gebildet werden.

Alle **Richtverbräuche** können durch die Weiterentwicklung auf wissenschaftlichen und technischen Gebieten Änderungen erfahren. Zu deren Berücksichtigung sind in Zeitabständen Systemanalysen durchzuführen.

Sonderverbräuche im variablen Budget

Sonderverbräuche sind solche Verbräuche und Nutzungen, die über die Richtverbräuche hinausgehen. Während finanzielle Mittel für Richtverbräuche in einem Streubereich vom Ministerium langfristig durchhaltbar bereitzustellen sind, sind Sonderverbräuche in ihrer Verfügbarkeit vom Bedarf, aber auch von der Finanzierungsmöglichkeit des Ministeriums abhängig. Sonderverbräuche sind anzusetzen für besondere Vorgänge, die im Rahmen der langfristigen Entwicklung sprunghaft eintreten und vom Bedarf in Verbindung mit den Finanzierungsmöglichkeiten schwierig voraussehbar sind.

Als Beispiele für die Bereitstellung von Sonderverbräuchen seien angeführt:
– Gründung einer neuen Leistungsstelle, z.B. eines Universitätsinstitutes;
– besondere Forschungsvorhaben in einem Umfang, der über die langfristige Forschungstätigkeit hinausgeht;
– Beschaffung von besonders teuren Apparaten im Rahmen der Weiterentwicklung der Wissenschaft, für deren Finanzierung der Rahmen der Richtverbräuche nicht ausgelegt werden konnte;
– Schwerpunktsetzungen und Optimierungen in Forschung und Lehre.

Preise

Die Preise für die in Budgets vorgegebenen Verbräuche müssen in ihrer Höhe und Aktualität den Verrechnungspreisen entsprechen. Dazu ist es zweckmäßig, wie in der Wirtschaft auch, jährlich für alle Dienste und Güter Verrechnungspreise festzulegen, die den im Jahresmittel zu erwartenden Preisen gleichen. Für Güter, deren Lebensdauer über dem Verrechnungszeitraum liegt, sind die Anschaffungspreise mittels Indizes in Tagespreise umzurechnen, das gleiche gilt für die Mietsätze je Einheit bei Gebäuden und Flächen.

Die Festlegung der Kosten für Einheiten der Dienstleistungsstellen erfolgt
– nach Vergleichzahlen (Benchmarking) oder
– nach anlegbaren Preisen aus der Fremdvergabe von Leistungen (Outsourcing).

Bei der Verwendung von Vergleichzahlen sind Kostenstellenkosten anderer Universitäten mit ihren Dienstleistungsstellen (z.B. Werkstätten) heranzuziehen. Diese Kosten sind aber zu interpretieren und damit vergleichbar zu machen.

Die Verwendung von „anlegbaren Preisen" geht von Angeboten von Fremdfirmen für Leistungen der Dienstleistungsstellen aus. Zur Abgabe solcher Angebote sind die Leistungen exakt zu definieren und somit mit den Eigenleistungen vergleichbar zu machen. Die so ermittelten Angebotszahlen von fremden Firmen für Dienstleistungen sollen als Sollkosten für die entsprechenden Kostenstellen zugrundegelegt werden.

Für die wirtschaftliche Nutzung **aller Dienste und Güter** müssen Universität und deren Leistungsstellen die Möglichkeit haben, die ihnen in ihrem Budget zugewiesenen finanziellen Mittel auch über den Verrechnungszeitraum (ein Jahr) hinaus auf Konten festzulegen. Durch ein solches Vorgehen wird eine Kontinuität und Sparsamkeit in der Mittelverwendung gesichert (siehe „Gutschriften").

Aus den Verbräuchen und Nutzungen der Produktionsfaktoren werden die Sollkosten je Kostenstelle errechnet.

In der Kostenrechnung gibt eine Gegenüberstellung der Istkosten mit den Sollkosten Kennzahlen der Wirtschaftlichkeit.

Diesen Sollkosten und Istkosten sind die geplanten und erstellten Leistungen in Forschung und Lehre sowie in Dienstleistungen als Plan- bzw. Ist-Größen gegenüberzustellen.

Da Sollkosten und Istkosten alle Kostenarten enthalten sollen, also auch kalkulatorische Kosten, können aus Sollkosten > Istkosten „Gutschriften" und aus Sollkosten < Istkosten „Lastschriften" (negative Gutschriften) für die Leistungsstellen (also auch Institute) resultieren. Mit solchen (positiven oder negativen) Gutschriften werden die Leistungsstellen zum sinnvollen Einsatz aller Produktionsfaktoren motiviert, wenn sie in Form einer Kostenrechnung die richtigen Informationen erhalten.

Die Leistungsstellen können „ihre" Produktionsfaktoren (z.B. Geräte und Apparate) auch anderen Leistungsstellen zur Verfügung stellen, wofür sie „Leistungserträge" erhalten. Die Leistungsstellen werden aber für die Nutzung von Produktionsfaktoren anderer Leistungsstellen über die „innerbetriebliche" Leistungsverrechnung belastet, genauso wie sie für die Dienste der allgemeinen Universitätseinrichtungen (z.B. Verwaltung) mit „Umlagen" belastet werden.

Leistungsverrechnungen und Leistungserträge (Erlöse) sowie Gutschriften motivieren die Leitungen der Leistungsstellen zu rationellem Einsatz aller Produktionsfaktoren, wobei wichtige von unwichtigen Produktionsfaktoren getrennt werden können.

Weitere Kennzahlen lassen sich durch Auswertungen der Kostenrechnungen und des Mengen- und Zeitcontrolling gewinnen; so beispielsweise die Kosten von Lehrveranstaltungen, durchgeführt von Professoren, Dozenten oder Lehrbeauftragten.

Mit diesen Kennzahlen lassen sich für den Sektor Lehre Grundlagen für wirtschaftliche Entscheidungen bilden. Diese Grundlagen können gemeinsam mit den fachlichen Fähigkeiten des wissenschaftlichen Personals zu Entscheidungen für Lehrveranstaltungen herangezogen werden.

Controlling auf der Basis von Kosten und Leistungserträgen

Institute sollen „Erfolgszentren" sein (siehe *A. F. Oberhofer* [44]).

Aus der Information über die Nutzenstiftung der verschiedenen Anteile an Produktionsfaktoren zur Erstellung der Leistungen in Forschung und Lehre, gemeinsam mit der Motivation zu wirtschaftlichem Handeln und bestmöglichen Forschungs- und Lehrleistungen soll eine optimale Kombination der Produktionsfaktoren und damit ein optimaler Nutzen entstehen.

Eine Motivation muß einmal dadurch erwirkt werden, daß aus den budgetmäßig vorgegebenen Mitteln **alle** Güter und Dienste zu bezahlen sind. Werden einzelne Produktionsfaktoren von der Verrechnung aus dem Budget herausgenommen, so wird der für die Erreichung der Ziele Verantwortliche versuchen, sich diese auf besonderem Wege zu besorgen, um seine Ziele in Forschung und Lehre bestmöglich erreichen zu können.

Zum anderen muß eine Motivation zur sparsamen Verwendung bereitgestellter Mittel auch aus der Möglichkeit des Zugriffs zu ersparten und daher überschüssigen, in einem Abrechnungszeitraum nicht verbrauchten Geldbeträgen, erstehen.

Den Instituten muß ermöglicht werden, solche „ersparten Geldbeträge" in Form von „Gutschriften" verrechnet zu bekommen. Diese Gutschriften sollen den Instituten zur Beschaffung von Diensten und Gütern im Rahmen der „Sonderverbräuche" und zur Finanzierung von eigenständigen Projekten dienen, deren Ziele von den Instituten gesetzt werden.

Entscheidungen über die Wirtschaftlichkeit von Projekten der Forschung, Lehre oder Verwaltung lassen sich nur dann allein auf Kostenbasis durchführen, wenn die erstellten Leistungen keine Veränderungen erfahren und der Markt für die erstellten Leistungen nicht betroffen wird (oder wenn es nicht möglich ist, die Veränderungen der Leistungen und des Marktes zu messen oder zu schätzen).

Als Beispiel für Entscheidungen auf Kostenbasis können genannt werden der Ersatz menschlicher Arbeitskraft in der Verwaltung durch EDV oder die

Anschaffung einer Maschine (Investition) versus der Vergabe der für die Maschine vorgesehenen Tätigkeit an Fremdfirmen (Abb. 4.9, Spalte a).

Änderungen der erstellten Leistungen und Beeinflussungen des Marktes zeigen sich in Veränderungen der Leistungserträge (Abb. 4.9, Spalte b). So können beispielsweise Veränderungen der Forschungskapazität Leistungserträge über Forschungsprojekte als Erlöse bei Drittmittelprojekten einbringen oder Veranstaltungen für Weiterbildung Leistungserträge in Form von Erlösen erbringen. In diesem Fall ist die Wirtschaftlichkeit eines Projektes als Erfolgsänderung (Δ Erf = Δ Le – Δ KSt) zu zeigen.

Da Leistungserträge für Forschung und Lehre allgemein nur schwierig ermittelt werden können, müssen Ergebnisse der Evaluierung und Abschätzungen der Auswirkungen auf den Markt an deren Stelle treten. An die Stelle der quantifizierten Leistungserträge können Kenngrößen für Vorteile am Leistungssektor und am Markt skalenmäßig eingetragen werden. Als Beispiele seien genannt die Veränderung der Lehrveranstaltungen einer Studienrichtung, wobei der Veränderung der Kosten die Bewertung der Veränderung der Berufsvorbildung durch Wirtschaft und Gesellschaft gegenüberzustellen ist. Ähnliches gilt für die Bewertung einer Lehrveranstaltung, gehalten durch einen Lehrbeauftragten oder einen Universitätsprofessor.

	a) Kostenrechnung - Betriebsvergleiche	b) Erfolgsrechnung
Veränderung der Institutskapazität	$\Delta K = \Delta K_{KSt}$	$\Delta Erf = \Delta LE - \Delta K_{KSt}$
Veränderung der Forschungskapazität	$\Delta K_{FP} = \Delta K_{NSt} \times \Delta NZ_{FP}$	$\Delta Erf_{FP} = \Delta LE_{FP} - \Delta K_{FP}$
Veränderung der Kapazität der Lehre	$\Delta K_{LV} = \Delta K_{NSt} \times \Delta NZ_{LV}$	$\Delta Erf_{LV} = \Delta LE_{LV} - \Delta K_{LV}$
Veränderung der Verwaltungskapazität	$\Delta K_{Verw} = \Delta K_{NSt} \times \Delta NZ_{Verw}$	$\Delta Erf_{Verw} = \Delta LE_{Verw} - \Delta K_{Verw}$
Veränderung der Kapazität einer Universität	$\Delta K_{Uni} = \Delta K_{KSt\,Uni}$	$\Delta Erf_{Uni} = \Delta LE_{Uni} - \Delta K_{KSt\,Uni}$

Δ K..........Veränderung der Kosten
Δ K$_{NSt}$......Veränderung der Kosten je Nutzungsstunde
Δ LE........Veränderung der Leistungserträge (Erlöse od. Verrechnungspreise)
Δ Erf........Veränderung des Erfolges
Δ NZ........Veränderung der Nutzungszeit

Abb. 4.9: Wirtschaftlichkeitsrechnungen im Controlling

Auch in diesem Fall ist die Wirtschaftlichkeitsrechnung eine Erfolgsrechnung, wobei die Leistungserträge nicht quantifizierbar sind. Den Kostenveränderungen werden die Vorteile (oder Nachteile) auf verschiedenen Gebieten gegenübergestellt. Die Profile der Vorteile (oder Nachteile) sind eine Entscheidungsbasis. Sie können in einem Faktor ausgedrückt werden, wobei die Vorteile (oder Nachteile) der einzelnen Einflußfaktoren in den Profilen über die Strahlen Berücksichtigung finden (Abb. 4.10).

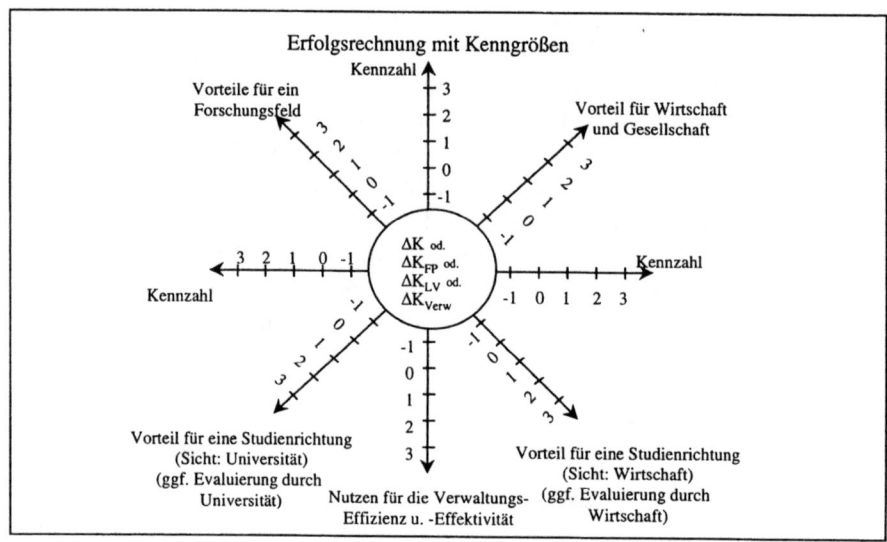

Abb. 4.10: Wirtschaftllichkeitsrechnung im Controlling

Mit diesem Schema für eine Wirtschaftlichkeitsrechnung kann auch eine Veränderung der Kapazität einer Universität (Fakultät) bis hin zur Neuerrichtung oder Schließung einer Universität (Fakultät) betrachtet werden.

Werden keine Leistungserträge bzw. Kenngrößen aus Markt und zu erstellender Leistung einbezogen, so gelten die bei Veränderung der Kapazität auftretenden Kostenveränderungen (ΔK_{Uni}) als Summe der Veränderung der gesamten Kostenstellenkosten der Universität (ΔK_{KStUni}). Wird also beispielsweise die Kapazität einer Universität durch eine neue Fakultät erweitert, dann gilt für die Kostenänderung (ΔK_{Uni}) die Berücksichtigung vorhandener Kapazitäten zur Unterstützung dieser Kapazitätsveränderung. Auf der anderen Seite verbleiben an einem Standort, von dem eine Fakultät abgezogen wird, bestimmte fixe Kosten. Dies alles ist in die Veränderung der Kostenstellenkosten der Gesamtuniversität (ΔK_{KStUni}) einzubeziehen.

Gleiches gilt für Leistungserträge, so diese quantifiziert werden können. Wird mit Kenngrößen gearbeitet, so sind den Kostenveränderungen Kenngrößen der Erfolgsrechnung gegenüberzustellen; so beispielsweise der Vorteil der Gründung einer neuen Fakultät für Wirtschaft und Gesellschaft für eine entsprechende Studienrichtung, ein Forschungsfeld oder der Nutzen für die Verwaltungen.

Es wäre richtig, im Rahmen der Schwerpunktsetzungen für österreichische Universitäten als Instrument der Wissenschaftspolitik ein weitgehend einheitliches System festzulegen.

Finanzplanung – Budgetierung, Controlling nach Ausgaben und Einnahmen

Das Controllingsystem

Der in der Finanzwissenschaft gebräuchliche Begriff „Budget" für den Haushaltsplan, den Zahlungsplan eines Zeitabschnittes oder bei öffentlichen Einnahmen und Ausgaben den Voranschlag für das Haushaltsjahr wird sowohl in Unternehmen der Industrie und des Handels, von Banken und Versicherungen als auch im öffentlichen Haushalt (Staat, Länder, Gemeinden) gebraucht.

Im betriebswirtschaftlichen Sinne wird das Wort „Budget"
– ganz allgemein als ein Jahresrahmen verstanden, der die Verfügbarkeit und Zuteilung von Ressourcen (Vermögensressourcen, Kapitalressourcen, Arbeits(Personal)ressourcen und Struktur-Organisationsressourcen) begrenzt;
– im speziellen als ein Jahresrahmen aufgefaßt, dem elementare, funktionale und projektbezogene Pläne nach einem Abstimmungs-, Korrektur- und Konsolidierungsprozeß von zuständigen Instanzen genehmigt werden (siehe dazu: *M. Radke* [57]).

Budgets können sich beziehen auf den Finanzbereich wie Einnahmen und Ausgaben, auf den Kostenbereich nach der Kosten- und Leistungsplanung mit Sollkosten bis hin zum Mengenbereich mit Personal-, Raum- und Investitionsbudgets.

Wie die Kosten- und Leistungsertragsrechnung zählt die Finanzplanung und Budgetierung als Controlling nach Ausgaben und Einnahmen zu den Unterstützungsprozessen im Universitätsführungssystem.

Kosten sind bewerteter Gutsverbrauch für die Erstellung der Leistungen. Der bewertete Gutsverbrauch schließt alle Güter ein in dem Maße, wie sie für die Leistungserstellung verbraucht oder genutzt werden. Mit der Kostenrechnung kann die Bewirtschaftung aller Produktionsfaktoren mit dem Ziel der optimalen Kombination im Einsatz aller Produktionsfaktoren bewirkt werden.

Ausgaben sind zu tätigende Zahlungen, wobei der Zeitpunkt der Rechnungslegung bestimmend ist. Für die Finanzplanung und Budgetierung sind Ausgaben von Interesse um festzustellen, welche finanziellen Belastungen in einzelnen Zeitabschnitten z.B. auf den Staat als finanzierende Stelle der Universitäten zukommen.

Eine ähnliche Gliederung und Unterscheidung ist zwischen Leistungserträgen und Einnahmen vorliegend. Den Kosten stehen die Leistungserträge gegenüber. Sie sind der Gegenwert, der für Erzeugungs- oder Dienstleistungen verrechnet wird. Leistungserträge sind ein betriebswirtschaftlicher Zweckbegriff; so wie die Kosten einen Verzehr darstellen, zeigen die Leistungserträge den Begriff des Werteschaffens auf.

Einnahmen sind aufgrund der Rechnungslegung zu erwartende Zahlungen, wobei der Zeitpunkt der Rechnungslegung bestimmend ist. Für die Finanzplanung und Budgetierung sind zur Feststellung der finanziellen Belastung in einzelnen Zeitabschnitten die Einnahmen von Interesse.

Der Prozeß der Finanzplanung und Budgetierung geht aus von
– dem Bedarf der Universitäten an Produktionsfaktoren aller Art – Budgetierung und
– der Finanzierbarkeit – Finanzplanung.
Im UOG 93 sind im § 17 der Bedarf (Budgetierung) in den Absätzen 1, 2 und 3 und die Finanzierbarkeit (Finanzplanung) in Absatz 4 festgelegt. Die Budgetzuweisung als Stufe nach Budgetierung und Finanzplanung (Absatz 4 im § 17) erfolgt heute nach Ansätzen.
Die wesentlichen Ansätze der oben angeführten Gliederung sind:

1/142   Universitäten und wissenschaftliche Einrichtungen

1/1420   Universitäten

1/14200   Personalausgaben: Ausgaben für Beamte, Vertragsbedienstete, Vergütungen für Nebentätigkeiten, Professoren, Assistenten, Bundeslehrer u.dgl.m.

1/14203   Anlagen: Maschinen und maschinelle Anlagen, Kraftwagen, Amts-, Betriebs- und Geschäftsausstattung u.dgl.m.

1/14207   Aufwendungen (gesetzliche Verpflichtungen): Gebühren, Dienstgeberbeiträge, Abgeltung von Lehrtätigkeiten u.dgl.m.

1/14208   Aufwendungen: geringwertige Wirtschaftsgüter und Sammlungsobjekte, Roh- und Hilfsstoffe, Ersatzteile, Treibstoffe, Reisen, Werkverträge, Instandhaltungen und Transporte, Miet- und Pachtzinse, Mitgliedsbeiträge für Institutionen, Schulung und Weiterbildung u.dgl.m.

Die mit der Budgetzuweisung an den Universitäten verfügbaren Mittel sind an den Universitäten an die Fakultäten und Institute zu verteilen. An den Instituten ist eine optimale Kombination der Produktionsfaktoren im Einsatz anzustreben, die mittels Controlling über die Kostenrechnung oder über Mengen und Zeiten geführt werden kann. Die weitgehende Gebundenheit an die Ansätze im Rahmen der Budgetzuweisung führen zu einer geringen Flexibilität.

Sie führt weiterhin dazu, daß versucht wird, „innerhalb der Ansätze" eine bestmögliche Versorgung der Institute und Universitäten (Fakultäten) mit Ressourcen zu erreichen und nicht in der Gesamtheit der Budgetmittel (als Globalbudget über alle Ansätze).

Nach UOG 93 § 17 ist der Budgetantrag durch eine Bedarfsberechnung zu untermauern (siehe dazu: BMWFK [13]). Der Budgetantrag der Universität gliedert sich nach der Bedarfsberechnungsverordnung in ein laufendes Budget und ein variables Budget.

Das laufende Budget dient der Finanzierung des bestehenden Leistungsangebotes für Universitätsinstitute und Dienstleistungseinrichtungen.

Das variable Budget beinhaltet die Teile Vorhaben, Mehrbedarfe und Minderbedarfe.

Vorhaben sind Maßnahmen zur Änderung von Leistungsangeboten zum Kapazitätsausgleich und für Investitionen.

Mehrbedarfe umfassen sämtliche sonstige zusätzliche Ressourcen, Minderbedarfe sämtliche einzusparende Ressourcen.

Bedarfsberechnungen dienen der Ermittlung des erforderlichen Bedarfes an Personal, Raum, Anlagen und Aufwendungen der Lehr- und Forschungseinrichtungen sowie der Dienstleistungseinrichtungen der Universitäten. Bedarfsberechnungen sind lehrangebotsbezogene Berechnungen des Ressourcenbedarfes der Institute. Für die Berücksichtigung des Forschungsaufwandes der Institute sowie für aufgaben- und leistungsangebotsbezogene Berechnungen von Dienstleistungseinrichtungen ist das Verfahren nur begrenzt geeignet.

Die derzeitige im Universitätsbereich gesetzlich geregelte Budgetierung mit Bedarfsberechnungs- und Budgetantragsverfahren stellt einen Schritt hin zu einem Globalbudget dar. Da aber die Gliederung weiterhin nach Ansätzen mit begrenzter Virementfähigkeit erfolgt, ist die Flexibilität in der Verwendung der Mittel nach wie vor gering. Weiterhin wird von den zuständigen Bundesministerien kein Budgetlimit vorgegeben. Das heißt, das Budget, das erstellt wird, ist nach wie vor eine „Wunschliste" ohne vorgegebene Begrenzung. Eine Optimierung der Mittel ist für eine Universität also weder im Budgetantrag noch in der Verwendung der zugewiesenen Mittel möglich.

Im Budget, aber auch im Voranschlag, erscheinen nicht alle Produktionsfaktoren auf. So sind beispielsweise die Universitätsgebäude nicht Inhalt der

Budgetierung und des Bundesvoranschlages. Ein weiterer Nachteil des im Entwurf befindlichen Budgetierungsverfahrens ist die Jährlichkeit für die Verwendung aller finanziellen Mittel.

Das Ergebnis des beschriebenen Finanzplanungs- und Budgetierungsverfahrens sind die Ausgaben pro Jahr für die Universitäten und Institute (ggf. Fakultäten).

Nach den Funktionen des Budget- und Finanzplanungs-Controlling muß die Ablauforganisation einmal von den Instituten über die Fakultäten und Universitäten zu den zuständigen Bundesministerien (bottom-up), zum anderen von den zuständigen Bundesministerien zu den Instituten (top-down) laufen.

Mit dem bottom-up-Ablauf wird der Geldmittelbedarf, mit dem top-down-Ablauf das Geldmittelangebot gezeigt. Ein iteratives Zusammenwirken von bottom-up- und top-down-Ablauf muß zur Festlegung des Budgets und der Mittelzuweisung führen.

Der bottom-up-Ablauf der Budgetierung geht aus von
- den Mengen- und Zeitverbrauchsrichtwerten sowie
- Verteilungsparametern für die Geldmittel an die einzelnen Institute innerhalb der Universitäten (Fakultäten) und an die einzelnen Universitäten vom zuständigen Bundesministerium.

In den Verteilungsparametern müssen solche für Forschung und Lehre enthalten sein, wobei diese für Lehre mit der Anzahl der Lehrveranstaltungsstunden relativ einfach, jene für Forschung schwieriger bestimmbar sind. Forschungsarbeiten in Jahresberichten, Veröffentlichungen und Patente müssen zu Forschungsparametern beitragen. Evaluierungen sind für Forschungsparameter im besonderen, aber auch für jene der Lehre ein wichtiger Faktor.

Im bottom-up-Ablauf muß ein Budget erarbeitet werden, das alle Produktionsfaktoren enthält, beginnend bei Personal bis hin zu Bauten. Es muß somit ein limitiertes ,,Globalbudget" eine Basis für die bottom-up-Budgetierung sein. Gutschriften, die über die Jährlichkeit des Budgets nach dem gegebenen Haushaltsrecht hinweghelfen sollen, müssen in die bottom-up-Budgetierung einbezogen werden.

Die bottom-up-Budgetierung hat weiterhin zu berücksichtigen
- das gegenwärtige Leistungsspektrum an den Universitäten und
- ein Leistungsspektrum nach Schwerpunktsetzungen und Optimierungen im Betrieb von Forschung, Lehre und Verwaltung einschließlich anderer Dienste wie Werkstätten. Bei Optimierungen ist auch die Beachtung eines Outsourcing von Dienstleistungen einzubeziehen.

Um einen Übergang von der derzeitigen Budgetierung an den Universitäten mit einer Ausgabenvorabschätzung im Rahmen einer ,,Wunschliste" ohne limitiertes Globalbudget zu einem limitierten Globalbudget zu erhalten, ist stufenweise vorzugehen. Dabei sind die Kosten (Vergangenheitswert) einem Budget (Zukunftswert) gegenüberzustellen. Ein Kostenbudget ist neben einem Ausgabenbudget vorzusehen mit folgendem Stufenplan:

a) Erstellung eines Budgets auf der Basis der bisherigen vornehmlich ausgabenwirksamen Kosten (gleich Ausgaben);

b) Budget auf der Basis von Stufe a) plus Einbeziehung der kalkulatorischen Kosten. So sollen vor allem Abschreibungen, aber auch Mieten für jene Institute, die in bundeseigenen Gebäuden untergebracht sind, berücksichtigt werden;

c) Budget auf der Basis der Stufen a) und b), aber mit Zuteilung von einzelnen Produktionsfaktoren, vornehmlich von Räumen nach ,,Richtwerten'';

d) Budget auf der Basis der Stufen a), b) und c), aber mit Beachtung eines Limits aus dem top-down -Ablauf. Das heißt, das Gesamtbudget darf nur so groß sein, wie ein Limit vorgibt. Dieses Limit muß aus einem ,,Globalbudget'' kommen. Dieses Budget soll dem gegenwärtigen Leistungsspektrum entsprechen;

e) Budget auf der Basis der Stufen a) bis d), aber mit Beachtung von Optimierungen und Schwerpunktsetzungen in Forschung und Lehre.

Mit dem top-down-Ablauf stellen die zuständigen Bundesministerien finanzielle Mittel global den Universitäten bereit. Die Verteilung an die einzelnen Universitäten erfolgt

– nach dem gegenwärtigen Leistungsspektrum der Universitäten und

– nach einem Leistungsspektrum mit Schwerpunktsetzungen in Forschung und Lehre und Optimierungen.

Das bisherige Leistungsspektrum wird in den Arbeitsberichten der Institute und ggf. Dienstleistungsabteilungen kundgetan. Schwerpunktsetzungen müssen aus der Forschungspolitik hervorgehen, wobei das Universitätenkuratorium sowie die Rektorenkonferenz entscheidende Beiträge liefern sollten.

Für Zielsetzungsbesprechungen ist ein Gremium vorzusehen, das – je nach hierarchischen Ebenen des Entscheidungsprozesses – aus den Universitäten, dem zuständigen Bundesministerium, dem Universitätenkuratorium, der Österreichischen Rektorenkonferenz sowie den Beiräten der Universitäten besteht.

Ergebnis der Besprechung für das im top-down ermittelte Budget soll ein Budget sein mit

– einer optimistischen Version

– einer mittleren oder normalen Version

– einer pessimistischen Version.

Anzustreben ist, daß

– die zuständigen Bundesministerien den einzelnen Universitäten ein Globalbudget (ohne Untergliederung in einzelne Ansätze) zuweisen;

- die Verteilung an den einzelnen Universitäten auf Institute bzw. Fakultäten im Rahmen dieses Gobalbudgets erfolgt;
- an den Instituten ein optimaler Produktionsfaktoreinsatz getätigt wird, wobei Leistungsnachweise in Forschung und Lehre zu führen sind;
- der Produktionsfaktoreinsatz und Leistungsnachweis, ausgewiesen über Controlling nach Kosten- und Leistungserträgen, Basis ist für die Budgetierung des nächsten Abrechnungsjahres.

Gleiches wie für Institute gilt für Dienstleistungsabteilungen.

Derzeit wird vom zuständigen Bundesministerium den einzelnen Universitäten keine sich aus der Finanzierungsplanung ergebende obere Grenze für die Budgetierung vorgegeben. Eine solche obere Begrenzung als Limit muß aber vorliegen, wenn die Universitäten eine Budgetierung im Rahmen vorgegebener Möglichkeiten erstellen sollen und nicht eine ,,Wunschliste". Im nachfolgenden Finanzierungs-, Planungs- und Budgetierungssystem wird von einem Globalbudget mit einem Limit ausgegangen.

Eine Finanzplanung und Budgetierung für ein Rechnungsjahr soll folgendermaßen aufgebaut sein:

- Information von den zuständigen Bundesministerien an die Universitätsleitungen: Aus der Finanzplanung und Schwerpunktsetzung gegebenes Limit für Budgets der Universitäten;
- Information von den Universitätsleitungen an die Institute und Dienstleistungsabteilungen (ggf. über Fakultäten): Anteile des Budgets der Universitäten (mit Limit) für die einzelnen Institute. Hierbei werden Schwerpunktsetzungen in Forschung und Lehre berücksichtigt;
- Informationen von den Instituten und Dienstleistungsabteilungen (ggf. über Fakultäten) an die Universitätsleitungen: Budgets im Rahmen der Limitvorgaben;
- Informationen von den Universitätsleitungen an die zuständigen Bundesministerien: Universitätsbudgets im Rahmen der Limits;
- Informationen von den zuständigen Bundesministerien an die Universitäten: Budgetzuweisung als Globalbudgets;
- Informationen von den Universitätsleitungen an die Institute und Dienstleistungsabteilungen (ggf. über Fakultäten): Budgetzuweisungen als Globalbudgets unter Berücksichtigung von Schwerpunktsetzungen.

Das Problem der Jährlichkeit der Budgetzuweisungen an die einzelnen Universitäten und Institute (bzw. Fakultäten) bleibt bestehen, solange die Haushaltsgesetzgebung nicht geändert werden kann. Um von der Jährlichkeit der Budgetweisung abzukommen, muß eine Überbrückung dieses Handikaps gefunden werden. Dieses soll im nächstfolgenden Kapitel beschrieben werden (,,Gutschriften").

Der Zusammenhang der Finanzplanung und Budgetierung mit der Kosten- und Leistungsertragsrechnung, Finanz- und Budgetcontrolling

Die Zielsetzungen der einzelnen Universitäten, Fakultäten und Institute (ggf. Dienstleistungsabteilungen) ergeben sich
– aus den bisherigen Arbeitsgebieten
– aus neuen Zielen.
Zu den neuen Zielen zählen insbesondere die Ziele der Forscher aus ihrer eigenständigen Forschung, aber auch Ziele der Universität, der Wirtschaft, der Gesellschaft und der Politik (gemeinschaftsbezogene Forschung und Lehre).

Die Budgets an Universitäten müssen daher nach Erfahrungszahlen (bisherige Verbräuche und Nutzungen) und errechneten Verbräuchen und Nutzungen auf Leistungsbasis erstellt werden.

Die Budgetbasis in Forschung und Lehre sind die damit verbundenen Verbräuche an Mengen und Zeiten sowie die daraus resultierenden Sollkosten.

Sollkosten sind neben Verbräuchen und Mengen und Zeiten ein Meßinstrument für die Budgetierung. Sollkosten als Personalkosten, Materialkosten, Betriebskosten und sonstigen Kosten sind für die Budgetierung zu übernehmen.

Die kalkulatorischen Kosten müssen auf besondere Art für die Verwendung als Meßinstrument für die Budgetierung nach Ausgaben in Verbindung gebracht werden.

Kalkulatorische Kosten zeigen den Verbrauch von Gütern an, deren Lebensdauer über eine Abrechnungsperiode hinausgeht. Die Ausgaben für solche Güter liegen in einer anderen Abrechnungsperiode. Wird beispielsweise eine Anlage beschafft für eine Million ATS bei einer Lebensdauer von 5 Jahren, so zeigt sich der Werteverzehr als Abnutzung der Anlage in Form der kalkulatorischen Abschreibungen (AfA) mit ATS 200.000 pro Jahr oder ca. ATS 16.600 je Monat. Gleiches gilt für die Miete von Räumen.

Kalkulatorische Zinsen sind das kostenmäßige Äquivalent für das in den Universitäten gebundene Kapital. Man geht davon aus, daß man das für die Universitäten zur Verfügung gestellte Budgetmittel auch für andere Zwecke verwenden könnte.

Die kalkulatorischen Kosten für Abschreibungen und Zinsen zeigen somit einen Gutsverbrauch oder eine Gutsnutzung oder allgemein ausgedrückt einen Werteverzehr für die Kernprozesse Forschung und Lehre (aber auch für die Verwaltung) in einer Abrechnungsperiode, bei denen die Ausgaben in einer anderen Abrechnungsperiode liegen.

Kalkulatorischen Kosten können aber auch direkt keine Ausgaben der zu betrachtenden Kostenstelle gegenüberstehen, so z.B. bei „Leistungen anderer Kostenstellen".

Dem gesamten Werteverzehr stehen Leistungserträge gegenüber, die an Universitäten nur zu einem geringen Teil quantifiziert werden können. Eher können sie ausgedrückt werden durch Evaluierung von Forschung und Lehre oder durch Kenngrößen.

Die Kosten- und Leistungsertragsrechnung ist somit ein Führungsinstrument zur optimalen Nutzung der Produktionsfaktoren in ihrem Zusammenwirken und zur optimalen Leistungserstellung auf Basis der Kostenrechnungen (Effizienz).

Die Budgetierung ist ein Instrument der Finanzierung. Sie erfolgt auf Basis von Ausgaben und Einnahmen.

Für ein Managementinstrument müssen Budget-(Finanzierung-) und Kostenrechnung aufeinander abgestimmt werden. In Unternehmen ist dieser Vorgang selbstverständlich und seit langem üblich. An Universitäten ist hierzu vom gegebenen Haushaltsrecht der Republik Österreich auszugehen.

Für eine solche Abstimmung an Universitäten soll wie folgt vorgegangen werden (Abb. 4.11):

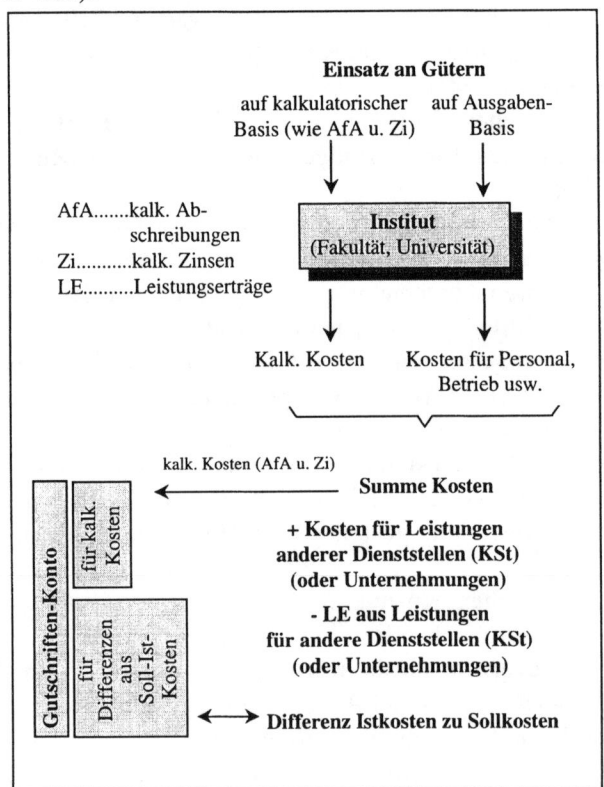

Abb. 4.11: Gutschriftensystem als „Brücke" von Kostenrechnung zu Finanzplanung und Budgetierung

Je Institut:

Die Verbräuche und Nutzungen an Gütern auf kalkulatorischer Basis (langlebige Wirtschaftsgüter wie Anlagen und Bauten) werden in den kalkulatorischen Abschreibungen (AfA) und Zinsen als Kostenarten ausgewiesen. Zusammen mit den Personalkosten, Materialkosten, Betriebskosten und sonstigen Kosten werden die Gesamtkosten je Kostenstelle oder Kostenstellengruppe Institut errechnet.

Die kalkulatorischen Abschreibungen und Zinsen werden einem Gutschriftenkonto des Institutes übertragen. Das Gutschriftenkonto zeigt den Institutsleitungen und Universitätsleitungen (Fakultätsleitungen) an, welche Geldbeträge dem Institut bereitgestellt werden können für die Beschaffung von Anlagen und anderen Gütern.

Mit diesem Vorgehen, d.h. der Tätigung von Investitionen aus Abschreibungen (bei Berücksichtigung der Zinsen) wird der derzeitige Standard des Institutes in der Anlagenausgestaltung gehalten – nicht gesenkt oder erhöht.

Weitere Gutschriften können dem Institut erbracht werden aus der Differenz Istkosten zu Sollkosten. Sind die Istkosten kleiner als die Sollkosten, beispielsweise durch eine rationelle Betriebsweise (Effizienz) durch die Institutsleitung, entstehen Gutschriften. Natürlich ist auch eine Belastung des Gutschriftenkontos des Institutes möglich, wenn die Istkosten die Sollkosten übersteigen. Damit werden die Institutsleitungen motiviert, ihre Institutseinrichtungen effizient zu betreiben.

Die Ermittlung der Sollkosten für Institute wurde bereits gezeigt. Die Ermittlung der Sollkosten für Abteilungen der Verwaltung soll aus einem Outsourcing (fiktiv oder real) hergeleitet werden.

Leistungserträge aus Diensten für andere Kostenstellen erhöhen die Effizienz. Das heißt, ein Zur-Verfügung-Stellen von Instituteinrichtungen für andere Kostenstellen bringt Leistungserträge und kann somit zur Erhöhung von Gutschriften führen.

Kosten für Leistungen anderer Kostenstellen sind zu verrechnen. Hierbei ist zu prüfen, ob es wirtschaftlich ist, Produktionsfaktoren wie maschinelle Anlagen selbst anzuschaffen oder solche anderer Kostenstellen zu benutzen.

Mit dieser Vorgehensweise wird eine Kooperation mit anderen Dienststellen motiviert.

Gleiches wie für Institute gilt für die Dienstleistungsabteilungen.

Je Universität (Fakultät):

Das gleiche System wie bei Instituten kann auch an Universitäten angewendet werden. Dann stehen anstelle des Institutes Universitäten oder Fakultäten. Die Gutschriften für die Gesamtuniversität setzen sich aus den Gutschriften der Institute und Verwaltungsabteilungen zusammen.

Die Leistungen „anderer" können für die Universität auch universitätsfremde Stellen sein, z.b. Unternehmungen.

Auch für die Gesamtuniversität (oder Fakultät) gilt, daß bei einem Ausgabenvolumen in der Höhe der angesammelten Abschreibungen (bei Berücksichtigung der Zinsen) der Standard in der Ausrüstung gehalten wird. Schwerpunkte können gesetzt werden nach Studienrichtungen und Forschungsrichtungen, indem die Sollkosten für die einzelnen Institute gesenkt oder erhöht werden.

Da die Entscheidungsbefugnisse im Rahmen eines Globalbudgets weitgehend von dem zuständigen Bundesministerium an die Universitäten verlagert werden, erübrigt sich die bestehende Bedarfsrechnungsverordnung als Ausweis der Universitäten gegenüber dem zuständigen Bundesministerium. Wohl aber kann diese Verordnung als Managementinstrument innerhalb der einzelnen Universitäten Verwendung finden.

Eine Mitarbeit der Bediensteten zur Steigerung der Effizienz an den Instituten, aber auch an der Gesamtuniversität (Gesamtfakultät) kann durch ein solches Gutschriftenverfahren motiviert werden, da damit die Einsparungen den einzelnen Instituten oder Universitäten (Fakultäten) zugute kommen und die „Jährlichkeit" der Budgetzuweisung durch das Gutschriftenverfahren überbrückt wird. Geldbeträge, die innerhalb eines Verrechnungsjahres nicht verwendet werden, „verfallen" nicht demjenigen Personenkreis oder demjenigen Bereich, der durch effizientes Handeln Einsparungen ermöglicht hat.

Controlling und Drittmittel

Drittmittel sind jene Mittel, die an rechtsfähige universitäre Einrichtungen gemäß § 2 UOG gehen, die im Rahmen der zweckgebundenen Bundesgebarung von Universitäten oder deren Untergliederungen als Bundeseinrichtung eingenommen werden oder die an Universitätslehrer als Privatpersonen, als Förderungen oder als Entgelt für Privatgutachten gehen (siehe dazu: *G. Bast/ K. Vodrazka* [4]).

Diese Drittmittel können von Privatpersonen oder Wirtschaftsunternehmungen aus dem Bundesbudget von Körperschaften des öffentlichen Rechts, vom Fonds zur Förderung der wissenschaftlichen Forschung, vom For-

schungsförderungsfonds für die Gewerbliche Wirtschaft, von Innovations-
und Technologiefonds, von sonstigen selbständigen oder unselbständigen
Fonds sowie von Vereinen und anderen juristischen Personen (als Beispiele)
stammen.

Die Durchführung wissenschaftlicher Arbeiten im Auftrag Dritter oder
für Bundesdienststellen ist im UOG 93 § 4 gesetzlich geregelt.

Projekte der Forschung und Lehre, die über Drittmittel finanziert werden,
führen

a) zu einer Inanspruchnahme
   - von Einrichtungen der Gesamtuniversität (Fakultät) und
   - von Einrichtungen der einzelnen Institute sowie
b) zu einer Erhöhung der Kapazität und Kompetenz der Institute und der
   Universität (Fakultät).

Zu a):
Drittmittelprojekte führen zu (zusätzlichen) Einnahmen (Δ LE) der Institute
und somit zu zusätzlichen Erfolgen (Δ Erf = Δ LE – Δ KSt).

Zum anderen entstehen der Gesamtuniversität (Fakultät) und den betroffenen Instituten zusätzliche Kosten (Δ K). Diese zusätzlichen Kosten (Δ K)
sind als ,,Kostenersätze" – besser zu bezeichnen als ,,Verrechnungspreise"
(VP) – der Gesamtuniversität (Fakultät) und den betroffenen Instituten aus
den Drittmitteln zu ersetzen.

Die Verrechnungspreise je Kostenstellen, die aus der Durchführung von
Drittmittelprojekten betroffen werden, sind zu errechnen nach

$$VP_{KSt} = K_{NStd} \times NZ$$
(auf Vollkostenbasis)

VP_{KSt} ... Verrechnungspreis für ein Drittmittelprojekt an einer Kostenstelle
K_{NStd} ... Kosten der Kostenstelle je Nutzungsstunde
NZ ... Nutzungszeit der Kostenstelle für das Drittmittelprojekt

Diese Verrechnungspreise gelten einmal für Einrichtungen der Gesamtuniversität (Fakultät), wie z.B. Hörsäle, EDV-Einrichtungen oder Werkstätten,
zum anderen für Einrichtungen von den einzelnen Instituten, wie Institutsla-
bors. Je nachdem sind die Kosten der Nutzungsstunde und die Nutzungszeiten für die Verrechnungspreise einzusetzen und als Verrechnungspreis je nach
Beanspruchung der Einrichtungen der Universität (Fakultät) und der einzelnen Institute zu vergüten.

Nun werden durch Drittmittelprojekte ,,nur" zusätzliche Kosten (Δ K)
verursacht, alle anderen Kosten ,,sind ohnehin schon vorhanden". Wird diese

Betrachtung angestellt, wie es in bestimmten Fällen auch in Unternehmen durchaus üblich ist („Grenzkosten"), dann ergeben sich folgende Verrechnungspreise:

$$VP_{KSt} = \Delta\ K_{NStd} \times NZ$$
oder
$$VP_{KSt} = K_{NStd/var} \times NZ$$
(auf Teilkostenbasis)

Wird dieser Ansatz für Verrechnungspreise gewählt, dann wird angenommen, daß die Grundauslastung der Kostenstelle durch Aufgaben der Forschung und Lehre nach Grundsätzen und Aufgaben der Universitäten (UOG 93 § 1) die fixen Kosten trägt und eben nur die durch Drittmittelprojekte hinzukommenden Kosten ($\Delta\ K$) durch Verrechnungspreise als Kostenersätze abgegolten werden sollen.

Bei der Festlegung der zusätzlichen Kosten der Kostenstellen ($\Delta\ K_{NStd}$) und damit der variablen Kosten $K_{NStd/var}$ ist zu errechnen, welche Kostenarten (nach Abb. 4.9) sich durch ein Drittmittelprojekt verändern. Das können nur die Personalkosten sein, es können aber auch Betriebskosten sein, z.B. bei Inanspruchnahme zusätzlicher Energie für Maschinen, es können aber auch kalkulatorische Kosten sein, z.B. für die Nutzung von Anlagen oder Räumen.

Werden nur die zusätzlichen Kosten ($\Delta\ K$ als $\Delta\ K_{NStd/var}$) für Verrechnungspreise in Ansatz gebracht, dann kann das mit dem Argument erfolgen, daß Drittmittelprojekte auch zu einer Erhöhung der Kapazität und Kompetenz der Universitätseinrichtungen und Institutseinrichtungen beitragen und eben daher nicht alle Kosten als Verrechnungspreise abgegolten werden müssen.

Zu b):
Die Erhöhung der Kapazität und Kompetenz der Institute und damit der Universität (Fakultät) kann einmal, wie erwähnt, durch den Ansatz der hinzukommenden Kosten ($\Delta\ K_{NStd/var}$) abgegolten werden, zum anderen müßte ein „Bonusfaktor" in der Verteilung der Budgetmittel an die einzelnen Institute eingeführt werden, der jene Institute „belohnt", die Drittmittelprojekte einfordern.

Personalkapazitätsplanung/Stellen- und Tätigkeitspläne

Für eine Personalkapazitätsplanung gibt es globale Methoden und detaillierte Methoden.

Globale Methoden beruhen auf statistischen Informationen und errechnen durch Extrapolationen Zukunftswerte unter Berücksichtigung von Entwicklungen der Aufgabenarten und -mengen sowie der personalbezogenen Einflußgrößen wie beispielsweise Arbeitszeiten.

Detaillierte Methoden betrachten Leistungsstellen (mit Stellenplan) und Aufgaben (Tätigkeitsplan).

Der Stellenplan ist im öffentlichen Dienst eingeführt. In diesem werden für die einzelnen Leistungsstellen die Anzahl der Personen aufgelistet und auf das Vorjahr und den derzeitigen Stand Bezug genommen. Für die Folgejahre wird der Abgang und der Neubedarf sowie der geplante Stand gezeigt.

Im Management ist zu entscheiden, welche Abgänge ersetzt und welches zusätzliche Personal einzubeziehen sind. Hierbei ist auf die vorgegebenen Restriktionen aus dem finanziellen Rahmen sowie auf Dienst- und Besoldungsrecht Rücksicht zu nehmen.

Der Tätigkeitsplan (aufgabenbezogen) soll den quantitativen und qualitativen Personalbedarf zeigen. Er soll zusammen mit dem Stellenplan die Basis sein für die personenbezogene Personalkapazitätsplanung.

Der Tätigkeitsplan zeigt die Tätigkeiten je Leistungsstelle und Zeitraum (z.B. ein Monat). Die Personalkapazitätsplanung kann nun auf der Basis der Stellenpläne und der Tätigkeitspläne je Leistungsstelle erfolgen, wobei die Betriebszeiten durch die Arbeitszeiten des Personals zu dividieren sind.

Restriktionen sind hierbei zu berücksichtigen:
- aus den verfügbaren finanziellen Mitteln
- aus den verfügbaren anderen Ressourcen wie Personal, Räume, Apparate usw.
- aus den gesetzlichen Gegebenheiten wie Haushalts- und Arbeitsrecht.

Aus dem Tätigkeitsplan ergibt sich ein „Anforderungsprofil" für den Personalbedarf. Diesem ist ein „Fähigkeitsprofil" für die Personen im Personalbestand gegenüber zu stellen.

Aus dem Vergleich der Anforderungs- mit den Fähigkeitsprofilen zeigen sich je Person und Leistungsstellen Über- oder Unterdeckungen, aber auch Übereinstimmungen. Dies und der Stellenplan bilden die quantitativen und qualitativen Basen der Personalkapazitätsplanung.

Ermittlung der Personalkapazität

Die Personalkapazität einer Universität (Fakultät) wird ermittelt nach
- dem Bedarf für Forschung und Lehre
- dem Bedarf für Verwaltung
- den Restriktionen aus den verfügbaren finanziellen Mitteln
- dem Dienst- und Besoldungsrecht.

Eine Grundlage für die Ermittlung der Personalkapazität ist die strategische Planung.

Die Ermittlung der Personalkapazität hat für alle hierarchischen Ebenen zu erfolgen, somit für das zuständige Bundesministerium, die Universitäten (Fakultäten) und Institute.

Die mit dem UOG 93 verbundene Dezentralisierung im Management führt zu einer Verschiebung der erforderlichen Personalkapazität von der hierarchischen Führungsebene Bundesministerium zu der hierarchischen Führungsebene Universitäten.

Im organisatorischen Ablauf ist für die Universitäten ein top-down/bottom-up-Vorgehen erforderlich:

a) Vorgabe des Globalbudgets vom zuständigen Bundesministerium an die Universitäts-(Fakultäts-)leitungen;

b) Anträge der Institute für Personal (und andere Produktionsfaktoren) an die Universitäts(Fakultäts-)leitungen; gleiches gilt für die Dienstleistungsabteilungen;

c) Verteilung des Personals (und anderer Produktionsfaktoren) nach ,,Verteilungsmaßstäben" durch die Universitäts-(Fakultäts-)leitungen an die Institute und Dienstleistungsabteilungen.

Diese Verteilung erfolgt
- nach den verfügbaren finanziellen Mitteln, die vorgegeben sind;
- bei Berücksichtigung der möglichen Personalflexibilität aufgrund des Dienstrechts und Besoldungsrecht;

c1) Verteilung nach den bestehenden Beaufschlagungen der Institute in Forschung und Lehre und einer bestehenden Produktionsfaktorkombination (Istzustand);

c2) Verteilung nach Schwerpunktsetzungen für Studienrichtungen und Institute in Forschung und Lehre und nach Optimierung in der Produktionsfaktorkombinaton (Planzustand).

Die Schritte a) und b) sind die Ausgangspunkte für die Verteilung nach Schritt c).

Verteilungsmaßstäbe für Personal durch die Universitäts(Fakultäts-)leitungen an die Institute für die Erstellung der Kernaufgaben Forschung und Lehre gehen von den Einflußfaktoren in Forschung und Lehre aus. Verteilungsmaßstäbe für Personal der Verwaltung sollten weitgehend aus anlegbaren Preisen (Sollkosten), ermittelt aus der Fremdvergabe solcher Aufgaben, abgeleitet werden.

Für die Ermittlung der erforderlichen Personalkapazität im zuständigen Bundesministerium sollen neben Stellen- und Tätigkeitsanalysen sowie -plänen Möglichkeiten der Fremdvergabe (Outsourcing) von Arbeiten einbezogen werden. Auch im zuständigen Bundesministerium können aus anlegbaren Preisen für Verwaltungstätigkeiten bei Fremdvergabe Sollkosten je Abteilung vermittelt werden. Diese sind ein Maß für die Budgetierung der betreffenden Abteilung.

Personalzuteilung im Istzustand für wissenschaftliches Personal an Institute:

Für wissenschaftliches Personal kann die Personalzuteilung aufgrund des Anforderungsprofiles erfolgen. Für die Verteilung von wissenschaftlichem Personal an die Universitäten (Fakultäten) und in diesen an die Institute wird es zweckmäßig sein, als Einflußfaktoren in den Verteilungsmaßstäben für die Lehre die angebotenen Lehrveranstaltungsstunden und die zu betreuenden Diplomarbeiten und Institutsarbeiten einzusetzen und Evaluierungsergebnisse zu berücksichtigen.

Zu dieser Verteilungsbasis kommen hinzu Forschungsleistungen (gemessen in Veröffentlichungen und betreuten Dissertationen). Sie können durch die Verwendung eines „Forschungsmultiplikators" berücksichtigt werden. Damit kann für jedes Institut eine Gesamtbelastungskennzahl errechnet werden, in der Evaluierungsergebnisse auch für Forschungsleistungen Berücksichtigung finden müssen.

Mit einem „Gewichtungsfaktor" können ggf. Mehraufwendungen für besondere Lehrveranstaltungen Berücksichtigung finden.

Personalzuteilung im Planzustand für wissenschaftliches Personal an Institute

Für diese Personalzuteilung an die Universitäten (Fakultäten) ist eine Schwerpunktsetzung im Rahmen der Wissenschaftspolitik erforderlich und eine Schwerpunktsetzung an den einzelnen Universitäten (Fakultäten) zu den Instituten im Rahmen des strategischen Managements. Diese strategische Planung in Verbindung mit den verfügbaren finanziellen Mitteln ist die Basis für die Personalzuteilung (und auch die Zuteilung anderer Produktionsfaktoren) im Planzustand.

Ausgehend von solchen strategischen Planungen ist für Studienrichtungen und Institute festzulegen, in welchem Umfang Lehre und Forschung geplant sind und mit welchen Produktionsfaktoren sie auszurüsten sind. Danach ist für Personal festzulegen, ob das Fachgebiet durch Professoren, Dozenten oder Lehrbeauftragten betreut werden soll.

In weiteren Schritten kann eine Personalzuteilung, wie im „Istzustand" gezeigt, gewählt werden.

Personalzuteilung im Istzustand und im Planzustand für nichtwissenschaftliches Personal an Universitäten (Fakultäten)

In Systemanalysen kann nach Leistungsstellen und -plänen der Personalbedarf ermittelt werden. Arbeitsstudien sind hierfür Grundlagen. Danach können Soll-Größen in Mengen und Kosten für die einzelnen Leistungsstellen ermittelt werden. Restriktionen ergeben sich aus dem Dienstrecht und dem Besoldungsrecht.

Eine weitere Basis zur Bemessung der Sollkosten von Verwaltungsabteilungen sind fiktive oder reale Fremdvergaben von genau definierten Verwaltungsleistungen (Outsourcing).

Fremdvergabe von Leistungen in Verwaltungs- und Dienstleistungsbereichen (Outsourcing)

Die Leistungstiefe in Unternehmungen und auch an den Universitäten hat vielfältige Auswirkungen auf deren Struktur. So bestimmt die Leistungstiefe u.a. den Umfang der Planungs-, Steuerungs-, Ausführungs- und Kontrollaufgaben und die dafür erforderliche Personalkapazität, die Anforderungen an die Ablauforganisation und die leistungswirtschaftliche Flexibilität, die Anforderungen an die Leistungsstandorte, vor allem aber auch die Höhe und Struktur der Kosten und der Kapitalbindung.

Große Leistungstiefe bindet Personal und Kapital, die den eigentlichen Kernaufgaben der Universität nicht mehr zur Verfügung stehen und die Führungsaufmerksamkeit im Bereich der Universität zu Lasten der Orientierung nach den Kernaufgaben lenkt.

Die Bestimmung der sinnvollen Leistungstiefe ist eine strategische Aufgabe. Sie kann durch Fremdvergabe von Leistungen oder „Outsourcing" beeinflußt werden.

Während mit „Fremdvergabe" ein kurz- bis mittelfristiger Kostenvorteil bei bedarfsweisem Zukauf von Leistungen verstanden wird, wird „Outsourcing" definiert als „strategisch orientierte Nutzung" externer Ressourcen für die Durchführung betrieblicher Leistungen (siehe dazu: *W. Köhler-Frost* [26]).

Fremdvergabe von Leistungen oder Outsourcing im Gesamtsystem der Universitätenführung, beginnend im zuständigen Bundesministerium über die Universitäten (Fakultäten) bis hin zu den Instituten, hat kurz-, mittel- und langfristige Ziele. Sie reichen von kurzfristiger Vergabe von Dienstleistungen wie Reinigung, bis hin zu langfristiger Vergabe von Verwaltungsaufgaben beispielsweise der Datenverarbeitung oder der Buchhaltung.

Bei Entscheidungen für Vergabe von Leistungen oder Outsourcing sind besonders zu berücksichtigen:

– Qualität, Termintreue und Wirtschaftlichkeit der Leistungsvergabe;
– Gestaltung der Beziehungen zum Lieferanten;
– mittel- und langfristige Entwicklungen im Bereich der Universität und beim Lieferanten.

Die Wirtschaftlichkeit als Entscheidungskriterium soll im folgenden beschrieben werden.

Diese Entscheidung für die universitätsinterne Durchführung einer Verwaltungs- oder Dienstleistungsarbeit oder deren Fremdvergabe oder Outsourcing geht von folgenden Entscheidungsgrundlagen aus.

$$K_{V,D} = K_{fix} + K_{var}$$

K_{fix} ... fixe Kosten der Verwaltungs- oder Dienstleistungsabteilung in ATS pro Jahr

K_{var} ... variable Kosten der Verwaltungs- oder Dienstleistungsabteilung in ATS pro Jahr

$K_{V,D}$ ... Kosten der Verwaltungs- oder Dienstleistungsabteilung in ATS pro Jahr

Das Entscheidungskriterium für universitätsinterne oder -externe Durchführung der Verwaltungs- oder Dienstleistungsaufgabe lautet:

$$K_{V,D} <=> P_{V,D}$$

$P_{V,D}$ ... Angebotspreis eines externen Anbieters für Verwaltungs- oder Dienstleistungsarbeiten genau definierter Art

Je nachdem ob $K_{V,D}$ gleich, kleiner oder größer als $P_{V,D}$ ist, fällt die Entscheidung für externe oder interne Bearbeitung.

In diesem Fall der Entscheidungsfindung werden nicht berücksichtigt:

– Beeinflußbarkeit der fixen Kosten durch Kündigungsrestriktionen in den Dienstverträgen von Personal;

- Vorhandensein von Anlagen mit Nutzungsvorrat, d.h. einer Lebensdauer über vorausliegende Jahre hinaus, welche sich in den fixen Kosten niederschlägt;
- sonstige Einflußgrößen.

Langfristige Betrachtung im Rahmen der strategischen Planung:
Hierfür ist davon auszugehen, daß die Anlagen ihren Nutzungsvorrat aufgebraucht haben, d.h. keine Lebensdauer über vorausliegende Jahre innehaben. Weiterhin ist davon auszugehen, daß im Rahmen der möglichen Kündigungen im Rahmen des Dienstrechts oder des Auslaufens von Dienstverträgen Fixkosten durch Bindung von Personal nicht mehr vorhanden sind. In diesem Fall bleibt die Formel

$$K_{V,D} <=> P_{V,D}$$

als Entscheidungskriterium bestehen, wobei „sonstige Einflußgrößen" wiederum im Entscheidungsprozeß unberücksichtigt bleiben. Solche Einflußgrößen können basieren auf universitätspolitischem Gebiet, beispielsweise weil aus Gründen des Haushaltsrechts auf das Vorhandensein bestimmter Verwaltungsabteilungen nicht verzichtet werden soll.

Kurzfristig lautet das Entscheidungskriterium:

$$K_{var} <=> P_{V,D}$$

Es kann also sehr wohl sein, daß kurzfristig eine Fremdvergabe oder ein Outsourcing von Verwaltungs- oder Dienstleistungsaufgaben nicht sinnvoll ist, weil die fixen Kosten für die Universität nicht abbaubar sind. Langfristig, also im Rahmen der strategischen Planung, kann aber ein Outsourcing von Vorteil sein.

Für die Bemessung der Sollkosten von Verwaltungseinheiten sind die anlegbaren Preise $P_{V,D}$ anzusetzen. Auf der Basis einer solchen Maßgröße erfolgen Zielsetzungen von Verwaltungseinheiten hinsichtlich der rationellen Führung dieser Abteilungen.

Qualitätssicherung – Evaluierung

Mit „Qualität" wird die Menge der Eigenschaften und Merkmale eines Gutes, eines Produktes oder einer Dienstleistung bezeichnet, die in einem Erstellungsprozeß relativ zu einem vorgegebenen Standard erreicht wird. Die Standards können exogen durch Normen, Abnehmer oder Kunden gesetzt sein. Sie können aber auch betriebsintern durch Vorschriften u.dgl. festgelegt sein.

Jeder Prozeß der Leistungserstellung unterliegt Schwankungen. Daher variieren die erstellten Produkte oder Dienste in ihren Merkmalen und Eigenschaften und weichen von den Standards ab. Der Prozeß oder die erstellte Leistung befinden sich „unter Kontrolle", wenn sich die Qualitätsabweichungen in Grenzen des Qualitätsstandards und der Toleranzschwelle halten. Die Sicherung der Qualität zielt darauf ab, den Prozeß oder die erstellte Leistung unter Kontrolle zu halten.

Evaluierung ist eine Untersuchung und Bewertungskontrolle sozialer und politischer Programme, Planungen und Projekte in allen Lebensbereichen, die mit dem Ziel der Verbesserung dieser Programme durchgeführt wird. Streupläne werden in Evaluierungsmodellen bewertet (siehe dazu: *W. J. Koschnik* [29]).

Evaluierung ist eine Bewertung. Wert ist die Bedeutung, die Gütern oder Diensten, wenn sie als Mittel zur Bedürfnisbefriedigung dienen, beigemessen wird.

Ein Ausschuß für Hochschulbildung in der Europäischen Gemeinschaft, dessen Mitgliedsorganisationen der Verbindungsausschuß der Rektorenkonferenzen und der europäische Verband der Hochschuleinrichtungen sind, hat für die Kommission der Europäischen Gemeinschaften einen Bericht angefertigt über „Qualitätsmanagement und Qualitätssicherung im europäischen Hochschulwesen" (Kommission der Europäischen Gemeinschaft [28]). In diesem Bericht werden Methoden und Mechanismen in den Mitgliedsstaaten der Europäischen Gemeinschaft für das Qualitätsmanagement und die Qualitätssicherung beschrieben.

Nach UOG 93 dienen Evaluierungen der Kontrolle der Effektivität und Effizienz von Lehr- und Forschungsleistungen sowie von universitätsbezogenen Maßnahmen. Sie sollen sowohl für die evaluierten Einheiten als auch für die evaluierungszuständigen Organe Entscheidungsgrundlagen zur Qualitätssicherung und -verbesserung in Forschung und Lehre erbringen.

Evaluierungen sind vorgesehen für Forschungstätigkeiten, Lehrtätigkeiten sowie für den Studien- und Prüfungsbetrieb.

Die Arbeitsberichte der Institutsvorstände enthalten Informationen über das wissenschaftliche Institutspersonal, abgehaltene Lehrveranstaltungen, lehrveranstaltungsbezogene Beurteilungen und Prüfungen, Beurteilungen von Diplomarbeiten und Dissertationen, wissenschaftliche Veröffentlichungen des Institutes sowie fertiggestellte Forschungsarbeiten. Diese Arbeitsberichte können als eine Grundlage für Evaluierungen Verwendung finden.

Evaluierungsergebnisse sollen verwendet werden für das Controlling der Kernprozesse Forschung und Lehre, aber auch für die Ergänzungs- und Führungsprozesse. Weiterhin sollen die Evaluierungsergebnisse eine Basis sein bei der Erstellung des Budgetantrages und bei der Budgetzuweisung und für die leistungsbezogene Bewertung von Wissenschaftern.

Als Qualitätssicherung ist die Verwendung der Evaluierungsergebnisse für die o.a. Maßnahmen vorgesehen.

Es ist anzustreben, die Qualitätssicherung an Universitäten, ähnlich wie in Unternehmen, zu gestalten. So sollte auch an Universitätsinstituten ein umfassendes Qualitätsmanagement-System ggf. nach EN-ISO 9001 für alle Leistungen der Forschung und Lehre sowie von Serviceleistungen eingeführt werden und die Zertifizierung z.B. durch eine Zertifizierungsstelle abgeschlossen werden.

Das Qualitätsmanagement-Handbuch geht aus von dem Leitbild des Institutes in Forschung und Lehre, aber auch in der Zusammenarbeit mit Wirtschaft und Gesellschaft.

Das Qualitätsmanagement-System beinhaltet die Prozesse zur Erstellung der Lehre, der Diplomarbeiten, der Dissertationen und der Drittmittelprojekte. Hierzu werden Verfahrensanweisungen gegeben. Gesichert wird auch das Aufrechterhalten eines kontinuierlichen Verbesserungsprozesses sowie eine Qualitätssicherung für den gesamten Führungsprozeß.

In einem jährlichen Qualitätsaudit wird im Rahmen der Qualitätssicherung eine Gegenüberstellung von Istzustand mit Sollzustand im Bereich des Qualitätsmanagements durchgeführt.

Regelmäßige Beurteilungen der Lehrveranstaltungen durch die Studierenden, Ermittlungen des Kundennutzens von Drittmittelforschungsprojekten, regelmäßige Schwachstellenanalysen und permanente Schulungen und Weiterbildung der Mitarbeiter sowie Schaffung von Richtlinien für die Ausarbeitung von Diplomarbeiten und Dissertationen und ein Mitspracherecht der Industrie bei der Beurteilung von Diplomarbeiten, die in Zusammenarbeit mit der Industrie erstellt wurden, sind erste Maßnahmen beim Aufbau eines Qualitätsmanagement-Systems in einem Institut.

Zu evaluieren bzw. zu bewerten und in der Qualität zu sichern sind im Universitätssystem die Produktionsfaktoren, die Prozesse und die Produkte, aber auch das Zusammenwirken der Produktionsfaktoren im Prozeß sowie das Zusammenwirken der Teilnehmer am Prozeß und am Markt (Organisation) sowie die Informationsgestaltung zwischen den Teilnehmern.

Auch für die Evaluierungen in Universitätssystemen ist von den Gliederungen im Bereiche der Forschung
– Grundlagenforschung
– zweckorientierte Grundlagenforschung und
– angewandte Forschung und der mit diesen Forschungsbereichen verbundenen Lehre
auszugehen.

Eine exakte Evaluierung von Universitätssystemen muß durch eine Selbstevaluierung mit Expertengutachten erfolgen. Nur damit können Einflußgrößen wie Leitbilder, Visionen, Strategien und Wissenschaftspolitik Berücksichtigung finden. Und damit können alle Bereiche der Forschung und der damit verbundenen Lehre erfaßt werden.

Die Selbstevaluierung mit Expertengutachten soll einzelne Studienrichtungen oder Institute über alle österreichische Universitäten bewerten mit den Zielen der Qualitätssicherung der einbezogenen Institute.

Für jede evaluierte Einheit sollte ein Mission Statement erstellt werden, um sich darin möglichst konkret mit Aufgaben und Zielen auseinanderzusetzen und sich selbst ein Profil zu geben mit Standards. Weiterhin soll anhand dieses selbstgewählten Maßstabes eine Analyse der Stärken und Schwächen durchgeführt werden. Die Ergebnisse dieser Analyse sind in einem Bericht zusammenfassen. Der Bericht soll auch für eine externe Evaluierung relevante Angaben enthalten.

In einem weiteren Schritt soll durch externe Experten eine Evaluierung erfolgen, welche die von den teilnehmenden Einrichtungen im Mission Statement gewählten Standards und den Grad der Erreichung dieser Zielvorgaben überprüfen soll. Die Expertengruppe soll sich hierbei auf den Selbstbewertungsbericht stützen.

Der Bericht der externen Experten soll veröffentlicht werden. Die evaluierte Einrichtung muß aber vorher Gelegenheit erhalten, zum Bericht Stellung zu nehmen und allfällige sachliche Fehler richtigzustellen.

Selbstevaluierungen mit Expertengutachten sind aufwendig. Daher sollen sie vornehmlich als Grundlage für strategische und weiterreichende operative Entscheidungen in größeren Zeitabständen durchgeführt werden. Qualitätsmanagement-Systeme z.B. nach EN-ISO 9001 sind ein kontinuierlich anwendbares System zur Qualitätssicherung. Dies gilt für Institute und Dienstleistungsabteilungen an Universitäten.

Reine Grundlagenforschung und die damit verbundene Lehre richtet sich in der Forschung an die Wissenschaft, die Lehre an Studierende und Teilnehmer an Weiterbildungsveranstaltungen. Regelmäßige Beurteilungen der Lehrveranstaltungen durch Teilnehmer an den Lehrveranstaltungen mit Schwachstellenanalysen müssen eine Basis für die Qualitätssicherung auf diesem Sektor sein.

Für zweckorientierte Grundlagenforschung und angewandte Forschung und der mit diesem Bereich verbundenen Lehre müssen aber die Wirtschaft und all jene Bereiche der Gesellschaft, die in Forschung und Lehre mit den Universitäten verbunden sind, in die Evaluierung mit einbezogen werden.

Zweckorientierte Grundlagenforschung und angewandte Forschung und die damit verbundene Lehre können in ihren Leistungsvermögen und -bedarfen einander gegenübergestellt werden (Abb. 4.12). Leistungsvermögen kann aus den Arbeitsberichten ermittelt werden, aus Kennzahlen über die Menge an Lehrveranstaltungen, Diplomarbeiten, Dissertationen, Forschungsberichten, Veröffentlichungen u.dgl. Der Leistungsbedarf muß durch Befragungen in Wirtschaft und Gesellschaft ermittelt werden.

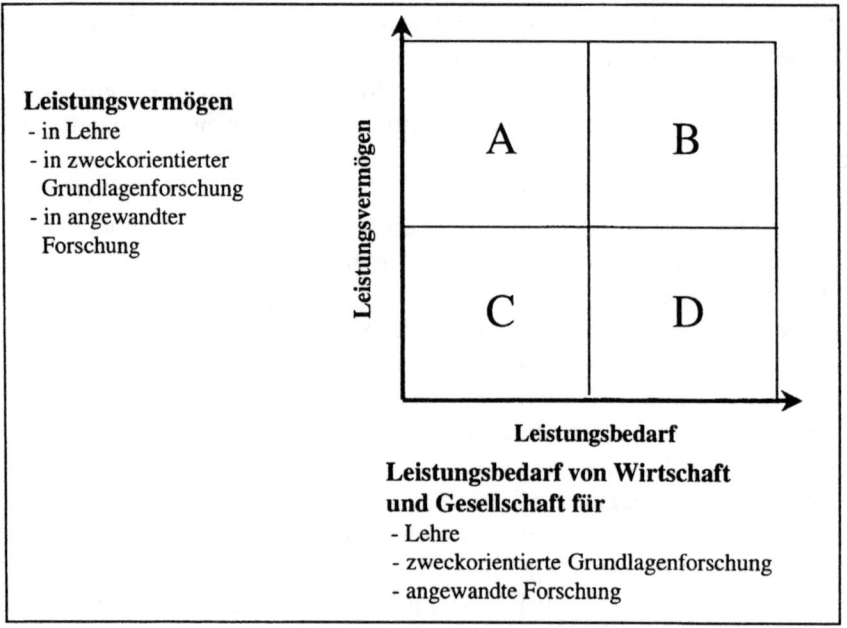

Abb. 4.12: Leistungsvermögen und -bedarf aus Sicht von Wirtschaft und Gesellschaft

Daraus lassen sich Felder für Forschung und Lehre erstellen. Aus Schwachstellen (Felder A und D) können Hinweise für die Qualitätssicherung, aber auch für die strategische Planung im Rahmen der Wissenschaftspolitik erstellt werden.

Bei der Bewertung der Lehre durch Studenten erfolgt eine subjektive Bewertung der Lehrveranstaltung durch Studenten. Bei der Bewertung der Lehre durch die Wirtschaft und Gesellschaft eine subjektive Bewertung durch den „Kunden Wirtschaft und Gesellschaft".

Dies darf bei allen bedeutenden Vorteilen solcher Bewertung nicht übersehen werden. Diese Vorteile liegen im Leistungsanreiz für die Institute und vor allem der an der Gestaltung der Studienrichtung Beteiligten. Pünktlichkeit der Lehrbeauftragten, Gestaltung der Lehrveranstaltungen, Überschneidung des Stoffes sind von den Studenten vor allem zu bewerten.

Wirtschaft und Gesellschaft können aus ihrer Sicht bewerten, wie Wissensangebot und Wissensbedarf übereinstimmen. Aus den Arbeitsberichten der Institute kann ein Hinweis auf Lehre, aber auch auf Forschung durch die Auflistung von Veröffentlichungen und Patenten u.dgl. erfolgen. All dies sind wichtige Hinweise.

Forschung reicht von Grundlagenforschung bis zur angewandten Forschung. Je größer die Affinität eines Forschers oder Institutes zur reinen Grundlagenforschung ist, desto ferner kann unter Umständen sein Arbeitsgebiet vom heutigen Interesse der Wirtschaft und Gesellschaft sein. Ob und ggf. welchen „Nutzen" eine solche Grundlagenforschung für die Wirtschaft und Gesellschaft erbringt, kann zur Gegenwart kaum abgeschätzt werden.

Wichtig ist es, die Evaluierungsergebnisse für Grundlagenforschung, zweckorientierte Grundlagenforschung und angewandte Forschung sowie die damit verbundene Lehre in einen Controlling-Regelkreis zurückzuführen, um aus diesen Informationen für die Wissenschaftspolitik sowie für die strategische und operative Planung von Forschung und Lehre Planungsgrundlagen zu erhalten.

Informationssystem

Das Informationssystem ist eine Komponente des Controlling. Information (aus dem Lateinischen: „Belehren, Auskunft, Nachricht, Bildung") soll definiert werden mit „zweckorientiertes Wissen". Information ist eine Grundlage aller Entscheidungsprozesse.

Für die Managementfunktionen in den Ebenen der Führungshierarchie der Universitäten und für das Controlling besteht für die Entscheidungen ein Informationsbedarf. Die Aufbauorganisation bestimmt den formalen Anteil des Informationsbedarfes. Formale Informationen beinhalten jenen Teil der Informationen, die nach formalen Konventionen erstellt und explizit festgelegt sind. Informale Informationen sind nicht festgelegt, aber zur Erfüllung der gesamten Kommunikation notwendig. Informale Informationen werden vom Führungsstil mitbestimmt.

Ein Universitätsinformationssystem muß dem Informationsbedarf der gesamten Universitätsführung über alle hierarchischen Ebenen und alle Controllingfunktionen ein Informationsangebot gegenüberstellen.

Der Informationsbedarf liegt in der Institutsebene für die Führung der Kernprozesse Forschung und Lehre vor allem bei Mengen- und Zeitverbräuchen (4.13). Für die sekundären, aber auch die tertiären Prozesse, vornehmlich für die optimale Produktionsfaktorkombination liegt aber auch ein Bedarf für eine Kostenrechnung vor. Ausgaben und Einnahmen sind bei Investitionsentscheidungen von Interesse.

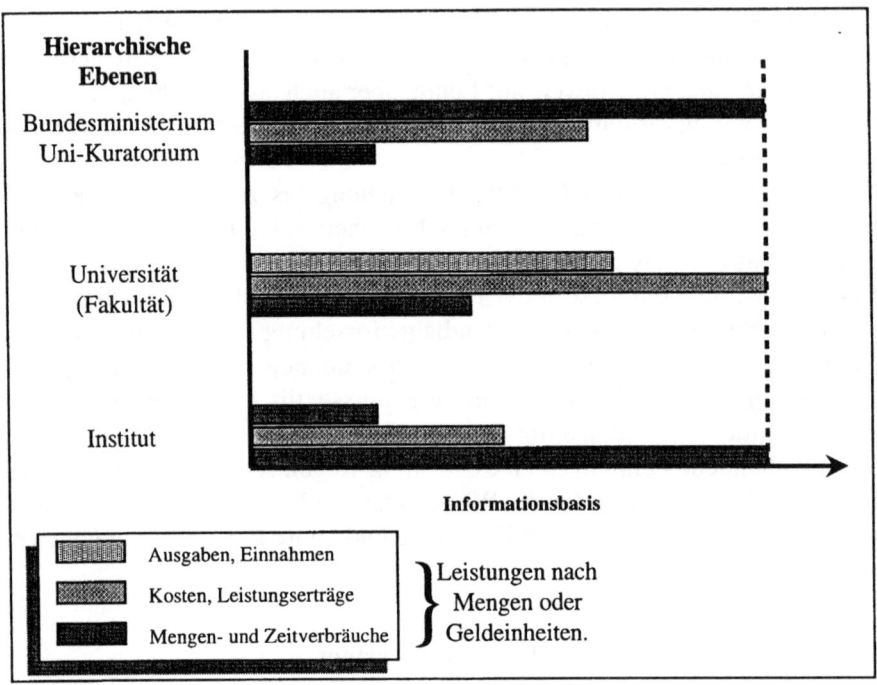

Abb. 4.13: Informationsbasen nach hierarchischen Ebenen

In der Führungsebene Universität (Fakultät) mit höheren Anteilen an sekundären und tertiären Prozessen sind Informationen auf der Basis Kosten- und Leistungsertragsrechnung von Bedeutung, weil das Zusammenwirken der Institute zu gestalten ist in Forschung und besonders in Lehre. Dienstleistungen der Verwaltung sind zu steuern. Ausgaben und Einnahmen sind besonders für Investitionen im gesamten Universitätsbereich wichtige Informationen.

In der Führungsebene Bundesministerium und Universitätenkuratorium mit starken sekundären Prozeßanteilen sind Informationen auf der Basis Ausgaben und Einnahmen von primärer Bedeutung. Allerdings ist eine Kosten- und Leistungsertragsrechnung für das Zusammenwirken von Universitäten (Fakultäten) eine unverzichtbare Informationsbasis.

Informationen müssen nach hierarchischen Ebenen von „unten nach oben" verdichtet werden, damit sie von den Führungspersonen verarbeitet werden können. Kennzahlen als verdichtete Informationen sind ein gut brauchbares und erprobtes Führungsinstrument. Kennzahlen bzw. Kennzahlensysteme geben in kompakter Form ein Bild über den Zustand eines Unternehmens oder einer Universität.

Das gesamte universitäre Betätigungsfeld kann durch die Verknüpfung von Basiskennzahlen dargestellt werden. Ein Rechnerprogramm soll den Zugriff auf alle Benutzer- bzw. Basisdaten aller Universitätskennzahlen ermöglichen.

Das Universitätsmanagement kann über ein computer- und netzwerkbasierendes Informationssystem Informationen über einen „Zoom-Effekt" erhalten. Diese kaskadenartige Verfeinerung der Informationen führt zu immer detaillierteren Darstellungen.

Wird davon ausgegangen, daß in den Controllingfunktionen die Entscheidungen an jene hierarchischen Ebenen zugeordnet werden, in denen bestmögliche Informationen (formal und informal) und Motivationen vorliegen, so läßt sich ein Schema für den Informationsbedarf nach Controllingfunktionen entwickeln (Abb. 4.14).

		Controllingfunktionen		Informationsbedarf	
		Kernprozesse	Führungs- und Ergänzungsprozesse	Kernprozesse	Führungs- und Ergänzungsprozesse
Bundesministerium Uni-Kuratorium		Wissenschaftspolitik und -strategien Schwerpunkte nach - Wissenschaftsstrategien und - Universitäten (Fakultäten)	Verteilung der finanziellen Mittel (global) nach Zielen der Wissenschaftspolitik, -strategien u. -schwerpunkte	- Lehre nach Studienrichtungen - Forschungsbereiche - Universitäten (Fakultäten) - Evaluierungen	Ausgaben und Leistungserträge der - Universitäten (Fak.) - Studienrichtungen - Forschungsbereiche Globalbudget und nach Universitäten
Uni-Leitung (Fakultät)		Koordinierung der Forschung und Lehre Strategien in Forschung und Lehre an der Universität Schwerpunkte der Forschung und Lehre	Koordinierung der - Institute - Studienrichtungen - Finanz- u. Rechnungswesen-Controlling	Leistungsabgabe - der einzelnen Institute in Forschung und Lehre - der einzelnen Studienrichtungen in Lehre - Evaluierungen der Institute und Studienrichtungen	Kosten und Leistungserträge sowie Kennzahlen - der Institute in Forschung und Lehre - der Studienrichtungen Ausgaben und Budgets in zeitlicher Entwicklung
Instituts-Leitung		Forschung und Lehre nach - eigenständigen Anteilen - gemeinschaftsbezogenen Anteilen in Kooperation (Uni-intern) bzw. (Uni-extern)	Institutsmanagement (insbes. nach Effektivität und Effizienz)	Leistungsabgabe aus Forschung und Lehre Evaluierungen der Forschungs- und Lehrleistungen	- Nutzungen der Produktionsfaktoren (Menge + Zeit) - Kosten und Leistungserträge - Kostenkennzahlen - Mengen- und Qualitätskennzahlen

Abb. 4.14: Controllingfunktionen und Informationsbedarf – ein Schema

Dem Informationsbedarf jeder Leistungsstelle in den einzelnen hierarchischen Führungsebenen ist durch eine entsprechende benutzerfreundliche Informationsdarstellung als Informationsangebot Rechnung zu tragen. Dies ist die wichtigste Aufgabe eines Informatikdienstes.

Die Funktionen für die (primären) Kernprozesse Forschung und Lehre liegen für das Universitätsmanagement

- an den Instituten bei:
  - Erstellung der eigenständigen Forschung und Lehre
  - Forschung und Lehre im Zusammenwirken mit der Gesamtuniversität (universitätsintern) und außerhalb der Universität liegenden Partnern (universitätsextern)(gemeinschaftsbezogene Forschung und Lehre)
- an den Universitäten (Fakultäten) bei:
  - Koordinierung der Forschung und Lehre an der Universität (Fakultät)
  - Entwicklung von Strategien in Forschung und Lehre für die Gesamtuniversität (Fakultät)
  - Schwerpunktsetzungen für Forschung und Lehre an der Gesamtuniversität (Fakultät)
- im Bundesministerium, dem Universitätenkuratorium und der Österreichischen Rektorenkonferenz bei:
  - Festlegung der Wissenschaftpolitik und der Wissenschaftsstrategien
  - Schwerpunktsetzungen nach Wissenschaftsstrategien und Universitäten (Fakultäten)

Der Informationsbedarf für das Universitätsmanagement besteht für die (primären) Kernprozesse an den Instituten:

- Informationen über die Leistungsabgabe
  - aus dem Studienbetrieb (z.B. Prüfungen und Lehrveranstaltungen)
  - aus Evaluierungen der Forschung und Lehre
  - aus Veröffentlichungen, Tagungen u.dgl.

An den Universitäten (Fakultäten):
- aus Leistungsabgaben
- der einzelnen Institute in der Forschung
- der einzelnen Institute in der Lehre
- der einzelnen Studienrichtungen in der Lehre
- aus Reihungen der Institute und der Studienrichtungen

Im Bundesministerium, dem Universitätenkuratorium und der Österreichischen Rektorenkonferenz:

- in der Leistungsabgabe nach Universitäten (Fakultäten), nach Studienrichtungen und Forschungsbereichen.

Der Informationsbedarf für das Universitätsmanagement für die sekundären und tertiären Führungs- und Ergänzungsprozesse besteht an den Instituten und Dienstleistungsabteilungen:

- über Verbräuche und Nutzungen an Produktionsfaktoren (insbesondere für Personal, Räume und Anlagen) sowie Kennziffern über Verbräuche und Nutzungen, weiterhin für die Kombination der Produktionsfaktoren in Form von Kostenrechnungen und Kostenkennzahlen.

–   Für die Universitäten (Fakultäten):
–   Kosten- und Leistungserträge der Institute (sowie Kennzahlen) in Forschung und Lehre
–   Kosten- und Leistungserträge der Studienrichtungen (und Kennzahlen) in der Lehre
–   Kosten und Leistungserträge der Dienstleistungsabteilungen
–   Ausgaben der Universitäten auch in der zeitlichen Entwicklung
–   Budgets der Universitäten in Zukunft (als Globalbudgets)
–   Leistungen nach Evaluierungen am Markt für Forschung und Lehre

•   Für das Bundesministerium und das Universitätenkuratorium:
–   Ausgaben, Kosten und Leistungserträge nach Universitäten (Fakultäten), Studienrichtungen und Forschungsbereichen sowie Globalbudget insgesamt und nach Universitäten (Fakultäten).

Ein solches Schema für Informationen in Zusammenhang mit Controllingfunktionen sollte als einheitliches System für die österreichischen Universitäten über alle Controllingfunktionsebenen verbindlich festgelegt werden als ,,Rahmenschema".

Ein Universitäts-Informationssystem muß besonders bei einem Globalbudget eine Rechenschaftslegung der Universitäten gegenüber den Geldgebern sicherstellen. Hier ist es insbesondere der Staat, aber auch Geber von Drittmitteln, die einer Rechenschaftslegung bedürfen.

Kennzahlen für das Universitätsmanagement

Kennzahlen bzw. Kennzahlensysteme geben in kompakter Form ein Bild über die Universität. Kennzahlen, gegliedert nach solchen für den Istzustand und einen Planzustand sollen Auskunft geben über Lehre, Forschung, Auslastung und Produktivität, Kosten- und Erfolgsstruktur sowie über die Entwicklungsplanung.

Kennzahlen für das Controlling können strukturell gegliedert werden in
–   Input/Input-Kennzahlen: z.B. Fläche je Personal
–   Input/Output-Kennzahlen: z.B. ATS je Lehrveranstaltung
–   Output/Input-Kennzahlen: z.B. Absolventen je Prüfung
–   Output/Output-Kennzahlen: z.B. Veröffentlichungen je Forschungsprojekt
K. *Promberger* ([54]) entwarf ein Kennzahlensystem, das ausgehend von einer Spitzenkennzahl eine Kennzahlenpyramide bildet. In diesem System werden auch Indikatoren für Lehre, Forschung, Auslastung und Produktivität, Kostenstruktur und Entwicklungsplanung angegeben.

Literatur zu Kapitel 4:

Bast, Gerald: UOG 93 (Universitäts-Organisationsgesetz), Wien 1994.

Bast, G./Vodrazka, K.: Universität und Drittmittel – Ein Anwenderhandbuch. Österreichische Rektorenkonferenz, BM für Wissenschaft und Forschung, Wien 1990.

Bolte, K. M./Rink, J./Timmermann, M.: Führung und Zusammenarbeit im Betrieb, Düsseldorf 1995, S. 62.

Bundeskanzleramt: Controlling-Handbuch für die öffentliche Verwaltung, Wien 1996.

Bundesministerium für Wissenschaft und Forschung (BMWF): Allgemeine Richtlinien für statistische Übersichten in Forschung und experimenteller Entwicklung (Frascati-Handbuch II), 1971.

Bundesministerium für Wissenschaft und Forschung (BMWF): Kostenrechnung und Controlling an Universitäten und Hochschulen, Wien 1992.

Bundesministerium für Wissenschaft, Verkehr und Kunst betreffend das Verfahren für Bedarfsberechnung und die Erstellung des Budgetantrages an Universitäten (Bedarfsberechnungs- und Budgetantragsverordnung).

Faulhammer, F.: BMWVK, Abteilung Organisation und Controlling 1993.

Köhler-Frost, W.: Outsourcing – Eine strategische Allianz besonderen Typs. Berlin 1993 und *Dankl, A.:* Vorgehenssystematik für Anbieter von Instandhaltungsleistungen zur Anbahnung und Vereinbarung von Outsourcingprozessen sowie zur Gestaltung von kundenorientierten Geschäftsbeziehungen mit Unterstützung eines Marketingkonzeptes. Dissertation an der Montanuniversität, Leoben 1995.

Kommission der Europäischen Gemeinschaft: Qualitätsmanagement und Qualitätssicherung im europäischen Hochschulwesen – Methoden und Mechanismen. Bericht Nr. 1, Luxemburg: Amt für Veröffentlichungen der Europäischen Gemeinschaften 1993. Confederation of EU-Rectors Conferences (früher „Verbindungsausschuß").

Koschnik, W. J.: Standard Lexikon für Markt- und Konsumforschung, München bzw. London, Paris 1995, S. 262.

Magerl, G.: Das Raumbedarfsmodell CONECTA, S. 52 ff.

Maierhofer, H.: Computerintegriertes und netzwerkbasierendes Informationssystem für das Universitätsmanagement, Dissertation an der Montanuniversität Leoben 1995, S. 241.

Mertens, P./Back-Hock, A./Sluka, K.: „Ein Modell zur Kalkulation der Kosten je Absolvent". ZfB 2/94, S. 297 ff.

Oberhofer, Albert F.: Gedanken zur Budgetierung und Entscheidungszuordnung im öffentlichen Forschungs- und Entwicklungsbereich. Zeitschrift für Wissenschaftsforschung, 2/1978, S. 169 – 185.

Oberhofer, Albert F.: Qualitätswirtschaft, Köln 1987, S. 172.

Promberger, K.: Controlling für Politik und öffentliche Verwaltung, Wien 1995.

Radke, M.: Handbuch der Budgetierung. Landsberg/Lech 1989, S. 125 ff.

Kapitel 5:
Die normative Management-Ebene

Die Republik Österreich hat seit ihrem Wiedererstehen 1945 vier verschiedene Modelle der Universitätsorganisation versucht. Begann man 1945 ganz im Sinne der überlieferten Tradition wieder mit der „**Gelehrtenuniversität**", in der nur die Professoren das Sagen hatten, brachte das Hochschulorganisationsgesetz des Jahres 1955 (HOG) wohl Konzentration, Systematik und Übersicht, änderte aber nichts an der Rechtsgestalt und Führungsform der Universität, die in ihren Organen, ihrer Willensbildung und Verwaltung eine „**Professorenuniversität**" blieb, wenngleich für die eventuelle Mitwirkung von Studierenden und Assistenten schon Möglichkeiten eingeräumt waren, die aber zu wenig genutzt wurden.

Mit dem UOG 1975 kam es zur Einrichtung der „**Gruppenuniversität**", mit den meist paritätisch (Professoren, Assistenten, Studenten und nicht-wissenschaftliches Personal) zusammengesetzten Kollegialorganen und ihren Kommissionen, denen nicht nur die Vorberatung und Vorbereitung, Anhörungs- und Stellungsnahmerechte, die Erstellung von Vorschlägen, sondern auch das Stellen von Anträgen zukam. Wegen der vielen damit verbundenen Sitzungen wurde auch der Begriff der „**Sitzungsuniversität**" geprägt.

Zweifellos bewirkte die rechtliche Ausgestaltung der Gruppenuniversität und der Kompetenzverteilung zwischen Bundesministerium und Universitäten, die Vielheit und Vielfalt ihrer Organe sowie deren Bestellung und Willensbildung eine überaus komplizierte Organisation. Dennoch bedeutete Firnbergs UOG 1975 die größte Universitätsreform seit 1873. Die Stellung der Professoren wurde geschwächt, die der Studenten und Assistenten gestärkt, ebenso jedoch auch die Eingriffs- und Durchgriffsmöglichkeiten des Bundesministeriums. Die Universität blieb in vielem eine nachgeordnete Dienststelle. Ihre Autonomie bestand im wesentlichen aus einer Antragsautonomie, der Grad der Autonomie war unter den Universitäten vergleichbarer Staaten der niedrigste.

Die Universitätsreform Tuppys im Jahre 1987 stärkte die unterste Ebene der Universitäten, indem sie die Teilrechtsfähigkeit der rund 800 Institute außer Streit stellte und damit der Drittmittelforschung neue Impulse gab. Viele Institute werden seither wie Unternehmen geführt. Die so dezentralisierte Universität wurde vielfach als „formierte Anarchie" bezeichnet (nach *A. Pellert/M. Welan* [49]).

Das Universitäts-Organisationsgesetz 1993 (UOG 93) bringt auch den Universitäten und nicht nur den Instituten mehr Selbständigkeit. In vieler Hinsicht ist durch diese letzte Universitätsreform die Antragsautonomie zu einer Entscheidungsautonomie geworden. Damit haben aber die Gruppenuniversität und ihre paritätisch besetzten Organe einen neuen Sinn erhalten. Die demokratische Organisation ist zum großen Teil erhalten geblieben, aus einer Vielzahl von Organen bleiben jedoch nur wenige obligatorisch, andere können fakultativ geschaffen werden. Die zweijährige Funktionsperiode der monokratischen Organe wird von 2 auf 4 Jahre mit der Möglichkeit der Wiederwahl erweitert und dadurch die fließende Organisation, die ständige Unruhe und Wechsel mit sich brachte, stabilisiert.

Während durch die Reform 1975 der Staat in vieler Hinsicht gestärkt wurde, stärkt die Reform 1993 die Universitäten in ihrer Autonomie und vor allem an der Spitze. Buseks Reform durch das UOG 93 läßt Dezentralisation und Dekonzentration auf die Zentralisierungspolitik Firnbergs durch das UOG 75 folgen. Jede Universität kann aufgrund der im UOG 93 verfassungsgesetzlich abgesicherten Satzungsautonomie die ihr adäquate Organisation aufbauen. Wie noch zu erörtern sein wird, bestimmt hier allerdings der gesetzliche Rahmen zu viel vor, sodaß schon an dieser Stelle die Forderung nach mehr Satzungsautonomie erhoben werden muß.

Das **UOG 93** bringt – wie oben angedeutet – für die österreichischen Universitäten tiefgreifende Veränderungen. Die Reform hat zwei institutionelle Schwerpunkte: Nach außen wird die Autonomie der Universitäten beträchtlich gestärkt; im Innenverhältnis werden neue Leitungs- und Verwaltungsstrukturen eingerichtet (o.V.: Erläuterungen [41]).

Gemäß der Vorschrift des § 2 Abs 1 UOG 93 bleiben die Universitäten (teilsrechtsfähige) Einrichtungen des Bundes und damit im Gegensatz zu der von *G. Winkler* ([68]) vertretenen Auffassung, daß die Universitäten seit jeher vollrechtsfähige juristische Personen waren und diesen Status unabhängig von der Terminologie des Universitätsrechtes beibehalten haben, rechtlich unselbständig. Es sind daher für die Universitäten auch die bezüglichen öffentlich-rechtlichen Vorschriften, insbesondere des Haushalts- und des Dienstrechtes, anzuwenden (o.V.: Erläuterungen [41], S. 42).

Nach der Verfassungsbestimmung des § 2 Abs 2 UOG 93 sind die Universitäten allerdings im Rahmen der Gesetze und Verordnungen sowie nach Maßgabe der Budgetzuweisungen gemäß § 17 Abs 4 zur weisungsfreien (autonomen) Besorgung ihrer Angelegenheiten befugt.

Damit ist nun das Selbstverwaltungsrecht der Universitäten verfassungsrechtlich institutionell garantiert, während das UOG 75 keine derartige Gewährleistung enthielt (nach *B. Ch. Funk* [16]). Mit dieser gesetzlichen Formulierung wird jedoch einerseits Autonomie – die Juristen würden mit „Weisungsfreiheit" und Ökonomen mit „Handeln nach eigenen Präferenzen" übersetzen – zugestanden, andererseits diese Autonomie für den Haushalts- und Dienstrechtsbereich aber wieder zurückgebunden (nach *M. Gantner* [17]). Die Autonomie der Universitäten besteht sohin wohl dem Grundsatz nach, sie gilt im Detail bei den oben genannten Bereichen einschließlich des Besoldungsrechtes aber wieder nicht.

Der Umstand, daß für die Universitäten nach der neuen Rechtslage des UOG 93 kein übertragener Wirkungsbereich wie im UOG 75, sondern ein autonomer Wirkungsbereich vorgesehen ist, bedeutet also, daß Universitäten grundsätzlich weisungsfrei gestellt und demnach autonom sind, jedoch das bestehende Dienst- und Besoldungsrecht anzuwenden haben und es beim Geld, also bei den Budgetzuweisungen, konkrete inhaltliche Vorgaben des Bundesministeriums für Wissenschaft und Verkehr gibt.

Auch die **Weisungsfreiheit** ist einschränkend auszulegen und betrifft nur das Verhältnis zwischen Universitäten und außeruniversitären Organen. Der inneruniversitäre Weisungszusammenhang zwischen den Universitäts- organen wird dadurch nicht berührt. Dies ergibt sich eindeutig aus der im § 13 Abs 2 UOG 93 verfügten Weisungsfreistellung der Mitglieder von Kol- legialorganen, die bei Annahme einer generellen Weisungsfreiheit der einzel- nen Universitätsorgane untereinander gar nicht, keinesfalls aber sogar als Verfassungsbestimmung notwendig wäre. Die Universität insgesamt ist sohin gegenüber außeruniversitären Organen weisungsfrei gestellt; zwischen den einzelnen Universitätsorganen besteht jedoch grundsätzlich ein Weisungszu- sammenhang, von dem nur der Rektor/die Rektorin als oberstes monokrati- sches Universitätsorgan und nach der obzitierten Vorschrift des § 13 Abs 2 alle Kollegialorgane ausgenommen sind. Daneben gibt es inneruniversitäre Verordnungen (Satzung, generelle Richtlinien, Frauenförderpläne), die auch für die Kollegialorgane gelten (siehe dazu: *G. Bast* [3]).

Der Handlungsspielraum der Universitäten und ihrer Organe wird somit durch die im § 2 Abs 2 UOG 93 gewählte Formulierung ,,im Rahmen der Gesetze" zwar weiter gezogen, als dies die Formulierung ,,auf Grund der Gesetze" im Hinblick auf die eher restriktive Interpretation des Legali- tätsprinzips gemäß § 18 B-VG durch die Höchstgerichte zuließe. Er wird nach dieser Bestimmung dann aber wieder dadurch eingeschränkt, daß von den autonomen Universitätsorganen keine Handlungen gesetzt werden dür- fen, die der bestehenden Rechtsordnung widersprechen, sowie dadurch, daß die in der Rechtsordnung vorgesehenen Gebotsvorschriften von den Uni- versitätsorganen zu beachten sind. Die im § 2 Abs 2 UOG 93 gewählte Formulierung findet sich übrigens auch in der Vorschrift des Art 18 Abs 4 B-VG über den eigenen Wirkungsbereich der Gemeinden.

Im Lichte dieser Ausführungen ist auch die Vorschrift des § 8 UOG 93 zu verstehen, wonach der Bundesminister/die Bundesministerin für Wissen- schaft und Forschung (nunmehr für Wissenschaft und Verkehr), im folgenden nur noch der für die Wissenschaft zuständige Bundesminister oder kurz BMWV genannt, **die Aufsicht über alle Universitätsorgane** zu führen hat, wobei sich diese Aufsicht nicht bloß auf die Einhaltung der Gesetze und Verordnungen beschränkt, sondern auch die Erfüllung der den Universitäten obliegenden Aufgaben betrifft. Nach dem Absatz 3 dieser Gesetzesstelle kann der für Wissenschaft zuständige Bundesminister im aufsichtsbehördlichen Verfahren mit Bescheid Entscheidungen von Universitätsorganen aufheben sowie bei den seinem Genehmigungsvorbehalt (§§ 7 Abs 3, 64 Abs 2, 72 Abs 2, 84 Abs 5, 85 Abs 7) oder Untersagungsrecht (§ 22 Abs 2: Planstellen-widmung für Universitätsprofessoren) unterliegenden Entscheidungen die Genehmigung verweigern oder die Durchführung untersagen, wenn die Voraussetzungen, wie sie im § 8 Abs 3 Z 1 – 5 UOG 93 aufgezählt sind, vorliegen.

Klargestellt wird im § 8 Abs 5 UOG 93, daß im aufsichtsbehördlichen Verfahren die betroffenen Universitätsorgane Parteistellung sowie das Recht haben, gegen den das Verfahren abschließenden Bescheid des für Wissenschaft zuständigen Bundesministeriums vor dem Verwaltungsgerichtshof Beschwerde zu führen. Nach Ansicht des Verfassungsgerichtshofes (15.6.1993, B 1392/90) gibt es überdies für die Universität als solche (also nicht für die betroffenen Universitätsorgane) ein Beschwerderecht auch an den Verfassungsgerichtshof.

Wenngleich also das UOG 93 der von allen Seiten geforderten Stärkung der universitären Autonomie durch eine wesentliche Dezentralisierung der Entscheidungen (Kompetenzverlagerungen vom Bundesministerium zu den Universitäten) Rechnung getragen hat, gilt es im Rahmen dieser Vorbemerkung festzuhalten, daß auch nach der neuen Universitätsorganisation die Universitäten keine Selbstverwaltungskörper mit öffentlich-rechtlicher Rechtspersönlichkeit sind, sondern verfassungsmäßig eingerichtete autonome Organe des Bundes mit der Teilrechtsfähigkeit gemäß § 3 dieses Gesetzes. Wenn den Universitäten, den Fakultäten und Instituten sowie der Universitätsbibliothek durch diese letztgenannte Bestimmung nicht nur das Recht eingeräumt wird, durch unentgeltliche Rechtsgeschäfte Vermögen und Rechte zu erwerben, Förderungen des Bundes oder anderer Rechtsträger entgegenzunehmen, staatlich autorisierte technische Prüf- und Gutachtertätigkeit durchzuführen, sondern auch Verträge über die Durchführung wissenschaftlicher Arbeiten im Auftrag Dritter gemäß § 4 UOG 93 abzuschließen und von Vermögen und Rechten, die aus diesen Rechtsgeschäften (§ 3 Abs 1 Z 1 – 4 UOG 93) erworben werden, zur Erfüllung ihrer Zwecke Gebrauch zu machen, dann kommt es in der Frage der Rechtspersönlichkeit einer Universität wohl nicht zu sehr auf die juristische Formulierung, sondern auf den tatsächlich gegebenen und hier sehr weiten Handlungspielraum an (nach *W. Andernegg* [2]). Allerdings ist anzumerken, daß die oben genannten Organisationseinheiten der Universität in den im § 3 Abs 1 Z 1 – 5 UOG 93 abschließend aufgezählten Bereichen die Stellung einer vom Bund verschiedenen juristischen Person des öffentlichen Rechts haben.

Am Ende dieser Vorbemerkung sei schließlich noch festgestellt, daß die im folgenden verwendeten personenbezogenen Ausdrücke Frauen und Männer gleichermaßen umfassen.

Allgemeine rechtliche Grundlagen

Das nun durch das UOG 93 verfassungsrechtlich garantierte Selbstverwaltungsrecht der Universitäten verbunden mit deren Teilrechtsfähigkeit nach § 3 dieses Gesetzes bringt es zwingend mit sich, daß alle Organe der Universitätsleitung sich wesentlich mehr als bisher neben den hochschulspezifischen Rechtsmaterien auch mit allgemeinen rechtlichen Grundlagen beschäftigen werden müssen.

Als solche allgemeine Rechtsvorschriften kommen insbesondere jene des ABGB und hier im besonderen die Bestimmungen über Verträge und Rechtsgeschäfte (§§ 859 – 937) und das Schadenersatzrecht (§§ 1293 – 1341), für die Gebäudeverwaltung aber auch jene des Sachenrechtes (§§ 285 – 530) in Betracht. Das Handels- und Gesellschaftsrecht sowie das Patentrecht werden informativ ebenso herangezogen werden müssen wie insbesondere für Haftungsfragen im Drittmittelbereich die Vorschriften des Dienstnehmerhaftpflichtgesetzes. Bei der Gründung von Rechtsträgern im Subventionsbereich und für Förderungen wird man sich mit den Rechtsformen einer Gesellschaft mit beschränkter Haftung nach dem GMBH-Gesetz, der Gesellschaft nach bürgerlichem Recht (§§ 1175 – 1216 ABGB) und der Rechtsfigur des Vereins nach dem Vereinsgesetz 1951 auseinandersetzen müssen. Darüber hinaus kann es ohne Anspruch auf Vollständigkeit der Aufzählung aber noch zur Anwendung von Spezialgesetzen wie etwa dem Amtshaftungsgesetz, Organhaftpflichtgesetz, Mietrechtsgesetz (bei der Anmietung von Räumlichkeiten) oder von arbeitsrechtlichen Vorschriften bei Beschäftigung von Dienstnehmern im Drittmittelbereich kommen, wie etwa dem Angestelltengesetz.

Besondere rechtliche Grundlagen

Im Universitätsrechtsbereich sind jedenfalls anzuwenden das UOG 93 und das Universitätsstudiengesetz 1997 (UniStG), wobei man in der Übergangszeit wohl immer wieder noch auf das UOG 1975 und das Allgemeine Hochschulstudiengesetz (AHStG) zurückgreifen müssen wird. Dazu kommen das Beamtendienstrechtsgesetz (BDG), das Vertragsbedienstetengesetz (VBG), das Gehaltsgesetz (GG) und das Bundeshaushaltsgesetz (BHG) sowie als neue und autonome Rechtsquellen die Satzung jeder Universität und die von ihr erlassenen Richtlinien.

Im folgenden wird lediglich auf diese universitätsspezifischen besonderen rechtlichen Grundlagen näher eingegangen (Abb. 5.1).

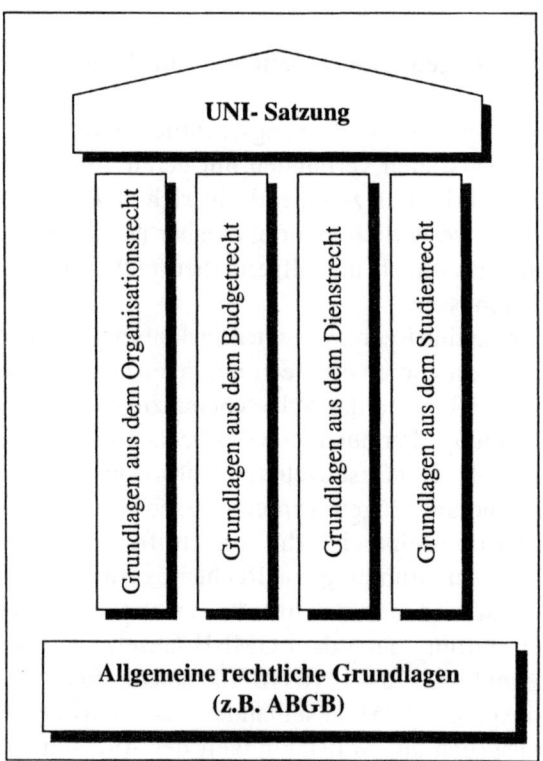

Abs. 5.1: Die normativen Grundlagen für das UNI-Management

5.1. Organisationsrecht

Bei der Neukonzeption des universitären Satzungsrechtes hat der Gesetzgeber im UOG 93 zweifellos neue Wege beschritten. Die bisher lediglich rudimentär vorhandene „Universitätsautonomie" erhielt im §§ 7 Abs 1 UOG 93 eine klare verfassungsrechtliche Grundlegung und neue rechtliche Rahmenbedingungen. Durch die in dieser gesetzlichen Vorschrift normierte Pflicht jeder Universität, „die zur Erfüllung ihrer Aufgaben erforderlichen Ordnungsvorschriften für die innere Organisation sowie für die Tätigkeit ihrer Organe und der Universitätsangehörigen zu erlassen", wurden die österreichischen Universitäten nunmehr in die Lage versetzt, ein ihren individuellen Bedürfnissen weitgehend angepaßtes Organisations- und Aufgabengefüge zu schaffen. Das autonome Satzungsrecht bedeutet rechtliche Gestaltungsbefugnis in der Form genereller Normen in Ergänzung und Durchführung der Gesetze, insbesondere des UOG 93 (siehe dazu: *G. Winkler* [67], S. 333).

Die Universität darf also im Rahmen bestehender Gesetze und Verordnungen ihre Organisation frei gestalten, und zwar unabhängig davon, ob Organisationsangelegenheiten im UOG 93 vorgegeben sind (z.B. Festlegung der Zahl der Vizerektoren und Vizestudiendekane) oder ob ein gesetzesfreier Raum besteht (z.B. Errichtung beratender Kollegialorgane für monokratische Entscheidungsorgane, wie etwa ein Rektorsbeirat).

Wenn in der Verfassungsbestimmung des § 7 Abs 2 UOG 93 ausgeführt wird, daß in der Satzung „**jedenfalls**" die in Z 1 – 15 genannten Angelegenheiten zu regeln sind, so ist dies als demonstrative Aufzählung gedacht. Die Vorschrift schließt demnach auch andere Regelungsinhalte einer Satzung nicht aus, sie zwingt aber durch die imperative Wortfolge „sind zu regeln" zur Regelung der in den Z 1 – 15 des Absatzes 2 dieser Gesetzesstelle angeführten Angelegenheiten. In diesem Zusammenhang ist jedoch festzuhalten, daß der Gesetzgeber den Universitäten das autonome Satzungsrecht nur für Ordnungsvorschriften „für die innere Organisation sowie für die Tätigkeit ihrer Organe und der Universitätsangehörigen" einräumt. Unzulässig ist daher die Erlassung von nicht erforderlichen Ordnungsvorschriften bzw. von Ordnungsvorschriften für die Erfüllung von universitätsfremden Aufgaben (siehe dazu: *H. Stolzlechner* [61]).

Den satzungsgebenden Organen einer Universität (Senat oder bei Universitäten ohne Fakultätsgliederung dem Universitätskollegium) steht demnach mit dem Instrument der Satzung ein relativ großer Freiraum für die Gestaltung der Universitätsstruktur zur Verfügung. Zu dieser Verordnungs- und damit Rechtssetzungskompetenz kommt noch eine Richtlinienkompetenz, die ebenfalls viele Gestaltungsmöglichkeiten für ein modernes Universitätsmanagement offen lassen. Allerdings muß bei den Richtlinien zwischen jenen unterschieden werden, die im § 7 Abs 2 UOG 93 aufgezählt sind, damit einen Bestandteil der Satzung bilden und dem Genehmigungsvorbehalt des für Wissenschaft zuständigen Bundesministers unterliegen, sowie jenen, die in weiteren Bestimmungen des UOG 93 vorgesehen sind. Diese generellen Richtlinien sollen nicht Einzelentscheidungen vorwegnehmen, sondern nach Inhalt und Formulierung prinzipielle Entscheidungs- und Verfahrensmuster darstellen, die bei mehreren gleichgelagerten Problemstellungen Anwendung zu finden haben (o.V.: Erläuterungen [41], S. 93, 60). Auch diese

Richtlinien haben Verordnungscharakter und sind zu ihrer Wirksamkeit gleich wie die Satzung im Mitteilungsblatt der Universität zu publizieren.

Einer der Organisationsgrundsätze im Management von komplexen Organisationen ist die **Trennung von strategischen und operativen Organen** sowie die Übertragung dieser Aufgaben auf unterschiedliche Träger. Durch diese Differenzierung kann mit großer Wahrscheinlichkeit ein Beitrag zu einem höheren Grad an Effektivität und Effizienz der Aufgabenerfüllung erreicht werden. **Strategische Aufgaben** sind z.B. die Festlegung von Zielen und Produkten, die Reflexion der Stärken und Schwächen eines Systems, die Festlegung kurz-, mittel- und langfristiger Profile, Prioritäten und Posteriotäten, die Beschlußfassung von Konzepten und Plänen, die Evaluierung der Ergebnisse etc. Zu den **operativen Zielen** zählen z.B. die Umsetzung und Durchführung strategischer Entscheidungen, die Datenaufbereitung, das Controlling sowie die Führung und Handhabung des Managements auf der operativen Ebene etc. Diese Trennung von strategischen und operativen Aufgaben beruht auf mehreren Motiven wie z.B. einer Spezialisierung durch Arbeitsteilung, dem Zusammenwirken von Innen- und Außenelementen, der Innovation und den Erfordernissen der Dynamik. Sie kann in zahlreichen sozialen Systemen nachgewiesen werden, wie z.B. in der Unterscheidung zwischen Legislative und Exekutive, zwischen obersten und nachgeordneten Verwaltungsorganen, zwischen Aufsichtsrat und Vorstand etc. (siehe dazu: *Ch. Brünner* [8]).

Untersucht man die Organe der **Universitätsleitung** nach diesen Kriterien, so ergibt sich folgendes Bild:

Strategische Organe sind zweifelsfrei der **Senat** bzw. das **Universitätskollegium.** Die Erlassung und Abänderung der Satzung und von generellen Richtlinien, die Beschlußfassung über die längerfristigen Bedarfsberechnungen und über den jährlichen Budgetantrag, die Antragstellung an das BMWV über die Gliederung der Universität in Fakultäten oder die Einrichtung von Abteilungen an Instituten, die Entscheidung über die fachliche Widmung sowie über die Art und Zeit der Besetzung von neuen oder freigewordenen Planstellen für Universitätsprofessoren sind typische Steuerungsentscheidungen. Darüber hinaus steht diesem demokratischen Kontrollorgan noch die Aufgabe der Kontrolle des Rektors als des operativen Organs im Sinne einer Aufsichts- und Rechtsmittelkompetenz zu. Dasselbe gilt dann bei einer Universität mit Fakultätsgliederung für das Verhältnis **Fakultätskollegium** zum Dekan.

Zu den strategischen Organen einer Universität müssen aber wohl auch die **Studienkommissionen** gezählt werden, denen die autonome Gestaltung der Studienpläne obliegt. Sie sind es, die in Hinkunft die strategische Verantwortung für ein modernes und realitätsbezogenes Studium an jeder Universität zu tragen haben werden.

Betrachtet man die Aufzählung der Aufgaben des **Universitätsbeirates** im §§ 56 Abs 1 UOG 93 (Beratung des Senates/Universitätskollegiums und des Rektors bei den längerfristigen Bedarfsberechnungen der Universität, bei der inneruniversitären Personal- und Budgetverteilung und der Durchführung von Evaluierungsmaßnahmen in Lehre und Forschung sowie der Kooperation der Universität in Lehre und Forschung), dann ist auch dieser Beirat als strategisch-beratendes Organ einzustufen. Dasselbe gilt auf überuniversitärer Ebene für das **Universitätenkuratorium**, das den für die Wissenschaft zuständigen Bundesminister in den im § 83 Abs 2 UOG 93 angeführten Angelegenheiten durch die Abgabe von Gutachten zu beraten und auch über die Zulässigkeit von Hausberufungen Gutachten an den jeweils zuständigen Rektor zu erstatten hat.

Operative Organe sind schon allein nach der Zuweisung der ihnen nach dem UOG 93 obliegenden Aufgaben der Rektor (§ 52 Abs 1 Z 1 – 15), der Dekan (§ 49 Abs 1 Z 1 – 13), der Institutsvorstand (§ 46 Abs 1 Z 1 – 8) und der Studiendekan (§ 43 Abs 2 Z 1 – 7). Da die Vizerektoren nach Maßgabe der Satzung den Rektor zu unterstützen haben (§ 54 Abs 1), sind sie ebenfalls operative Organe. Dasselbe gilt für die Vizestudiendekane des § 43 Abs 6 UOG 93.

Die Frage, inwieweit der Rektor – abgesehen von der Satzungsregelung – die Vizerektoren und der Studiendekan die Vizestudiendekane mit der selbständigen Erledigung bestimmter Angelegenheiten betrauen kann, kann mit verläßlicher Sicherheit jedenfalls dahin beantwortet werden, daß nicht alle Aufgaben delegiert werden können. Dies ergibt sich schon allein aus den verba legalia der §§ 54 Abs 1, 43 Abs 6 UOG 93, wonach die Vizerektoren dem Rektor und die Vizestudiendekane dem Studiendekan ,,**zur Seite stehen**". Es wird dann wohl von der Größe und der Aufgabenfülle jeder Universität abhängen, wieviel an Aufgaben jeweils delegiert werden kann.

Nach § 76 Abs 3 UOG 93 hat der Rektor aber auch den Universitätsdirektor als Leiter der Dienstleistungseinrichtung ,,Zentrale Verwaltung" mit der selbständigen Erledigung bestimmter Angelegenheiten zu betrauen. Diese Vorschrift korreliert damit mit der inhaltlich gleichartigen Bestimmung des § 54 Abs 1 über die Vizerektoren und des § 43 Abs 6 über die Vizestudiendekane, sodaß auch der Universitätsdirektor als ein allfälligen Weisungen des Rektors unterliegendes operatives Organ angesehen werden kann. Nach den erläuternden Bemerkungen zur RV (93, 66) könnte in diesen Fällen nicht nur ein Vizerektor, sondern auch ein Universitätsdirektor vom Zuständigkeitsbereich des Rektors abgeleitete Handlungen namens der Universität setzen.

Überträgt etwa die Satzung einem Vizerektor nach Maßgabe der Geschäftseinteilung des Rektors auch alle Personalangelegenheiten, insbesondere des Personals der Zentralen Verwaltung, dann ist wohl davon auszugehen, daß der Universitätsdirektor in allen Angelegenheiten, in denen er vom Rektor nicht mit der selbständigen Erledigung bestimmter Angelegenheiten betraut ist, auch diesem Vizerektor unterstellt ist und dessen Weisungen unterliegt.

Inwieweit ein Universitätsdirektor zur selbständigen Erledigung der im § 76 Abs 1 Z 2.1 – 10 UOG 93 aufgezählten Angelegenheiten befugt ist oder nicht, ist aber letztlich immer eine Frage der Geschäftseinteilung des Rektors.

Mit dieser organisatorischen Differenzierung zwischen strategischen und operativen Aufgaben, die nur auf Institutsebene aus Gründen der Vereinfachung nicht vorgenommen wurde, eröffnen sich für jede Universität große Chancen eines modernen Universitätsmanagements, die schon in der Gestaltung der Satzung und in der Beschlußfassung über die bereits mehrfach erwähnten generellen Richtlinien genutzt werden sollten und könnten.

Kritische Stellungnahme:

Wer von einer Universität erwartet, daß sie ihre Verantwortung gegenüber der Gesellschaft wahrnimmt, muß ihr auch die Kompetenz einräumen, im Rahmen einer vom zuständigen Bundesministerium für Wissenschaft grundsätzlich festzulegenden Wissenschafts- und Forschungspolitik Studiengänge neu einzuführen und veraltete aufzuheben, neue Institute zu schaffen und ihr die Möglichkeit einer Forschungstätigkeit zu geben, mit der sie auf Veränderungen in der Wissenschaft und im gesellschaftlichen Leben reagieren kann. Im Rahmen ihres Satzungsrechtes kann die Universität zwar neue Institute errichten und bestehende Institute auflösen, doch bedarf auch dieser Satzungsinhalt der Genehmigung durch das BMWV. Die Studienkommissionen können zwar Studienpläne beschließen und abändern (§ 41 Abs 3 Z 2 UOG 93), doch sind diese vom Rektor dem BMWV vorzulegen und werden erst wirksam, wenn die Durchführung von diesem nicht binnen 2 Monaten untersagt wird (vgl. dazu die §§ 15, 21 und 24 des neuen Universitätsstudiengesetzes 1997 [UniStG, ausgegeben am 25.4.1997, BGBl. Nr. 48/1997]).

Es muß der Universität aber auch das Recht zugestanden werden, in freigewählter Zusammenarbeit mit der Praxis Weiterbildungsprogramme (post-graduate-Studien oder Fernstudien) auszuarbeiten und anzubieten. Im § 1 Abs 2 UOG werden die leitenden Grundsätze für die Universitäten bei der Erfüllung ihrer Aufgaben zusammengefaßt und im Absatz 3 Z 3 als eine solche Aufgabe die Weiterbildung, insbesondere der Absolventen der Universität angeführt. Bisher waren solche Weiterbildungsaufgaben im § 83 UOG 75 als besondere Universitätseinrichtungen organisiert. Das UOG 93 schafft diese ab und bringt im § 75 Abs 1 den neuen Organisationstypus „Dienstleistungseinrichtungen", zu dem neben der Zentralen Verwaltung noch die Universitätsbibliothek und der Zentrale Informatikdienst zählen, wobei durch die Satzung darüber hinaus zusätzliche Dienstleistungseinrichtungen – etwa ein Universitätssportinstitut – geschaffen werden können. Daß mit dem Begriff des post-graduate-Studiums oder des Fernstudiums eine „Dienstleistungseinrichtung" im obigen Sinne nicht verbunden werden kann, liegt auf der Hand. Wie ein solches Weiterbildungsstudium organisiert werden kann und soll, bleibt vom UOG 93 unbeantwortet. Am ehesten würde sich hiefür die Organisationsform eines Institutes anbieten, zumal nach § 44 Abs 1 ein Institut in sachlich begründeten Ausnahmefällen entweder nur für Lehraufgaben oder nur für Forschungsaufgaben errichtet werden kann (siehe dazu: *H. Maderthaner* [31]). Im übrigen ist hier auf die Ausführungen zum Abschnitt Studienrecht zu verweisen.

5.2. Das Budgetrecht/Haushaltsrecht

Wenn man das Hauptanliegen des neuen Universitätsorganisationsrechtes, nämlich den Universitäten mehr Autonomie im Sinne einer ausgeprägten Selbstverwaltung der an den Universitäten Tätigen mit ihrer Funktion und ihrem Rang entsprechender Differenzierung zu geben, auch für den Bereich der Finanzautonomie untersucht, dann ist zunächst voranzustellen, welche Klagen und welche Kritik die Universitäten im Zusammenhang mit dem Haushaltswesen nach dem UOG 75 vorgebracht haben. Beklagt wurde dabei in erster Linie die fehlende weisungsfreie Mittelverwendung, die in viel zu detaillierten Budgetzuweisungen zum Ausdruck komme und bei denen das BMWV bis zu den Fakultäten und Instituten durchgreife. Das BMWV behalte sich auch einen viel zu großen Anteil des Wissenschaftsbudgets zur eigenen „Feinsteuerung" zurück. Es fehle jede Budgetflexibilität, die keine vor Ort als notwendig empfundene Budgetumschichtung zulasse. Es würden von der Zentralstelle gemachte Berufungszusagen nicht in dem Maße erfüllt, wie es unter Partnern zu erwarten sei (siehe dazu: *M. Ganter* [17], S. 142, 143).

Die im UOG 93 getroffene Lösung folgt dieser Kritik nur zum Teil und bringt eine „zurückgebundene" Finanzautonomie der Universitäten. Diese sind zwar grundsätzlich weisungsfrei gestellt, also autonom, haben jedoch in finanziellen Angelegenheiten konkrete Weisungen des BMWV entgegenzunehmen. Dafür gibt es gewiß gewichtige und nachvollziehbare Gründe. Zum einen bleibt die Finanzierung weiterhin Aufgabe des Bundes, zum anderen hat das BMWV gemäß dem Bundeshaushaltsgesetz (BHG) bestimmte Verpflichtungen im Zusammenhang mit der Abwicklung des Ressortbudgets gegenüber dem Finanzminister. Daraus folgt, daß die Finanzautonomie der Universitäten keine absolute sein kann, sondern daß hier vielmehr Art und Umfang der Einflußnahme bzw. das Ausmaß der eingeräumten Finanzautonomie von Bedeutung sind.

Grundsätzlich ist zwischen der Gebarung der Universitäten mit Mitteln aus Budgetzuweisungen gemäß § 17 UOG 93 und Gebarung im Rahmen der Teilrechtsfähigkeit der Universität zu unterscheiden. Der zuletzt genannte Bereich unterliegt nicht dem Bundeshaushaltsgesetz (§ 1 Abs 6 BHG) und wird im Rahmen dieser Abhandlung vernachlässigt.

Die wesentlichen Rechtsquellen des universitären Haushaltsrechts sind nachstehende Vorschriften:
– § 17 UOG 93
– Bedarfsberechnungs- und Budgetantragsverordnung, BGBl. 736/1966
– das Bundeshaushaltsgesetz (BHG), soweit die zuvor genannten Rechtsvorschriften nicht explizit oder implizit Abweichendes anordnen.

Die haushaltsrechtlichen Sonderregelungen des § 17 UOG 93 bzw. der darauf gestützten Bedarfsberechnungs- und Budgetantragsverordnung betreffen das ressortinterne Budgeterstellungs- bzw. Budgetvollzugsverfahren zwischen Universität und BMWV, wobei drei große Abschnitte zu unterscheiden sind:
– die Budgetvorbereitung in den einzelnen Universitäten;
– die Budgetzuweisung durch den BMWV an die Universität;
– der Budgetvollzug innerhalb der Universität, insbesondere die inneruniversitäre Verteilung der der Universität zugewiesenen Budgetmittel.

Der universitätsinterne Budgetvorbereitungsprozeß besteht aus den Bedarfsberechnungen und dem Budgetantrag, wozu im einzelnen zu sage wäre:

Bedarfsberechnungen

Diese sind von zentraler Bedeutung und werden durch die Bedarfsberechnungs- und Budgetantragsverordnung verfahrensmäßig eingehend bestimmt. Die Festlegung der inhaltlichen Parameter hat sich stark an der Lehre zu orientieren. Den obersten Kollegialorganen kommen weitreichende Befugnisse zur Anforderung bzw. selbständigen Durchführung solcher Bedarfsberechnungen zu.

Budgetantrag

Der vom Senat/Universitätskollegium zu beschließende Budgetantrag nimmt im Budgetverteilungsprozeß eine Schlüsselstellung ein. Er ist Maßstab sowohl der inneruniversitären Mittelverteilung durch den Rektor wie der interuniversitären Mittelverteilung durch den BMWV.

Die Bedarfsberechnungs- und Budgetantragsverordnung gliedert den Budgetantrag in ein laufendes und ein variables Budget.

Weiters ist die Unterscheidung zwischen (Ausbau- bzw. Rückbau-) Projekten (budgetwirksame Maßnahmen über 10 Millionen Schilling) und dem sonstigen Mehr- bzw. Minderbedarf wesentlich. Die Verordnung eröffnet in § 15 Abs 2 die Möglichkeit, freiwerdende Ressourcen aufgrund eines Minderbedarfs zur Abdeckung eines nachgewiesenen Mehrbedarfs zu verwenden, ohne daß in diesem Fall der Minderbedarf im Budgetantrag ausgewiesen werden muß.

Die **Budgetzuweisung** durch den BMWV an die einzelne Universität erfolgt
- nach Maßgabe der gemäß dem Bundesfinanzgesetz zur Verfügung stehenden Planstellen und Jahresvoranschlagsbeträge
- nach Verhandlungen mit dem Rektor über den Budgetantrag der Universität
- nach Beratung durch das Universitätenkuratorium,

gegliedert nach Planstellen, Räumen sowie nach Ausgaben für Personal, Anlagen und Aufwendungen grundsätzlich ohne weitere Verwendungsbestimmung.

Wenn dies im Hinblick auf gesetzliche und vertragliche Verpflichtungen notwendig ist oder wenn sich dies aufgrund allfälliger Entwicklungsplanungen ergibt, kann die Budgetzuweisung allerdings auch Vorgaben für eine Verwendung von Teilen der zugewiesenen Ressourcen zu bestimmten Zwecken enthalten (§ 17 Abs 4 UOG 93).

Die inneruniversitäre Verteilung der zugewiesenen Budgetmittel erfolgt durch den Rektor bzw. Dekan
- nach Verhandlungen mit dem jeweiligen operativen Organ der betroffenen Einheit über deren jeweiligen Budgetantrag;
- nach Maßgabe der für Planstellenzuweisungen vom Senat bzw. Universitätskollegium beschlossenen Widmungen;
- unter Beachtung des vom obersten Kollegialorgan (Senat/Universitätskollegium bzw. Fakultätskollegium) beschlossenen Budgetantrags.

Spielräume des Rektors ergeben sich insbesondere aus
- der zwingend vorgesehenen Zurückbehaltung einer Reserve für Sonderfälle
- den Einnahmen aus Entgelten für die Benützung von Räumen und Einrichtungen der Universität durch Außenstehende (§ 17 Abs 9/§ 4 Abs 3 UOG 93).

Der Rektor ist gemäß § 52 Abs 2 UOG 93 für die Einhaltung der Budgetvorgaben durch die Universität verantwortlich.

Ein „Postenausgleich" (§ 48 Abs 1 BHG) innerhalb der einzelnen Ausgabenansätze ist in autonomer Entscheidung des zuständigen Organs bei Wahrung der Saldoneutralität zulässig.

Die dem Rektor durch § 17 Abs 5 UOG 93 eröffneten Umschichtungsmöglichkeiten zwischen einzelnen Ausgabenansätzen sind aufgrund haushaltsrechtlicher Vorgaben, insbesondere der Ansatzbindung des BMWV selbst, deutlich begrenzt (siehe dazu: *M. Holoubek* [23]).

Wenn sohin gemäß § 17 Abs 4 UOG 93 für einen Teil der Budgetzuweisungen vom BMWV auch weiterhin konkrete inhaltliche Vorgaben gemacht werden dürfen, so sind diese im Vergleich zur Situation des UOG 75 jedenfalls weniger einzelfallbezogen und detailliert. Es werden die Geldmittel nur mit einer Mindestgliederung versehen (Personalausgaben und Ausgaben für Anlagen und Aufwendungen) den Universitäten zur autonomen Gestion überlassen. Darüber hinaus kann der Rektor gemäß § 17 Abs 5 UOG 93 Mittelumschichtungen vornehmen und damit die Flexibilität des Budgetvollzuges erhöhen. Neben diesen Fortschritten ist von besonderer Bedeutung, daß die bisherige Antragsautonomie im Rahmen der Budgetzuweisung über weite Teile in eine Entscheidungsautonomie übergeführt werden konnte. So können die Universitäten nach dem UOG 93 selbst über die Beschäftigung von Personal, über das zugewiesene Budget und die interne Gliederung Entscheidungen treffen. Letztlich ist die Frage der Budgetautonomie aber vor allem auch eine Frage der Ausgestaltung der Satzung, da Satzungsentscheidungen etwa im Zusammenhang mit der Institutsstruktur im hohen Maße haushaltsrelevant sein können.

Kritische Stellungnahme:

Wenngleich das UOG 93 die Beweglichkeit der Universitäten in bezug auf finanzielle Ressourcen erhöht hat, so wurden diese nur beschränkt aus dem allgemeinen staatlichen Haushaltsrecht herausgelöst. So muß eine Universität beispielsweise die Möglichkeit haben, Mittel, die für eine Professur bereitgestellt worden sind, für Assistenten, Sekretariate und Lehraufträge, ja sogar für den Sachaufwand zu verwenden, wenn die Professur nicht rechtzeitig besetzt werden kann. Derzeit können die zugewiesenen Mittel nur nach ihren Ansätzen verwendet werden, ein Austausch dieser Mittel ist nur innerhalb eines Ansatzes möglich. Die Finanzautonomie der Universitäten würde schon durch die Einführung einer Virementfähigkeit zwischen den Ansätzen ohne Genehmigung des BMWV und des Finanzministeriums erheblich gestärkt werden.

Man könnte in diesem Zusammenhang die – vom BMWV allerdings nicht geteilte – Meinung vertreten, daß dies ohnehin schon möglich sein müßte, weil es sich bei der Vorschrift des § 17 UOG 93 um eine lex specialis gegenüber dem Bundeshaushaltsgesetz als lex generalis handelt und daraus die Austauschfähigkeit der Ansätze ableiten, zumal ein solches Verbot im § 17 nicht vorkommt. Im Hinblick auf die politische Dimension jedes Budgets wird hier aber wohl eine Novellierung der bezüglichen haushaltsrechtlichen Vorschriften abzuwarten sein.

Hinsichtlich der im § 17 Abs 5 UOG 93 vorgesehenen Mittelumschichtung durch den Rektor innerhalb der quantitativen Grenzen des Gesamtumfanges der jeweiligen Budgetzuweisung ist jedenfalls zu fordern, daß in der vom BMWV nach dieser Gesetzesstelle zu erlassenden Verordnung ein angemessener Prozentsatz – etwa zwischen 10% und 25% – festgesetzt wird, um diese Mittelumschichtung tatsächlich effizient und flexibel gestalten zu können.

Wie im Kapitel 4 über die operative Management-Ebene schlüssig nachgewiesen wird, kann die Finanzautonomie einer Universität letztlich aber nur durch die Zuweisung eines an Ausgaben und Kosten orientierten Globalbudgets erreicht werden, wozu noch der Wegfall der Jährlichkeit der Budgetzuweisungen verbunden mit der Einführung des von ihm dargestellten „Gutschriften-Systems" kommen sollte.

5.3. Das Dienst- und Besoldungsrecht

Die UOG-Reform 93 ist eine Organisationsreform. Demgemäß stand die Neuregelung oder Flexibilisierung des Dienst- und Besoldungsrechtes nicht im Vordergrund. Es gelten daher nach wie vor für die im § 19 UOG 93 aufgezählten Universitätsangehörigen die jeweils einschlägigen Vorschriften des Beamtendienstrechtsgesetzes (BDG), des Vertragsbedienstetengesetzes (VBG) und des Gehaltsgesetzes (GG) und für Dienstverträge, die von Universitätseinrichtungen im Rahmen der Teilrechtsfähigkeit abgeschlossen werden, das Angestelltengesetz (AngG).

Da die Universitäten Einrichtungen des Bundes bleiben, unterliegt auch ihr Personal dem Dienstrecht des Bundes. Neu ist, daß die Universitäten jetzt selbst über die Anstellung von Personal bis hin zu den Universitätsprofessoren entscheiden können. Die Aufnahme in ein privatrechtliches Dienstverhältnis erfolgt durch den Rektor oder den Leiter der jeweiligen teilrechtsfähigen Universitätseinrichtung, die Aufnahme in ein öffentlich-rechtliches Dienstverhältnis durch die zuständige Behörde (BMWV) auf Antrag des Rektors.

Einzelne Vorschriften im UOG 93 lassen deutlich erkennen, daß die Diensthoheit für das Universitätspersonal dem Rektor zukommen soll, so insbesondere die Verfassungsbestimmung des § 9 Abs 6 UOG 93 und die Vorschrift des § 38 dieses Gesetzes. Oberster Dienstvorgesetzter des Universitätspersonals ist also nicht mehr der für die Wissenschaft zuständige Bundesminister, sondern der Rektor, der in Ausübung der Dienstgeberfunktion die bestehenden Dienstrechtsgesetze anzuwenden hat. In Ausübung dieser Diensthoheit hat der Rektor etwa über die Verwendungsänderung oder über die Arbeitszeit des Universitätspersonals, allenfalls auch über eine abweichende Festlegung von Dienstpflichten des Universitätspersonals zu entscheiden, wozu auch die Gewährung von „Forschungszeiten" gemäß § 160 BDG gehört.

Diese Personalautonomie der Universitäten wird jedoch zweifach eingeschränkt. So bestimmt einerseits die Vorschrift des § 17 Abs 4 UOG 93, daß der für Wissenschaft zuständige Bundesminister der jeweiligen Universität die zur Erfüllung ihrer Aufgaben erforderlichen Planstellen und die für Personalausgaben gedachten Geldmittel zuweist, also Neuaufnahmen oder Berufungen von Universitätsprofessoren nur nach Maßgabe der zugewiesenen Planstellen erfolgen können. Neu ist allerdings, daß bei der Planstellenzuweisung für Universitätsprofessoren eine fachliche oder organisatorische (Institutszuordnung) Widmung seitens des BMWV nicht mehr erfolgt, weil diese Widmung gemäß § 22 UOG 93 dem Senat bzw. dem Universitätskollegium obliegt, wobei diese Entscheidung allerdings einem Untersagungsrecht des BMWV aus den im § 8 Abs 3 UOG 93 genannten Gründen unterliegt (*G. Bast* [3], Anm. 6 zu § 17). Andererseits kann die Besetzung von Planstellen nur aufgrund des geltenden und oben dargestellten Dienst- und Besoldungsrechtes erfolgen.

Gemäß § 21 Abs 4 UOG 93 ist innerhalb der Planstellen für Universitätsprofessoren eine besoldungsrechtliche Differenzierung nach Maßgabe der Funktionsbeschreibung und der zu erfüllenden Aufgaben vorzusehen. Zur einheitlichen Kategorie von Universitätsprofessoren (§§ 19 Abs 2 Z 1 lit a und 80 Abs 2 Z 1 UOG 93) führen die erläuternden Bemerkungen zur RV des UOG 93 aus, daß diese Einheitlichkeit primär in organisationsrechtlicher Hinsicht besteht und hier eine Unterscheidung zwischen Ordentlichen und Außerordentlichen Universitätsprofessoren nicht mehr vorgesehen ist. Sie bewirkt aber schon wegen der grundsätzlichen Trennung zwischen Organisations- und Dienstrecht keine Anhebung der Außerordentlichen Universitätsprofessoren zu Ordentlichen Universitätsprofessoren, die dienst- und besoldungsrechtliche Unterscheidung zwischen Ordentlichen und Außerordentlichen Universitätsprofessoren wird daher (vgl. § 88 Abs 3) durch das Organisationsrecht nicht verändert.

Auch wenn das BDG die Kategorie der Außerordentlichen Universitätsprofessoren derzeit noch vorsieht (§§ 170 ff BDG), ist nach dem Inkrafttreten des UOG 93 eine Ernennung und damit eine Ausschreibung einer solchen Planstelle nicht mehr möglich, weil es in diesem Gesetz keine dem § 31

UOG 75 entsprechenden Bestimmungen, insbesondere hinsichtlich der Aufgabenverteilung, mehr gibt, auf welche die §§ 171 Abs 1, 173 Abs 3 BDG ausdrücklich Bezug nehmen. Wenn auch die Übergangsvorschrift des § 88 Abs 2 Z 1 UOG 93 bestimmt, daß die noch aufgrund des UOG 75 ernannten Außerordentlichen Universitätsprofessoren organisationsrechtlich als Universitätsprofessoren gemäß § 21 UOG 93 gelten, so ändert sich an der dienst- und gehaltsrechtlichen Stellung dieser Außerordentlichen Universitätsprofessoren dadurch nichts.

Der Entwurf eines Bundesgesetzes vom 15.4.1997, mit dem das BDG, VBG und GG sowie eine Reihe weiterer Vorschriften abgeändert werden, sieht u.a. nun vor
- die Schaffung je einer dienstrechtlich einheitlichen Kategorie eines Universitätsprofessors im Beamten-Dienstverhältnis und eines zeitlich befristeten Vertragsprofessors bei gleichzeitiger besoldungsrechtlicher Differenzierung (§ 21 Abs 4 UOG 93);
- die Einführung einer neuen Verwendungsgruppe „Universitätsdozenten" und einer Entlohnungsgruppe „Vertragsdozenten";
- die Neuregelung der Lehrverpflichtung der Universitätsassistenten als Dienstpflicht im Rahmen ihres Dienstverhältnisses und die Neuregelung der Abgeltung der Lehrtätigkeit der Assistenten;
- Forschungssemester für akademische Funktionäre.

Dieser Entwurf ging am 15.4.1997 ins Begutachtungsverfahren. Bis wann mit einer Beschlußfassung über eine Regierungsvorlage im Nationalrat gerechnet werden kann, ist derzeit nicht abzusehen.

Nach § 20 Abs 2 UOG 93 sind alle Planstellen im Mitteilungsblatt der Universität und im Amtsblatt zur Wiener Zeitung sowie in Ausnahmefällen je nach Kategorie und Zweckwidmung der Planstelle und nach Maßgabe der finanziellen Bedeckbarkeit auch in anderen geeigneten in- und ausländischen Publikationen auszuschreiben. Diese Ausschreibungspflicht besteht nur für Besetzungen von Planstellen des Bundes, nicht aber für Positionen ohne Begründung eines Dienstverhältnisses zum Bund (Gastprofessoren, Lehrbeauftragte, Studienassistenten ohne Dienstverhältnis). Die Zuständigkeit für die Ausschreibung der Planstellen ist im § 20 Abs 2 Z 1, 2 und 3 des UOG 93 geregelt. Weil eben das UOG 93 Vorschriften über die Ausschreibung von Funktionen und Planstellen sowie über die Betrauung mit Arbeitsplätzen enthält, sind die Bestimmungen des Ausschreibungsgesetzes gemäß § 82 dieses Bundesgesetzes für den gesamten Bereich der Universitäten nicht anzuwenden. Dies betrifft auch alle nicht A/a-wertigen Bediensteten der Zentralen Verwaltung. Bei jeder Ausschreibung ist aber die Vorschrift des § 39 Abs 1 UOG 93 zu beachten, wonach alle Universitätsorgane bei der Behandlung von Personalangelegenheiten darauf hinzuwirken haben, daß in allen universitären Arbeitsbereichen ein ausgewogenes Zahlenverhältnis (1:1) zwischen den an der Universität tätigen Männern und Frauen erreicht wird. Die im Rahmen der Satzung zur Erreichung dieses Zieles zu erlassenden Frauenförderpläne sind dabei als generelle Richtlinien mit Verordnungscharakter (§ 9 Abs 7 UOG 93) in Personalangelegenheiten zu qualifizieren und von den damit befaßten Organen zu befolgen.

Neu geregelt wurde im § 23 UOG 93 das Berufungsverfahren für Universitätsprofessoren insoweit, als es nun dem Rektor obliegt, zu entscheiden, ob und mit welchem der im Dreiervorschlag der Berufungskommission enthaltenen Kandidaten die Berufungsverhandlungen aufzunehmen sind. Diese führt er mit dem Dekan gemeinsam, bei Universitäten ohne Fakultätsgliederung allein. Bei sogenannten Hausberufungen (der Bewerber verfügt über keine mindestens einjährige hauptberufliche Tätigkeit außerhalb der Universität, an die er berufen werden soll) können Berufungsverhandlungen überhaupt erst nach Abgabe eines positiven Gutachtens des Universitätenkuratoriums aufgenommen werden. Dem Fakultäts-/Universitätskollegium ist Gelegenheit zur Stellungnahme einzuräumen. Hat sich der Rektor für einen im Berufungsvorschlag enthaltenen Kandidaten entschieden, so ist er gemäß § 23 Abs 9 UOG 93 zum Abschluß eines privatrechtlichen Dienstverhältnisses mit diesem Universitätsprofessor zwar berechtigt, doch besteht derzeit noch keine dienstrechtliche Grundlage für die Bestellung von Universitätsprofessoren als Vertragsbedienstete des Bundes. Hinsichtlich der derzeit allein möglichen Ernennung in ein öffentlich-rechtliches Dienstverhältnis als Universitätsprofessor hat der Rektor nur das Antragsrecht an den für Wissenschaft zuständigen Bundesminister, der diesen Bewerber der Bundesregierung und diese wieder dem Bundespräsidenten zur Ernennung vorschlägt. Diesem steht nach Art 65 Abs lit a B-VG die Kompetenz zur Ernennung von Bundesbeamten zu; von der Möglichkeit der Delegierung dieser Ernennungsbefugnis an Mitglieder der Bundesregierung hat der Bundespräsident hinsichtlich der Universitätsprofessoren keinen Gebrauch gemacht. Ob der für Wissenschaft zuständige Bundesminister an den Vorschlag des Rektors gebunden ist, kann dem Gesetz nicht entnommen werden, doch ist diese Frage aus Gründen der Ministerverantwortung eher zu verneinen. G. Bast ([3], Anm. 5 zu § 20) meint dazu ohne weitere Begründung, daß der Bundesminister einen Vorschlag des Rektors aus sachlich begründeten Bedenken zurückweisen kann. Ähnlich verhält es sich mit den Zusagen während der Berufungsverhandlungen und der dienstrechtlichen Einstufung des Bewerbers, über die letztlich immer noch der für Wissenschaft zuständige Bundesminister im Einvernehmen mit dem Bundesminister für Finanzen entscheidet.

Kritische Stellungnahme:

Das UOG 93 bedarf dringend der notwendigen Adaptierungen bzw. Ergänzungen im Dienst- und Besoldungsrecht. Für eine autonome Universitätsleitung wäre eine alleinige Entscheidungskompetenz des Rektors – selbstredend ausschließlich im Rahmen des jeweiligen jährlichen Stellenplanes – unabdingbar. Für den Abschluß von zeitlich befristeten Dienstverhältnissen müßten auch noch entsprechenden Detailregelungen unverzüglich getroffen werden. Erst dann könnten auf der Ebene der Universitätsprofessoren die in den ErlzRV UOG 93 zitierten drei möglichen Modelle für Universitätsprofessoren realisiert werden, nämlich

a) die zeitlich befristete Besetzung einer Professorenstelle;

b) eine über das Studienjahr kontinuierliche Teilzeitbeschäftigung als Universitätsprofessor;

c) die Berufung zum Universitätsprofessor in ein zunächst provisorisches öffentlich-rechtliches Dienstverhältnis zum Bund mit Möglichkeit zur Kündigung nach § 10 B-DG.

Als Folge von Evaluierungsergebnissen in Lehre und Forschung sollte dem Rektor auch das Recht eingeräumt werden, besoldungsmäßige Differenzierung (etwa im Wege von Umstufungen) vorzunehmen, die zu einer leistungsgerechteren Entlohnung führen könnten. Ähnliches müßte auch für besonders wertvolle und tüchtige Mitarbeiter der Dienstleistungseinrichtungen der Universität sowie für das nichtwissenschaftliche Personal möglich sein. Zu fordern ist jedenfalls neben der schon bestehenden und autonomiekonformen Diensthoheit des Rektors bei den Vertragsbediensteten auch eine solche bei den Beamten einschließlich der Universitätsprofessoren. Dies wäre dann ein echter Beitrag zur Selbstverwaltung der Universitäten auch im Dienst- und Besoldungsrecht im Rahmen der bestehenden, entsprechend novellierten Gesetze und Verordnungen.

5.4. Das Studienrecht

Wie erwähnt, ist die UOG-Reform 1993 eine Organisationsreform. Sie bringt daher auch keine Reform des Studienrechtes und beschränkt sich studienrechtlich im III. Abschnitt des UOG 93 auf Bestimmungen über Studienkommissionen und den neu eingeführten Studiendekan sowie die Aufzählung jener Aufgaben, die dem Vorsitzenden (früher Präses) der Studienkommissionen zukommen. Es galt daher für das Studienrecht nach wie vor das 1966 in Kraft gesetzte Allgemeine Hochschul-Studiengesetz (AHStG), welches der Beginn einer Periode von Studienreformen sein sollte. Dieser Ansatz führte in den letzten 30 Jahren zu 10 besonderen Studiengesetzen, 118 Studienordnungen und 349 Studienplänen, die jeweils in unterschiedlicher Häufigkeit novelliert wurden.

Diese Unübersichtlichkeit führte im BMWV schon vor Jahren zur Einsetzung einer Arbeitsgruppe ,,Deregulierung des Studienrechts", deren Arbeitsergebnisse schon im Sommer 1994 publiziert und einem Vorbegutachtungsverfahren unterzogen wurden. Die Ergebnisse dieses Verfahrens führten zu einem Endbericht der Arbeitsgruppe und letztlich zum Entwurf eines Bundesgesetzes über Studien an Universitäten (UniStG), der am 29.6.1995 ins Begutachtungsverfahren versandt wurde.

Als Ergebnis dieses Begutachtungsverfahrens langten nicht weniger als 611 Stellungnahmen universitärer und außeruniversitärer Einrichtungen ein, die nach eingehender Diskussion zur Regierungsvorlage eines Gesetzesentwurfes am 17.1.1997 führten. Nach eingehender Beratung im parlamentarischen Ausschuß für Wissenschaft und Forschung und einem von diesem Ausschuß eingebrachten Abänderungsantrag wurde das Universitätsstudiengesetz vom Nationalrat beschlossen und schließlich im BGBl. Nr. 48/1997, ausgegeben am 25.4.1997, kundgemacht. Es tritt mit 1.8.1997 in Kraft.

Mit diesem UniStG sollen neben einer Deregulierung und Dezentralisierung des Studienrechtes auch Intentionen der Verwaltungsreform und der Rechtsbereinigung realisiert und die EU-Konformität des Studienrechtes hergestellt werden.

Es ist im Rahmen dieser Abhandlung weder möglich noch zweckmäßig, auf die Einzelheiten des UniStG einzugehen und es zu kommentieren, vielmehr kann lediglich auf einige, für die Managementebene wichtige Problemkreise wie folgt eingegangen werden:

Bildungsziele und Bildungsaufgaben

Im § 2 Abs 1 des UniStG wird klargestellt, daß die Lehre an den Universitäten und Hochschulen der Bildung der Studierenden nicht nur durch die Auseinandersetzung mit der Wissenschaft und der Kunst dient, vielmehr diese auch jene wissenschaftlichen Kenntnisse und Methoden zu vermitteln hat, die für die beruflichen Tätigkeiten der Absolventen erforderlich sind.

Im Absatz 2 dieser Gesetzesstelle wird noch konkreter ausgeführt, daß die Universitäten und Hochschulen ihre Bildungsaufgaben wahrzunehmen haben durch

1. die wissenschaftliche und wissenschaftlich-künstlerische Berufsvorbildung in den Diplomstudien;

2. die Heranführung zur Fähigkeit, durch selbständige Forschung zur Entwicklung der Wissenschaften beizutragen und die Heranbildung des wissenschaftlichen Nachwuchses in den Doktoratsstudien;

3. die **Weiterbildung** in den Universitätslehrgängen.

Mit dieser Formulierung wird jedenfalls für die Diplomstudien und die Universitätslehrgänge die rechtliche Grundlage für eine praxisbezogene Berufsvorbildung bzw. -weiterbildung geschaffen und damit vielen Wünschen der Abnehmer von Absolventen Rechnung getragen.

Fernstudien

Diese werden nun im § 8 Abs 1 UniStG ausdrücklich für zulässig erklärt und können einerseits von der Studienkommission festgelegt und andererseits auch vom Leiter der Lehrveranstaltung mit vorheriger Genehmigung durch den Studiendekan angeboten werden. Sie bedürfen allerdings zur Vermeidung eines Qualitätsverlustes einer besonders sorgfältigen Ausgestaltung des Studienplanes.

Studien in einer Fremdsprache

Neben der Selbstverständlichkeit, Lehrveranstaltungen und Prüfungen in einer Fremdsprache abzuhalten, wenn der Gegenstand dieses Studiums diese Fremdsprache ist, kann die Studienkommission jetzt nach § 10 Abs 2 und 3 UniStG beschließen, daß die Leiter bestimmter Lehrveranstaltungen diese in einer Fremdsprache abzuhalten und zu prüfen haben. Studierende sind überdies berechtigt, wissenschaftliche Arbeiten in einer Fremdsprache abzufassen, wenn der Betreuer zustimmt. Hier wird der zunehmenden Internationalisierung der Arbeitswelt Rechnung getragen.

Individuelles Diplomstudium

Dieses soll das ,,studium irregulare" ersetzen. Ordentliche Studierende eines Diplomstudiums sind nach § 17 UniStG berechtigt, die Verbindung von Fächern aus verschiedenen Diplomstudien zu einem individuellen Diplomstudium beim Rektor jener Universität oder Hochschule einzubringen, an welcher der Schwerpunkt des geplanten Studiums liegen soll. Dieses Studium ist nach dem Absatz 3 dieser Gesetzesstelle vom Rektor nach Anhörung der facheinschlägigen Studienkommission bescheidmäßig nur dann zu genehmigen, wenn das beantragte Studium einem facheinschlägigen Studium gleichwertig ist.

Notenskala

Die im UniStG vorgesehene Beibehaltung der fünfteiligen Notenskala (§ 45 Abs 1) ist zu begrüßen, weil bei einer undifferenzierten Beurteilung ein internationaler Vergleich – etwa im Rahmen der ERASMUS- und SOKRA-TES-Programme – nicht mehr möglich ist. Die Notenskalen an den europäischen Universitäten sind durchwegs in 5, 6 und mehr Stufen eingeteilt. Es sind bei Beurteilungen ohne jede Notenskala auch Schwierigkeiten bei der Anrechnung österreichischer Studien im Ausland zu erwarten.

Diplomarbeiten

Im § 61 Abs 1 UniStG wird zunächst eindeutig klargestellt, daß die Abfassung einer Diplomarbeit als Klausurarbeit unzulässig und damit der bisher fallweise geübten gegenteiligen Praxis einiger Universitäten jede Rechtsgrundlage entzogen ist. Diplomarbeiten sollen nach dem Absatz 4 dieser Gesetzesstelle grundsätzlich wie bisher nur von Universitätslehrern mit venia docendi betreut und beurteilt werden. Nur bei Bedarf ist der Studiendekan berechtigt, geeignete Assistenten nach § 29 UOG mit der Betreuung und Beurteilung von Diplomarbeiten aus dem Fache ihrer Dissertation oder ihres nach Verleihung des Doktortitels bearbeiteten Forschungsgebietes zu betrauen. Zu begrüßen sind die Fristen für die Bearbeitung (6 Monate) und die Beurteilung (2 Monate) einer Diplomarbeit.

Diplomprüfungen

Nach § 50 Abs 4 der UniStG ist der Studiendekan berechtigt, neben den oben angeführten Assistenten, soweit sie mit der Betreuung von Diplomarbeiten betraut wurden, auch sonstige beruflich oder außerberuflich besonders qualifizierte Fachleute als Prüfer heranzuziehen. Damit wird ein Zustand wieder eingeführt, der sich vor dem Wirksamwerden des AHStG bewährt hat und auch auf die stetig ansteigende Zahl von Diplomprüfungen sowie die damit verbundene Belastung der habilitierten Universitätslehrer Bedacht nimmt.

Studieneingangsphase

Der § 38 UniStG sieht nun vor, daß im Studienplan eine Studieneingangsphase für Studienanfänger vorzusehen ist, die Lehrveranstaltungen im Aus-

maß von mindestens 10% der Gesamtstundenzahl des ersten Studienab-
schnittes zu umfassen hat und in die Lehrveranstaltungen aus den einführen-
den und das Studium besonders kennzeichnenden Fächern einzubeziehen
sind. Zur studienvorbereitenden Beratung und Begleitung hat der Studiendekan für die Abhaltung von Orientierungsveranstaltungen zu sorgen und
Anfängertutorien einzurichten. Gedacht ist daran, daß die Studienkommissionen der Universität diese Eingangsphase autonom festlegen können.
Grundprinzip muß dabei aber wohl auch sein, daß die Studenten gleich zum
Beginn ihrer Studienzeit Prüfungen in bestimmten Grundlagenfächern able-
gen müssen. Überwinden sie diese Hürde nicht, dann können sie weiterfüh-
rende Lehrveranstaltungen nicht besuchen. Zweifellos ist dies ein Weg, um
die Studentenströme in Zukunft einzudämmen, doch darf diese Studieneingangsphase keinesfalls in brutalen Knock-out-Prüfungen enden. Studierwil-
lige, die Sportwissenschaften oder eine künstlerische Studienrichtung inskri-
bieren wollen, müssen seit jeher vorher eine Aufnahmsprüfung schaffen. Der
wesentlichste Vorteil solcher Eingangsprüfungen liegt aber wohl darin, daß
mit dieser Methode jene Studenten ausgefiltert werden könnten, die entschlossen sind, ihr Studium wirklich zu absolvieren.

Universitätslehrgänge

Nach § 23 UniStG sind das Universitätskollegium oder das Fakultätskollegium berechtigt, durch Verordnung Universitätslehrgänge einzurichten, während gemäß § 21 der für Wissenschaft zuständige Bundesminister berechtigt
ist, außeruniversitären wissenschaftlichen Bildungseinrichtungen mit Sitz in
Österreich, durch Verordnung die Befugnis zu erteilen, den von der Verordnung
erfaßten Lehrgang als „Lehrgang universitären Charakters" zu bezeichnen.
Der für Wissenschaft zuständige Bundesminister hat durch Verordnung
den akademischen Grad „Master of Advanced Studies", abgekürzt „MAS",
mit einem den Fachbereich bezeichnenden Zusatz festzulegen, der den Absolventen jener Universitätslehrgänge oder der Lehrgänge universitären Charakters zu verleihen ist, bei denen die Zulassung den Abschluß eines facheinschlägigen Diplomstudiums oder eines gleichwertigen Studiums oder einer
vergleichbaren Qualifikation voraussetzt und die Lehrveranstaltungen mindestens 70 Semesterstunden umfassen. Abweichend davon ist der akademische Grad „Master of Business Administration", abgekürzt „MBA", festzulegen, wenn es sich um einen international vergleichbaren betriebswirtschaftlichen Universitätslehrgang handelt.
Sonst ist das Universitäts- oder Fakultätskollegium berechtigt, in der Verordnung gemäß § 23 die Bezeichnung „Akademischer bzw. Akademische ..."

mit einem den Inhalt des jeweiligen Universitätslehrganges charakterisierenden Zusatz festzulegen, die jenen Absolventen und Absolventinnen jener Universitätslehrgänge zu verleihen ist, die Lehrveranstaltungen im Ausmaß von mindestens 40 Semesterstunden umfassen.

Studienkommissionen und Studienpläne

Nach den §§ 12 Abs 1, 19 Abs 1 UniStG hat das Universitätskollegium/Fakultätskollegium gemäß § 41 Abs 1 UOG 93 für jede an einer Universität als Diplom- oder Doktoratsstudium bestehende Studienrichtung eine Studienkommission einzurichten, die durch Verordnung einen Studienplan zu erlassen hat. Diese Studienkommission muß bei Diplomstudien die Absicht der Erlassung und Änderung des Studienplans allen Bundesministerien und Ämtern der Landesregierungen jeweils in ihrer Eigenschaft als Arbeitgeber sowie den weiteren im Absatz 2 dieser Gesetzesstelle aufgezählten Interessenvertretungen, Kammern und sonstigen facheinschlägigen Einrichtungen des Beschäftigungssystems und bei theologischen Studienrichtungen auch den kirchlichen Stellen anzeigen und ihnen Gelegenheit zur Äußerung und Übermittlung von Änderungsvorschlägen geben. Von diesen Anhörungsverfahren kann nur dann Abstand genommen werden, wenn keine neuen Pflichtfächer und keine Pflichtpraxis eingeführt, keine bestehenden Pflichtfächer abgeschafft und in keinem Pflichtfach die Stundenzahl der Lehrveranstaltungen um mehr als 50% verändert werden und keine grundlegenden Änderungen der Prüfungsordnung erfolgen sollen, es sei denn, daß das letzte Anhörungsverfahren mehr als 10 Jahre zurückliegt.

Die Studienkommission hat dann auf der Grundlage des Anhörungsverfahrens den Studienplan oder dessen geplante Änderungen zusammenfassend zu beschreiben (Qualifikationsprofil) und auf dieser Basis den Studienplan zu gestalten. Sie kann bei Diplomstudien im Studienplan das jeweilige Diplomstudium ab dem zweiten Studienabschnitt in Studienzweige gliedern, wenn dies zur Gestaltung des Studiums notwendig ist.

Der Entwurf für die Erlassung oder Änderung des Studienplanes ist sowohl beim Diplom- als auch beim Doktoratsstudium von der Studienkommission gemeinsam mit dem Qualifikationsprofil dem im §§ 14 UniStG vorgeschriebenen Begutachtungsverfahren zu unterziehen – es sei denn, daß ein Anhörungsverfahren aus den oben dargestellten Gründen nicht erforderlich war –, sodann von der Studienkommission zu beschließen und dem Dekan vorzulegen. Dieser hat zu den finanziellen Auswirkungen des Studienplanes Stellung zu nehmen und den Studienplan dem Rektor vorzulegen, welcher die finanzielle Durchführbarkeit zu bestätigen und den Beschluß der

Studienkommission dann dem BMWV zu übermitteln hat, dem dann ein binnen 2 Monaten auszuübendes Untersagungsrecht aus den im § 15 Abs 3 Z 1 – 4 UniStG angeführten Gründen zusteht.

Ist diese Frist ohne Untersagung verstrichen, hat die Studienkommission den Studienplan unter Beifügung des Qualifikationsprofils im Mitteilungsblatt der Universität zu verlautbaren, worauf der Studienplan mit dem 1. Oktober in Kraft tritt, der auf die Kundmachung folgt.

Aus dieser Kurzdarstellung der Aufgaben von Studienkommissionen folgt, wie groß der Spielraum der jeweiligen Studienkommission bei der Gestaltung des Studienplanes ist und welche Verantwortung sie in Hinkunft für ein effizientes und realitätsbezogenes Studium an jeder Universität zu tragen hat, sodaß man auch die Studienkommissionen als strategische Kollegialorgane jeder Universität bezeichnen könnte.

Im Rahmen einer Vollautonomie müßte aber auch den Studienkommissionen das Recht eingeräumt werden, die Studienpläne voll selbst zu gestalten, Studiengänge neu zu schaffen und veraltete aufzuheben. Die bezüglichen Untersagungsrechte des BMWV wären aufzuheben und statt dessen nur zu verlangen, daß die Wirksamkeit all dieser Maßnahmen von der Bestätigung der Kostendeckung durch den Rektor abhängig gemacht wird.

Studiengebühren

Weder im UOG 93 noch im UniStG werden Studiengebühren als Voraussetzung für die Zulassung zum Studium auch nur andeutungsweise erwähnt. Daran führt jedoch mittelfristig kein Weg vorbei, gleichgültig, ob man darin eine Chance für bessere Studienbedingungen oder einen Beitrag zur Finanzierung der Universitäten sieht. Die Vorteile solcher Studiengebühren liegen in folgenden Umständen:

- eine finanzielle Beteiligung an den Kosten des Studiums kann eine Alternative zur Verkürzung überlanger Studienzeiten sein;
- es wird ein Preis für die Leistungen gefordert, die von den Studierenden bei ihrem Studium in Anspruch genommen werden;
- zwischen Universitäten käme es zu einem gesunden Wettbewerb um Studierende. Qualitätsdefizite würden sich sofort in einer nachlassenden Nachfrage und damit in einem Rückgang des Gebührenaufkommens niederschlagen;
- Studiengebühren würden den Mißbrauch des Status eines Studierenden weitgehend verhindern (Dauerstudent);
- das Einnahmepotential aus Studiengebühren wäre beträchtlich und würde die Finanzierung der Universitäten, die über die von ihnen eingenomme-

nen Studiengebühren autonom verfügen dürfen müßten, deutlich verbessern.

Nachteilig und unter keinen Umständen akzeptabel sind Studiengebühren dann, wenn sie zu einer sozialen Zwangsselektion führen. Dem könnte aber durch maßvoll und gerecht eingesetzte Stipendien entgegengesteuert werden. Tatsache ist es allerdings, daß derzeit trotz Gebührenfreiheit, trotz des Postulates der sozialen Chancengleichheit und trotz Ausbildungsförderung an den hohen Schulen nach wie vor überwiegend Kinder aus begüterten Familien studieren. Finanzwirtschaftliche Untersuchungen zeigen schließlich, daß es dem Akademiker in der Regel gelingt, während seines Erwerbslebens ein deutlich höheres Einkommen zu erzielen als ein Nicht-Akademiker. Daraus folgt, daß Studiengebühren auch kreditiert und dann später zurückgezahlt werden könnten.

Modelle von Studiengebühren

Die Beteiligung der Studierenden und ihrer Familien an den Kosten eines Hochschulstudiums ist in den **USA** nicht nur ein wichtiges Element der Hochschulfinanzierung, sondern auch ein zentraler Bestandteil der öffentlichen und privaten Kultur. Im Studienjahr 1993/94 beliefen sich die Studiengebühren bei öffentlichen Hochschulen auf durchschnittlich 2.057 Dollar im Jahr, bei privaten Hochschulen im Durchschnitt auf 11.128 Dollar (nach *N. Weiler* [66]).

In **Japan** betragen die Studiengebühren unter Einschluß der Lebenshaltungskosten bei staatlichen Hochschulen 1,445.000 Yen (etwa öS 140.000,–), bei den privaten 1,958.000 Yen (etwa öS 200.000,–). Bedürftigen Studierenden gewährt die Regierung jedoch zinsenlose oder verzinste Stipendien, die auch von anderen Institutionen vergeben werden.

In **Holland** gibt es gesetzlich vorgeschriebene Studiengebüren für alle nicht mehr schulpflichtigen Studenten, wobei Einkommensschwächere die Möglichkeit haben, Beihilfen zu den Studienkosten zu erlangen. Die Studiengebühren belaufen sich derzeit auf 2.250 – 2.400 Gulden je Studienjahr.

Die **Schweiz** kennt ebenfalls Studiengebühren in der Höhe von derzeit 600 Franken je Studienjahr (etwa öS 5.000,–), doch sind dort ebenfalls Überlegungen im Gange, die jährlichen Studiengebühren ganz deutlich anzuheben und den sozialen Ausgleich nicht in einer einfachen Überlagerung der Studienkosten auf Stipendien, sondern auf dem Wege von Darlehen zu suchen, die nach erfolgreich absolviertem Studium zurückbezahlt werden müßten.

Australien hat im Jahre 1989 Studiengebühren wieder eingeführt, wobei deren Bezahlung wahlweise so lange aufgeschoben werden kann, bis der

Student das durchschnittliche Jahreseinkommen eines berufstätigen Australiers erreicht. Die vom Einkommen abhängige Rückzahlung der Studiengebühren ist das wichtigste Merkmal des australischen Studiengebührenmodelles, mit dem etwa 15% des staatlichen Hochschulbudgets abgedeckt werden. Interessant ist dieses Modell vor allem deshalb, weil es sich dabei um eine Kombination von nichtrückzahlbaren Stipendien und einkommensabhängigen Darlehen handelt, wobei die australischen Studenten einen Teil der Studienförderungsgelder auch für die Deckung ihrer Lebenskosten verwenden dürfen.

In einer vom BMWV im Jahre 1994 in Auftrag gegebenen und von Hans Pechar und Christian Keber im Juli 1995 abgeschlossenen Studie (*H. Pechar/Ch. Keber* [48]), die bezeichnenderweise den Titel trägt ,,Abschied vom Nulltarif – Argumente für sozialverträgliche Studiengebühren", wurde insbesondere das australische Modell einer Fallstudie unterzogen und der Versuch unternommen, eine für österreichische Verhältnisse bestmögliche Variante zu erarbeiten. Vorgeschlagen werden grob betrachtet drei Modelle:

Modell 1:

Gestaffelte Elternbeiträge, d.h. die Studiengebühren werden in der Regel von den Elternhaushalten getragen. Die soziale Verträglichkeit wird hergestellt, indem die Beitragshöhen von den Einkommen der Elternhaushalte abhängig gemacht werden und bis zu einer Einkommensgrenze von öS 250.000,– jährlich überhaupt keine Studiengebühren zu leisten sind, sonst aber die vollen Studiengebühren von

öS 20.000,– jährlich bei einem Jahreseinkommen von öS 400.000,–
öS 25.000,– jährlich bei einem Jahreseinkommen von öS 500.000,–
öS 30.000,– jährlich bei einem Jahreseinkommen von öS 600.000,–

Modell 2:

Ist ein vom Einkommen des Elternhaushaltes völlig unabhängiges Darlehensmodell. Die Studiengebühren werden vom Studierenden während des Studiums über ein Darlehen fremdfinanziert, das der Studierende nach dem Eintritt in das Erwerbsleben zurückzahlt. Die soziale Verträglichkeit dieses Modelles ergibt sich aus den speziellen Darlehenskonditionen. Je nach der Höhe des Einkommens des Absolventen variiert die Anzahl der Frei- und Tilgungsjahre und die damit im Zusammenhang stehende Höhe der Rückzahlungsbeträge. Der Nachteil dieser Regelung ist bei den Finanzierungskosten insofern relevant, als bei den Elternbeiträgen Einnahmen sofort anfallen, im Darlehensfall jedoch nicht.

Modell 3:

Ist eine vom Einkommen der Eltern des Studierenden abhängige Darlehens-variante mit eingeschränktem Anspruch. Einkommensstarke Schichten haben keinen Anspruch auf ein Darlehen und müssen die Studiengebühren sofort während des Studiums bezahlen. Studierende aus einkommensschwachen Schichten erhalten für die Zeit des Studiums ein Darlehen, das sie nach dem Eintritt in das Erwerbsleben zurückzahlen müssen. Dabei unterscheiden sich die Rückzahlungskonditionen nicht von denen des Darlehensmodells mit uneingeschränktem Anspruch.

Darlehensgeber ist in beiden Darlehensmodellen nicht eine Bank, sondern der Staat, also die öffentliche Hand, welche die soziale Verträglichkeit der Darlehensrückzahlungen besser steuern und gewährleisten kann.

Die Verfasser der Studie kommen zu folgendem Ergebnis:

- Ein Studiengebührenmodell auf der Basis von gestaffelten Elternbeiträgen oder auf der Basis von Darlehensgewährungen mit beschränktem Anspruch führen unmittelbar nach Einführung zu Budgeteinnahmen.
- Ein Modell auf der Basis von Darlehensgewährungen mit unbeschränktem Anspruch führt erst dann zu Budgeteinnahmen, wenn die erste Absolventengruppe mit der Darlehenstilgung beginnt.
- Die nachhaltig realisierbaren Budgeteinnahmen sind bei den Studiengebührenmodellen auf der Basis von Darlehensgewährungen weit aus höher als beim Modell auf der Grundlage von gestaffelten Elternbeiträgen.
- Die Entscheidung zwischen Darlehensmodell mit unbeschränktem Anspruch und dem mit beschränktem Anspruch fällt zugunsten des Darlehensmodelles mit unbeschränktem Anspruch aus, weil beide Modelle einnahmenseitig etwa gleich zu bewerten sind, das Modell mit beschränktem Anspruch von der Administration her gesehen jedoch viel aufwendiger ist (siehe dazu: *H. Pechar/Ch. Keber* [48], S. 238).

A. F. Oberhofer [43] ist in seinem Bericht über die Rektorsjahre 1991/92 bis 1994/95 an der Montanuniversität Leoben davon ausgegangen, daß

- jeder österreichische Staatsbürger studieren können soll – gleichgültig, ob er arm oder reich ist –, wenn er das geistige Rüstzeug dazu mitbringt;
- der Staat nur für jene Studenten, die wirklich studieren, finanzielle Leistungen erbringt, so daß die Steuerzahler weitgehend geschont werden;
- die dazu erforderliche Administration so gering wie nur möglich gehalten wird.

Er schlägt daher vor, daß jeder Student pro Semester ca. öS 70.000,– an Studiengeld bezahlen soll. Er soll aber ein staatliches Stipendium mindestens in dieser Höhe nur dann bekommen, wenn er im Studium eine entsprechende Leistung erbringt. Je nach Einkommen der Eltern und nach Studienleistung kann dieses Stipendium erhöht werden, sodaß jeder Student – ob arm oder reich – ohne einen Nebenverdienst haben zu müssen, seinem Studium mit guter Leistung nachgehen kann. Er meint, daß mit diesem einfachen System die Universitäten, vor allem aber die Steuerzahler, erheblich entlastet werden könnten.

Auch der amtierende, nach dem UOG 93 schon auf 4 Jahre gewählte Rektor der Montanuniversität Leoben *P. Paschen* ([47]) ist dann für die Einführung von Studiengebühren, wenn diese an die jeweilige Universität fließen. Er geht von Studiengebühren von öS 10.000,– je Student und Studienjahr aus, was bei einer angenommenen (reduzierten) Hörerzahl von 190.000 Jahreseinnahmen von 1,9 Milliarden Schilling bringen und das Hochschulbudget um 6,6% erhöhen bzw. entlasten würde. Die Studiengebühren sollten von Banken vorfinanziert und vom Absolventen nach dem Eintritt in das Berufsleben zurückbezahlt werden. Wer sozial bedürftig ist, müßte entweder ein ausreichendes Stipendium bekommen oder nicht den ganzen Kredit zurückzahlen müssen (wozu allerdings wieder staatliche Förderungshilfe notwendig wäre).

Bemerkenswert ist, daß der im Zuge der Umbildung der Bundesregierung im Jänner 1997 neu bestellte Bundesminister für Wissenschaft und Verkehr, *C. Einem* ([14]), in einem Interview mit der Tageszeitung ,,Die Presse" vom bisher strikten Nein der sozialdemokratischen Partei (SPÖ) zu Studiengebühren abgegangen ist und nunmehr die Diskussion über deren Einführung eröffnet hat.

Er meinte wörtlich, ,,es nicht ausschließen zu wollen, daß es nach Ablauf dieser Legislaturperiode zu irgendeiner Form der Kostenbeteiligung der Studierenden bzw. deren Familien zum Universitäts- und Hochschulstudium kommen werde". Neben den Gebühren könne man eine Kreditfinanzierung oder eine generelle Erhöhung über Steuern erwägen (Akademikersteuer?). Die Chancengleichheit müsse dabei ,,unabhängig vom Einkommen der Eltern sichergestellt werden, jetzt müßten Bildungs- und Finanzexperten eine breite Diskussion beginnen".

Die kleinere Regierungspartei (ÖVP) hat den Gebührenvorstoß von Caspar Einem sofort kritisiert und wendet sich insbesondere dagegen, die Uni-Kosten über zusätzliche Steuern zu finanzieren. Liberale und Grüne lehnen in ersten Reaktionen Studiengebühren glatt ab, die Freiheitlichen wollen erst dann über ein Studiengeld reden, wenn entsprechende Rahmenbedingungen ein zügiges Studieren ermöglichen.

Auch die Österreichische Rektorenkonferenz hat im Rahmen ihrer Plenartagung im Februar 1997 die Studienfinanzierung erörtert, wobei die Meinung der Rektoren dabei uneinheitlich ist und sich einige Studiengebühren nur dann vorstellen können, wenn den Studenten genügend Seminar- und Übungsplätze zur Verfügung stehen.

Lösungsansatz

Die Erfahrungen aus Ländern mit Studiengebühren ergeben folgendes Facit:

a) Bildungspolitische Argumente im Hinblick auf eine generell studienab-schreckende Wirkung von Studiengebühren sind nicht haltbar.

b) Sozialpolitische Gründe könnten gegen Studiengebühren sprechen, so-fern man nicht gegensteuert (Stipendien, zinsenlose, später rückzahlbare Darlehen).

c) Verteilungspolitische Argumente (Schlechterverdienende zahlen bei der vollen staatlichen Finanzierung der Universitäten auch die Studienkosten von Kindern Besserverdienender) sprechen sehr deutlich für einen Bei-trag der Studierenden an den Kosten ihres Studiums.

d) Hochschulpolitische Argumente können mit einer großen Plausibilität für Studiengebühren vertreten werden.

e) Aus finanzpolitischen Gründen ist die Einführung von Studiengebühren zur Qualitätssicherung des österreichischen Hochschulsystems dringlich, sofern sie nicht zu Kürzungen der staatlichen Zuwendungen führt.

Für welches Modell man sich in Österreich auch einmal entschließen sollte (Studiengebühren mit einem allfälligen Ausgleich durch Stipendien oder einem später rückzahlbaren zinsenlosen oder verzinsten Darlehen), ist an sich nebensächlich und eine politische Entscheidung. Die Zeit ist jedenfalls reif, die Hochschulausbildung nicht mehr ausschließlich als öffentliches Gut anzusehen, weil diese nicht nur für das Verhalten der Bürger im Staat, ihre wirtschaftliche und soziale Wohlfahrt von Bedeutung ist, sondern vielmehr auch die Erringung von Einkommensvorteilen für den einzelnen mit sich bringt, weshalb es gerechtfertigt ist, daß sich dieser Einzelne an den Kosten seines Studiums auch finanziell beteiligt.

5.5. Die Satzung und die Richtlinien

Das UOG 93 stellt den Universitäten zwei Regelungsinstrumente zur Schaffung von generellen Normen zur Verfügung. Das eine ist die Satzung, das andere sind die Richtlinien. Beide dienen der Ausübung von autonomen Rechtssetzungsbe-fugnissen, mit denen Rahmenvorgaben des UOG 93 näher ausgeführt werden können. Beide sind rechtlich als Verordnungen zu qualifizieren, allerdings nicht als Durchführungsverordnungen klassischen Musters, sondern als Verordnungen secundum et praeter legem zur Ausfüllung und Ergänzung eines gesetzlich festgelegten Rahmens (*B. Ch. Funk* [16], S. 12).

Zwischen Satzung und Richtlinien besteht jedoch insofern ein wesentlicher Unterschied, als die für die ganze Universität zu erlassende Satzung vom Senat (bzw. Universitätskollegium bei Universitäten ohne Fakultätsgliederung) mit Zweidrittel-Mehrheit zu beschließen ist und zu ihrer Wirksamkeit der Genehmigung durch den für Wissenschaft zuständigen Bundesminister bedarf (§ 7 Abs 3 UOG 93). Richtlinien können hingegen von verschiedenen Universitätsorganen – Senat (Universitätskollegium), Fakultätskollegium, Institutskonferenz, Studienkommissionen und Fachbereichskonferenz als kollegiale Organe sowie vom Rektor und vom Dekan als monokratische Organe – erlassen werden. Ein Genehmigungsvorbehalt ist bei den Richtlinien gesetzlich nicht vorgesehen. Für die Beschlußfassung gilt allgemein das Prinzip der einfachen (absoluten) Mehrheit, generelle Richtlinien der Institutskonferenz für die Tätigkeit des Institutsvorstandes sind jedoch mit Zweidrittelmehrheit zu beschließen (§ 45 Abs 1 Z 5 UOG 93).

Der Unterschied zwischen Satzung und Richtlinie ist sowohl für die Zuständigkeit als auch für das Verfahren im Universitätsbereich von wesentlicher Bedeutung. Damit verbindet sich die Frage, ob eine Regelung bestimmten Inhaltes in der Satzung oder in einer Richtlinie zu treffen ist. Der Katalog jener Angelegenheiten, die gemäß § 7 Abs 2 UOG 93 in der Satzung jedenfalls zu regeln sind, umfaßt auch Richtlinien, nämlich für Frauenförderpläne (Z 7), für akademische Ehrungen (Z 11) und für die Durchführung von Evaluierungsmaßnahmen (Z 13). Diese Richtlinien sind allerdings Teile der Satzung und nicht Richtlinien im technischen Sinn (*B. Ch. Funk* [16], S. 12), sie unterliegen daher auch dem Genehmigungsvorbehalt des BMWV. Dies ist allerdings nicht einsichtig, weil gerade auch alle diese Maßnahmen ebensogut von jeder Universität und Hochschule autonom beschlossen werden könnten, zumal dem BMWV ohnehin ein allgemeines Aufsichtsrecht zusteht.

Außerhalb des Kataloges des § 7 Abs 2 UOG 93 kommen noch folgende Angelegenheiten als Gegenstände der Satzungsregelung in Betracht.

Die Vorsorge für das Vermögen einer teilrechtsfähigen Universitätseinrichtung im Falle ihrer Auflösung (§ 3 Abs 6), das Verfahren zur Bestellung von Honorarprofessoren (§ 26 Abs 3), die Zahl der Vizestudiendekane (§ 43 Abs 6), die dienstrechtliche Stellung von Vizerektoren (§ 54 Abs 4), die Zahl der Mitglieder der Universitätsversammlung (§ 55 Abs 4), die Form der Beratung und Information des Universitätsbeirates durch Rektor und Senat oder Universitätskollegium (§ 56 Abs 1), die Zusammenfassung von obligatorischen und die Schaffung von zusätzlichen Dienstleistungseinrichtungen der Universität (§ 75 Abs 2 und 3) sowie eine allfällige Untergliederung der Universitätsbibliothek in eine oder mehrere Fakultäts- bzw. Fachbibliotheken (§ 78 Abs 4).

Richtlinien sind außerhalb des § 7 Abs 2 noch vorgesehen für die Tätigkeit des Rektors (§ 51 Abs 1 Z 11), des Dekans und des Studiendekans (§ 48 Abs 2 Z 14).

Aus dieser Aufgabenzuweisung läßt sich nach *B. Ch. Funk* ([16], S. 13) folgender Schluß ableiten:

Der Satzung sind erstens Angelegenheiten vorbehalten, die die Tätigkeit der Universität als Ganzes betreffen (dazu gehören auch die Richtlinien für akademische Ehrungen und für Frauenförderpläne), und zweitens Fragen der Organisation der Universität und Organisationsangelegenheiten im Bereich der Fakultäten, der Institute, der Bibliotheken und der sonstigen Dienstleistungseinrichtungen sowie drittens die Wahl- und Geschäftsordnungen für die Kollegialorgane und viertens letztlich die Hausordnung und die Benützungsordnungen.

Demgegenüber dienen die Richtlinien hauptsächlich der Schaffung von Direktiven durch die jeweils zuständigen Kollegialorgane für die Amtsführung der monokratischen Organe sowie der bereichsübergreifenden Koordination, etwa der Tätigkeiten von Dekanen und Studiendekanen, der Institutsvorstände und der Institutskonferenzen.

Leitlinien des Handelns nach außen

Die Verteilung, die das Gesetz zwischen den Regelungsfunktionen der Satzung und denen von Richtlinien vornimmt, läßt folgende Ordnung erkennen: Organisations-, Wahl-, Geschäfts-, Benützungs- und Verfahrensordnungen, die für die gesamte Universität, für alle oder mehrere ihrer Organisationseinheiten gelten, sind in der Satzung zu treffen. Außerdem können verfahrensrechtliche Normen und die damit zusammenhängenden Organisationsregeln auch in Form von Richtlinien geschaffen werden. Die Abgrenzung wird sich im Einzelfall auch an den Grundsätzen der Sachgerechtigkeit und der Subsidiarität orientieren müssen. Dies ergibt sich allein aus der Erwägung, daß die Universitäten Einrichtungen der Selbstverwaltung sind, deren Autonomie durch das UOG 93 verfassungsgesetzlich verankert wurde. Diese Autonomie umfaßt auch die innere Autonomie der Fakultäten und Institute gegenüber der Gesamtuniversität. Die Satzung hat auch auf diese innere Autonomie zu achten und eine Ergänzung durch Richtlinienrecht auf Fakultäts- und Institutsebene zu ermöglichen.

Für das Verhältnis von Satzung und Gesetz gilt natürlich der Grundsatz, daß eine Satzung oder eine Richtlinie nicht gegen gesetzliche Bestimmungen verstoßen darf. Die Satzung darf aber das Gesetz dort ergänzen, wo dieses keine Regelung trifft. Im Zweifel ist anzunehmen, daß eine bestehende gesetzliche Bestimmung des UOG 93 ihren Gegenstand nicht abschließend regelt, sondern nur einen Rahmen und damit einen Freiraum für Ergänzungen durch Satzung und Richtlinien schafft.

Daher ist davon auszugehen, daß eine Satzungsregelung nicht auf die Existenz einer ausdrücklichen gesetzlichen Delegation angewiesen ist. Der Katalog des § 7 Abs 2 UOG 93 legt einen Teil des obligatorischen Mindestinhaltes der Satzung fest, wozu noch einige in anderen Bestimmungen dieses Gesetzes erwähnte Inhalte von obligatorischen oder fakultativen Satzungsregelungen kommen. Darüber hinaus sind alle gesetzlichen Freiräume durch Satzungsrecht ausfüllbar, wenn und insoweit es sich eben um Gegenstände der Satzungsgestaltung handelt.

Als Beispiel sei die Auswahl von Kandidaten für das Rektorsamt angeführt. Der gesetzliche Rahmen des UOG 93 sieht vor die öffentliche Ausschreibung des Amtes (§ 53 Abs 1), das Anforderungsprofil (§§ 53 Abs 5), die Bewertung der Bewerbungen durch den Senat (oder das Universitätskollegium) und den Universitätsbeirat (§ 53 Abs 2) und die Erstellung eines Wahlvorschlages durch den Senat (oder das Universitätskollegium) für die Wahl des Rektors durch die Universitätsversammlung.

Neben diesem gesetzlichen Rahmen besteht ein relativ großer Spielraum für ergänzendes Satzungsrecht. So könnte die Satzung eine ergänzende Regelung für das Verfahren treffen z.B. durch Vorschreibung einer obligatorischen Anhörung der Bewerber und Heranziehung der Dienste eines Personalberatungsunternehmens oder durch die Aufstellung ergänzender materieller Qualifikationen etwa in Form von Auslandserfahrungen und/oder bestimmten Fremdsprachenkenntnissen (siehe *B. Ch. Funk* [16], S. 14).

Die Satzung kann das Gesetz in der beschriebenen Weise ergänzen, sie muß es aber nicht tun. Wenn die Satzung auf allgemeine Festlegungen verzichtet, so geht die Kompetenz zur Gesetzesanwendung und damit zur Ausfüllung der gesetzlichen Freiräume im Einzelfall auf den Senat/das Universitätskollegium über. So wäre es für die Rektorswahl beispielsweise zweckmäßig, lediglich die Verfahrensweisen zur Beurteilung und Auswahl der Kandidaten durch die Satzung festlegen zu lassen, die jeweils gewünschten besonderen Qualifikationen der Bewerber der Beschlußfassung durch den Senat/das Universitätskollegium zu überlassen.

Damit ist es aber unstrittig, daß die Ausfüllung von gesetzlichen Freiräumen nicht allein durch Satzung und Richtlinien erfolgen kann, sondern auch der Gesetzesanwendung im Einzelfall überlassen bleibt. Je mehr Satzungs-

und Richtlinienrecht, desto weniger Spielraum besteht dann für die Einzelentscheidung.

Wenn den Universitäten ein Höchstmaß an Flexibilität gesichert werden soll, ist es empfehlenswert, von der Satzungskompetenz möglichst sparsam Gebrauch zu machen, weil einmal geschaffenes Satzungsrecht nur mit Zweidrittel-Mehrheit im Senat/Universitätskollegium abgeändert werden kann und überdies der Genehmigung durch den für Wissenschaft zuständigen Bundesminister bedarf.

Die allgemeine Ermächtigung zur gesetzesergänzenden Satzungsgestaltung erlaubt Satzungsrecht auch dort, wo das Gesetz überhaupt nichts sagt. Voraussetzung ist natürlich, daß solche Neuerungen im Rahmen zwingender gesetzlicher Bestimmungen und Schranken bleiben.

Als Beispiel wäre die Einrichtung von Beschwerdeinstanzen anzuführen. Während die Vorschrift des § 10 UOG 75 die Einrichtung einer Beschwerdekommission vorgesehen hat, enthält das UOG 93 darüber nichts. Hier besteht schon ein Freiraum, der durch die Satzung ausgefüllt werden kann (o.V.: Ausschußbericht [40]). Diesen Freiraum hat beispielsweise die Montanuniversität Leoben auch schon genutzt und in der Satzung eine Beschwerdekommission sowie ferner einen Rektorsbeirat und Arbeitskreise für Personal-, Budget- und Bauangelegenheiten eingerichtet (Montanuniversität Leoben [38]).

Leitlinien des Handelns nach innen

Das UOG 93 sieht im § 7 die Erlassung einer „Vollsatzung" vor, läßt in der Übergangsbestimmung des § 87 Abs 6 aber auch eine Minimalsatzung als sog. „Startsatzung" zu.

Nach dieser Vorschrift hat der nach § 87 Abs 5 konstituierte Senat bzw. das Universitätskollegium bis längstens zum Ende des auf seine Konstituierung folgenden Semesters eine Satzung zu erlassen, die wenigstens folgende Angelegenheiten zu regeln hat:
1. Festlegung der Zahl der Mitglieder der Fakultätskollegien;
2. Geschäftsordnung der Kollegialorgane;
3. Wahlordnung;
4. Festlegung der Gesamtzahl der Mitglieder der Universitätsversammlung.
Legt der Senat/das Universitätskollegium innerhalb dieser Frist dem BMWV keine Satzung zur Genehmigung vor, so geht die Zuständigkeit zur Erlassung der Satzung an den für Wissenschaft zuständigen Bundesminister über.

Die Erlassung einer „Startsatzung" empfiehlt sich vor allem für große Universitäten. Diesen Weg hat beispielsweise die Technische Universität Graz gewählt. Dort hat der im Studienjahr 1994/95 nach dem UOG 75 amtierende

Rektor zunächst für die Konstituierung des (neuen) Senats gesorgt und dessen konstituierende Sitzung bis zur Wahl des Vorsitzenden geleitet. Dieser neugewählte Senat beschloß dann im Herbst 1995 die „Startsatzung" mit dem oben beschriebenen Mindestinhalt, worauf in weiterer Folge die weiteren Satzungsteile „Leitbild; Organe und Gliederung der Universität; Dienstleistungseinrichtungen; Kooperationen und Teilrechtsfähigkeit; Ordnungsvorschriften; akademische Grade, Ehrungen, Honorarprofessor, Richtlinie für Frauenförderpläne; Übergangsbestimmungen" beschlossen wurden und es dann am 29.1.1996 zur Wahl des Rektors durch die Universitätsversammlung kam (Technische Universität Graz [62]).

Die Offenheit und Ergänzbarkeit des Gesetzes erstreckt sich auch auf den Bereich der Verfahrensabläufe. Die gesetzlich vorgesehenen Prozeduren können durch universitätsautonome Rechtsetzung in vielfältiger Weise ergänzt werden.

Als typische Formen der Mitwirkung an Verfahrensabläufen kommen Antrags-, Vorschlags-, Informations- und Mitspracherechte in Betracht, **die aber nicht mit verbindlicher Wirkung ausgestattet sein dürfen** (vgl. §§ 29 Abs 4 und 5: Aufnahme von Universitätsassistenten, § 32 Abs 4 und 5: Aufnahme von wissenschaftlichen Mitarbeitern, § 34 Abs 3: Bestellung von Studienassistenten, § 35 Abs 4 und 5: Aufnahme von allgemeinen Universitätsbediensteten). Dies gilt primär für alle Antrags- und Vorschlagsrechte.

Informationsrechte umfassen alle Varianten der Verständigung, des Berichts und der Akteneinsicht. Als Formen der Mitsprache kommen die schriftliche Stellungnahme, die Anhörung einer mündlichen Äußerung und die Erörterung in Form einer Aussprache in Betracht. Die Mitsprache hat sich jedoch auf eine beratende Tätigkeit zu beschränken, Einvernehmensbindungen dürfen nicht geschaffen werden.

Angelegenheiten der Fakultäten und der Institute dürfen durch die Satzung nur geregelt werden, soweit dies gesetzlich vorgesehen ist. Die Schaffung von kollegialen Organen zur Beratung der Dekane und Institutsvorstände ist kein Gegenstand der Satzung, sondern bleibt der Rechtsgestaltung auf Fakultäts- und Institutsebene überlassen. Auf beiden Ebenen fehlt jedoch ein der Satzung vergleichbares Regelungsinstrument. Die Fakultäten haben kein Satzungsrecht. Die Institutsordnungen enthalten nur allgemeine Regelungen über die Arbeitsorganisation am Institut (§ 45 Abs 1 Z 2 UOG 93).

Für die Tätigkeiten der Dekane und Institutsvorstände können aber Richtlinien der Kollegialorgane (Fakultätskollegien und Institutskonferenzen) erlassen werden. Darin können auch Antrags-, Informations- und Mitspracherechte im obigen Sinn vorgesehen werden. Soweit diese Funktionen durch Beiräte ausgeübt werden sollen, kann auch deren Organisation in den Richtlinien geregelt werden.

Zusammenfassung und Ausblick

Das UOG 93 und das UniStG haben sowohl die Organisation der Universitäten als auch die Strukturen und Verfahrensabläufe des Universitätsrechtes tiefgreifend verändert, wozu noch die Reformen des neuen Hochschullehrerdienstrechtes kommen werden. Das Konzept einer Rahmengesetzgebung mit gesetzesergänzender Rechtssetzung durch die Vollziehung ist im Universitätsrecht völliges Neuland. Dies bedeutet aber für jede Universität die Chance, die Freiräume durch autonome Rechtssetzung (Satzung, Richtlinien) universitätsadäquat auszufüllen, andererseits aber auch eine große Herausforderung, dies so zu tun, daß jede Universität einfacher und überschaubarer als bisher organisiert ist, aber doch effizienter als bisher und mehr im Sinne eines Dienstleistungsunternehmens für die studierende Jugend des Landes arbeiten und wirken kann.

Management an einer Universität ist stärker noch als anderswo angewiesen auf die Unterstützung von „unten", worunter auch die wichtigen Institutsvorstände zu verstehen sind. Wenn der einzelne Uni-Angehörige seine Managementverantwortung nicht als Teil seiner professionellen Verpflichtung sieht, dann sind den staatlichen und den universitären Spitzenmanagern sehr enge Grenzen gesetzt. Universitäre Gremien müssen sich weiterentwickeln zu Instrumenten der universitätsinternen Strategiebildung. Ein kollektiver Prozeß ist notwendig, denn die Aufgaben sind kaum im Alleingang zu bewältigen. Mit den neuen obgenannten Rechtsvorschriften haben sich jedenfalls die strukturellen Voraussetzungen für eine Modernisierung der „Alma mater Austriaca" deutlich verbessert (A. *Pellert* [52]). Diese rechtlichen Änderungen zum Vorteile ihrer Universität bestmöglich zu nutzen, wird die Aufgabe der Universitätsmanager neuen Stils sein.

Abschließend noch ein Wort zur jüngst eröffneten Diskussion über eine völlige Ausgliederung der Universitäten aus dem Bund, die jeden Universitätsmanager wieder vor völlig neue Aufgaben stellen würde.

Es ist zweifellos ein mutiger Ansatz, Überlegungen in diese Richtung anzustellen und allenfalls mit einer Universität ein „Pilotprojekt" zu starten. Ob nun dafür die Rechtsform einer Aktiengesellschaft oder einer Gesellschaft mit beschränkter Haftung gewählt wird, ist sekundär. Der positive Aspekt einer solchen Lösung läge jedenfalls darin, daß die Universitäten von (teilrechtsfähigen) Einrichtungen des Bundes zu voll rechtsfähigen juristischen Personen des öffentlichen Rechts mit allen Vorteilen und Nachteilen mutieren würden. Eine so ausgegliederte Universität hätte die Möglichkeit, die wirtschaftlichen Ressourcen und die Studienpläne selbst zu bestimmen, sich neben dem Grund- oder Stammkapital noch sonstige Einnahmen zu verschaffen, aber auch im Wege der verpflichtenden Bilanz mit Gewinn- und Verlustrechnung Auskunft über ihre finanzielle Gebarung zu geben.

Daß für die Startphase es wieder Sache des Bundes sein müßte, die Universität mit einem entsprechenden Kapital auszustatten, liegt auf der Hand. Wie dann aber das Unternehmen „Universität" weitergeführt und am Leben erhalten wird, wäre allein Aufgabe des Universitätsmanagements. Unabdingbare Voraussetzung für ein Funktionieren dieses Modells ist aber jedenfalls eine totale Herauslösung des Dienst- und Besoldungsrechts aus dem bisherigen öffentlich-rechtlichen Schema, die Überstellung aller Bediensteten dieser Universität in privatwirtschaftliche Anstellungsverhältnisse und die Eröffnung von autonomen Möglichkeiten, Einnahmen – auch durch Studiengebühren – zu erzielen, die ein Wirtschaften mit der Sorgfalt eines ordentlichen Kaufmannes zulassen.

Da letztlich das Dienstleistungsunternehmen Universität aber keine Ware, sondern in erster Linie wissenschaftliche Bildung verkaufen kann, für die keine ortsüblichen Marktpreise erzielt werden können, wird eine so ausgegliederte Universität aller Voraussicht nach trotz bester Forschungsleistungen erst wieder ein „Zuschußbetrieb" des Bundes bleiben. Erst dann, wenn für die volle Finanzierung einer so ausgegliederten und rechtlich voll selbständigen „Privat-Universität" eine befriedigende und nicht überwiegend auf Steuergeldern beruhende Lösung gefunden werden kann, wird ein solches Modell ernsthaft weiter zu verfolgen und vielleicht auch zu realisieren sein.

Literatur zu Kapitel 5:

Andernegg, Walter: Über Autonomie und Verantwortung der Universität, Österreichische Rektorenkonferenz 1991, Plenum 1/1991.

Bast, Gerald: UOG 93 (Universitäts-Organisationsgesetz), Wien 1994.

Brünner, Christian: Unterscheidung zwischen strategischen und operativen Organen – ein Grundsatzgedanke der Reform, in: *Strasser, R.* (Hrsg.): Beiträge zum Universitätsrecht 16 – Untersuchungen zum UOG 1993, Wien 1995, S. 7, 8.

Einem, Caspar: Interview in der Tageszeitung „Die Presse" vom 6.2.1997, S. 1.

Funk, Bernd Christian: Legalitätsprinzip und Rechtsquellensystem im neuen Universitätsrecht, Vortrag bei der Plenarsitzung der Österreichischen Rektorenkonferenz am 6. Juni 1994 in Klagenfurt, Plenum S. 22.

Gantner, Manfried: Die Finanzautonomie der Universitäten, erschienen in: Strasser, R. (Hrsg.): Beiträge zum Universitätsrecht 16 – Untersuchungen zum UOG 93, Wien 1995, S. 144.

Holoubek, Michael: Neue Autonomie und Bundeshaushaltsrecht, 16. Seminar Universitätsrecht in Linz, Mai 1997.

Maderthaner, Heinrich: Fernstudien und Universitätsreform, in: *Strasser, R.* (Hrsg.): Beiträge zum Universitätsrecht 16 – Untersuchungen zum UOG 93, Wien 1995, S. 137, 138.

Montanuniversität Leoben, Satzung, S. 11, 12, 22.

Oberhofer, Albert F.: Bericht über die Rektorsjahre 1991/92 bis 1994/95, erschienen im Mitteilungsblatt der Montanuniversität Leoben.

o.V.: Ausschußbericht 1225, BlgNR 18. GP (Bemerkungen zu §§ 7).

o.V.: Erläuterungen zur RV des UOG 93 (1125 BlgNr. 18. GP).

Paschen, Peter: Interview in der Wirtschaftswoche vom 17./18.4.1996, S. 23, 24.

Pechar, Hans/Keber, Christian: Abschied vom Nulltarif – Argumente für sozialverträgliche Studiengebühren, Wien 1996.

Pellert, A./Welan, M.: Die formierte Anarchie, Die Herausforderung der Universitätsorganisation, Wien 1995.

Pellert, Ada: Reifenwechsel bei voller Fahrt, Gastkommentar in der Zeitung ,,Die Presse" vom 26./27.4.1997, S. 2.

Stolzlechner, Harald: Das neue Satzungsrecht der Universitäten, in: *Strasser, R.* (Hrsg.): Beiträge zum Universitätsrecht 16 – Untersuchungen zum UOG 93, Wien 1995, S. 29.

Technische Universität Graz, Bericht 1993 – 1996, Implementierung des UOG 93, Ausgabe 1996, S. 13.

Weiler, N., in: Check up, Mitteilungen des Gemeinnützigen Zentrums für Hochschulentwicklung GmbH in Gütersloh/BRD, Sonderausgabe Nr. 1/1996 vom Juni 1996, S. 24 ff.

Winkler, Günther: Die Rechtspersönlichkeit der Universitäten, 1988, S. 333.

Winkler, Günther: Rechtspersönlichkeit und autonomes Satzungsrecht als Wesensmerkmale in der personalen Selbstverwaltung, ÖJZ 1991, 73, bzw. Erkenntnis des Verfassungsgerichtshofes vom 15.6.1993, B 1392/90 (= JBl 1994,197 mit Besprechung von *Pernthaler*).

Kapitel 6:
Auf die UNI-ManagerInnen kommt es an!

T. Peters/R. Waterman haben in ihrem Management-Bestseller der achtziger Jahre (Auf der Suche nach Spitzenleistungen – Was man von den bestgeführten US-Unternehmen lernen kann [53]) das wirklich Besondere an den besonders erfolgreichen, innovativen Unternehmungen in acht Merkmalen zusammengefaßt:

1. Primat des Handelns („Do it, try it, fix it")
2. Nähe zum Kunden („Der Kunde ist König")
3. Freiraum für Unternehmertum („Wir wollen lauter Unternehmer")
4. Produktivität durch Menschen („Auf den Mitarbeiter kommt es an")
5. Sichtbar gelebtes Wertsystem („Wir meinen, was wir sagen – und tun es auch")
6. Bindung an das angestammte Geschäft („Schuster, bleib' bei deinem Leisten")
7. Einfacher, flexibler Aufbau („Kampf der Bürokratie")
8. Straff-lockere Führung („Soviel Führung wie nötig, so wenig Kontrolle wie möglich")

Die meisten dieser acht Merkmale sind eigentlich als Binsenweisheiten einzustufen. Hier soll gar nicht der Versuch unternommen werden, sie in ihrer Gesamtheit auf das Zutreffen an Universitäten hin zu überprüfen.

Ein Merkmal erscheint aber ganz besonders wichtig und hat deshalb indirekt zur Ausformulierung der Kapitelüberschrift beigetragen.

Es handelt sich um die Bedeutung von exzellenten MitarbeiterInnen für exzellente Unternehmungen; in Fortführung der Themenstellung des vorliegenden Buches kann für exzellente Universitäten abgewandelt werden: „Auf die UNI-ManagerInnen kommt es an!"

6.1. Wer sind die UNI-ManagerInnen?

Das Management umfaßt (in institutionaler Sicht) die Gesamtheit jener Personen bzw. Ebenen in einer Organisation, die mit der Wahrnehmung von Management-Funktionen betraut sind. In diesem Sinn ist zunächst zu klären, welche Personen bzw. Personengruppen als UNI-ManagerInnen anzusehen sind. In einer bewußt weit gefaßten Abgrenzung soll gelten:

UNI-ManagerInnen sind alle jene Personen, die an Gestaltungs-, Lenkungs- und Entwicklungsprozessen der Universität aktiv teilnehmen bzw. daran beteiligt sind.

Im Sinne der Typologie der Geschäftsprozesse in
- Führungsprozesse
  (der strategischen wie operativen Führung)
- Leistungsprozesse
  (Kernprozesse der Forschung und Lehre)
- Unterstützungsprozesse
  (Dienstleistungsprozesse)
können UNI-ManagerInnen als Mitwirkende innerhalb dieser drei Prozeßebenen identifiziert werden (Abb. 6.1).

Führungsprozesse:
- RektorIn
- VizerektorInnen
- Mitglieder des Senates
- DekanInnen
- VizedekanInnen / StudiendekanInnen
- Mitglieder der Fakultätskollegien

Leistungsprozesse:
(der Forschung und Lehre)
- Mitglieder der Institutskonferenz
- Institutsvorstand
- AbteilungsleiterInnen
- ProjektleiterInnen
- Mitglieder der Studienkommissionen
- Mitglieder der Berufungskommissionen

Unterstützungsprozesse:
- UniversitätsdirektorIn
- LeiterIn Zentraler Informatikdienst
- BibliotheksdirektorIn
- DekanatsdirektorInnen
- AbteilungsleiterInnen (zentrale Verwaltung, zentraler Informatikdienst, Universitätsbibliothek)

Abb. 6.1: Die UNI-ManagerInnen auf den drei relevanten Prozeßebenen

Demnach sind zu den UNI-ManagerInnen prioritär zu zählen:
- die Organe der UNI-Leitung (nach § 50 UOG)
  - der Rektor/die Rektorin
  - die Mitglieder des Senates, und zwar
    - ° die Vertreter der UniversitätsprofessorInnen
    - ° die Vertreter der UniversitätsassistentInnen und der wissenschaftlichen MitarbeiterInnen im Forschungs- und Lehrbetrieb
    - ° die VertreterInnen der Studierenden
    - ° der/die Vorsitzende des Dienststellenausschusses für die Bediensteten mit Ausnahme der Hochschullehrer und sein/ihr Stellvertreter
- im weiteren Sinne
  - der Vizerektor/die VizerektorInnen
  - die Dekane/die DekanInnen
  - der Vizedekan/die StudiendekanInnen
  - die Mitglieder der Fakultätskollegien
- die Leiter in den Organisationseinheiten der Leistungsprozesse zur Durchführung von Forschung und Lehre (nach § 44 bzw. 45 UOG)
  - die Mitglieder der Institutskonferenz
  - der Institutsvorstand
- im weiteren Sinn
  - der/die AbteilungsleiterInnen
  - der/die ProjektleiterInnen
  - die Mitglieder der Studienkommissionen
  - die Mitglieder der Berufungskommissionen.

Selbstverständlich sind auch hier die VertreterInnen aller Universitätsangehörigen (nach § 19 UOG) eingeschlossen, und zwar:
- des wissenschaftlichen Personals
- der allgemeinen Universitätsbediensteten
- der Studierenden.

Weiters sind zu den UNI-ManagerInnen zu zählen:
- die Leiter in den Einheiten der Unterstützungsprozesse (nach §§ 75 bzw. 76 UOG)
  - der/die UNI-DirektorIn
  - der/die LeiterIn „des Zentralen Informatikdienstes"
  - der/die BibliotheksdirektorIn
  - die DekanatsdirektorInnen
  - die LeiterInnen von Verwaltungsabteilungen für
    - ° Studien- und Prüfungsverwaltung
    - ° Personalverwaltung
    - ° Haushalts- und Finanzverwaltung

    °   Gebäudebetrieb und technische Dienste
    °   Beschaffungswesen, Inventar- und Materialverwaltung
    °   Rechtsangelegenheiten
    °   Informations- und Veranstaltungswesen
    °   Drittmittelangelegenheiten
    °   Planungsvorbereitung
    °   Allgemeine administrative Angelegenheiten
    °   Führung des Universitätsarchivs.

Über die bisher genannten Personen bzw. Personengruppen hinaus gibt es noch weitere, die an universitären Entscheidungsprozessen direkt oder indirekt beteiligt sind. Sie werden zwar nicht als UNI-ManagerInnen im Sinne der bisherigen Überlegungen betrachtet, müssen hier aber dennoch angeführt werden.

Auf der Ebene der einzelnen Universität sind zu nennen:

* die Mitglieder der Universitätsversammlung (nach § 55 UOG), die als Entscheidungsgremium dann in Funktion zu treten haben, wenn der/die RektorIn und die VizerektorInnen zu wählen bzw. abzuberufen sind;
* die Mitglieder des Universitätsbeirates (nach § 56 UOG), die in indirekter Weise durch beratende Stellungnahmen am UNI-Management mitwirken können.

Auf der Ebene universitätsübergreifender Koordinierung sind zu nennen:

* die MitarbeiterInnen im zuständigen Bundesministerium für Wissenschaft und Verkehr, denen im Wege der Entscheidungsvorbereitung bzw. durch ihre Entscheidungskompetenz wesentliche Mitwirkung am UNI-Management zukommt;
* die Mitglieder des Universitätenkuratoriums (nach § 83 UOG), die durch Abgabe von Gutachten bzw. die Veranlassung von universitätsübergreifenden Evaluierungsmaßnahmen in Forschung und Lehre (in Koordination mit dem zuständigen Bundesminister) auf das UNI-Management einwirken können.

Es wird hier bewußt eine weit gefaßte Interpretation des Begriffes „UNI-ManagerInnen" vorgeschlagen. Damit soll der Besonderheit der Universität als sozialem System in zweierlei Hinsicht Rechnung getragen werden:

– UNI-Management sollte als wichtige Aufgabenstellung von möglichst vielen UNI-Angehörigen erkannt werden (siehe dazu: *A. Pellert* [50], S. 58);
– UNI-Management erfordert aber auch Qualifikationen von UNI-Angehörigen, die entsprechend entwickelt werden müssen (siehe dazu: *A. Pellert* [50], S. 60).

Gerade der zuletzt genannte Aspekt erscheint für ein innovatives UNI-Management besonders bedeutsam und wird deshalb in den nachfolgenden Abschnitten behandelt.

6.2. Anforderungen an die UNI-ManagerInnen

Die Klärung der Anforderungen an die UNI-ManagerInnen hat zweierlei zu berücksichtigen. Zunächst geht es um das Herausarbeiten von Anforderungen an Führungskräfte in allgemeingültiger Hinsicht, darüber hinaus sind aber mögliche spezifische Anforderungen aus der Rolle im UNI-Management zu analysieren.

Die Anforderungen an Führungskräfte können allgemein in den folgenden Feldern als Kernkompetenzen gesehen werden (Abb. 6.2):

Persönliche Kompetenz

- Innovationsbereitschaft und -fähigkeit
- Leistungsbereitschaft und -fähigkeit

Soziale Kompetenz

- Integrationsfähigkeit
- Konfliktfähigkeit

Fach- kompetenz

- Leistungs- und Prozeßkenntnisse
- Führungs- Know-How

Methoden- kompetenz

- Kenntnisse über Methoden und Instrumente im Management

Abb. 6.2: Die Kernkompetenzen für UNI-ManagerInnen

- Fachkompetenz
- Methodenkompetenz
- soziale Kompetenz
- persönliche Kompetenz.

Mit der Fachkompetenz werden jene Fähigkeiten umschrieben, die sich aus den Leistungs- und Prozeßkenntnissen ableiten lassen. Die Fachkompetenz des Managers liegt deshalb in den Kenntnissen über die zu gestaltenden Leistungsprozesse sowie das damit verbundene Führungs-Know-how.

Die Methodenkompetenz umfaßt alle jene Fähigkeiten, mit denen spezifische Methoden und Instrumente im Management ausgewählt und erfolgreich eingesetzt werden können.

Die soziale Kompetenz eines Managers betrifft seine Kommunikations- und Kooperationsfähigkeit und damit seine Integrationsfähigkeit in eine größere organisatorische Einheit sowie seine Konfliktfähigkeit bei der Bewältigung auftretender Auffassungsunterschiede.

Die persönliche Kompetenz schließlich beschreibt die Selbsteinschätzung, die individuelle Lernbereitschaft und Lernfähigkeit sowie die Leistungsbereitschaft und Leistungsfähigkeit bei der Übernahme gestellter Aufgaben.

Die besonderen Anforderungen an UNI-ManagerInnen werden stark vom Rollenverständnis als Kontext geprägt sein.

A. *Pellert* ([51], S. 146 ff.) hat beispielsweise das Rollenbild des Universitätsmanagers (aufgrund von Gesprächen mit österreichischen Rektoren und Dekanen)

- aus einer strukturellen Perspektive als Verwalter
- aus einer psychologischen Perspektive als Psychotherapeut
- aus einer politischen Perspektive als Bürgermeister oder Minister einer Universität
- aus einer symbolischen Perspektive als Repräsentant der Universität nach innen und nach außen

interpretiert.

Wenn hier der Begriff der UNI-ManagerInnen auch deutlich weiter gefaßt wird, so kann diese Darstellung als Beispiel für unterschiedliche Vorstellungen herangezogen werden. Es wird also vom Rollenverständnis abhängig sein, welche Schwerpunkte zukünftig das UNI-Management bzw. ihre VertreterInnen kennzeichnen werden. Dieses Rollenverständnis wird von vielen Einflüssen geprägt sein, worauf im Wertmanagement-Ansatz bereits hingewiesen wurde.

Aus der angestrebten Rolle der Universität in ihrer Gesamtheit (z.B. als Einrichtung des Bundes bzw. als professionelle Dienstleistungseinrichtung für Forschung und Lehre im Sinne eines universitären Leitbildes) kann auch auf das Rollenbild der jeweiligen UNI-ManagerInnen geschlossen werden.

Alle Personen, die eine aktive Rolle (als EntscheidungsträgerInnen) bei der Gestaltung, Führung und Entwicklung der Universität wahrnehmen oder anstreben, sollten sich mit dieser Rollenklärung auch die spezifischen Anforderungen zur Erfüllung der vorgesehenen Aufgaben bewußt machen.

6.3. Die Personalentwicklung

Mit der Klärung der Anforderungen an UNI-ManagerInnen können auch jene Ansätze zur Personalentwicklung eingeleitet werden, die für exzellentes UNI-Management notwendig erscheinen.

Management-Development, d.h. die spezifische Form der Personalentwicklung für Führungskräfte, wird damit zu einem wichtigen Element auf dem Weg zum innovativen UNI-Management.

Es muß hier explizit zum Ausdruck gebracht werden, daß diese Form der Förderung für alle Universitätsangehörigen (im Sinne des UNI-Managements) anzustreben ist. Es betrifft sowohl die VertreterInnen des wissenschaftlichen Personals, der allgemeinen Universitätsbediensteten wie der Studierenden.

Solche Entwicklungskonzepte haben zweierlei zu berücksichtigen. Zum einen haben sie die Organisationsziele der Universität (als Organisation) zu berücksichtigen, und andererseits haben sie auf die Individualziele einzelner Personen (als Universitätsangehöriger) einzugehen. Mit diesem Spannungsfeld zwischen Individualzielen einerseits und dem Organisationsziel andererseits ist auch der Gestaltungsraum für UNI-ManagerInnen wesentlich vorgegeben (siehe dazu: *Josef W. Wohinz* [70], Abb. 6.3).

Insbesondere die Bewältigung von auftretenden Zielkonflikten (sachlicher Natur) bzw. Interessenkonflikten (persönlicher Natur) werden für die weitere Entwicklung der Universität von entscheidender Bedeutung sein. Im Grunde liegen heute immer mehrdimensionale Zielsysteme vor; die Gewichtung der einzelnen Zielkriterien zueinander kann nur durch Vereinbarung von Zielprioritäten erfolgen.

Im Lichte dieser Grundlagen ist also vorzusehen:
– die Diskussion und Ausformulierung von Zielen für die Universität als organisatorische Einheit und, daraus abgeleitet, der Anforderungen und Bedingungen für die einzelnen Universitätsangehörigen;
– die laufende Abstimmung mit den individuellen Zielen der einzelnen Universitätsangehörigen, wobei dies zu einem ständigen Prozeß der Zielvereinbarung bzw. zu entsprechenden Entwicklungskonzepten führen sollte.

Letztlich stehen den Anforderungen und Bedingungen aus der Sicht der Universität das Angebot und die Bedürfnisse aus der Sicht des Individuums gegenüber.

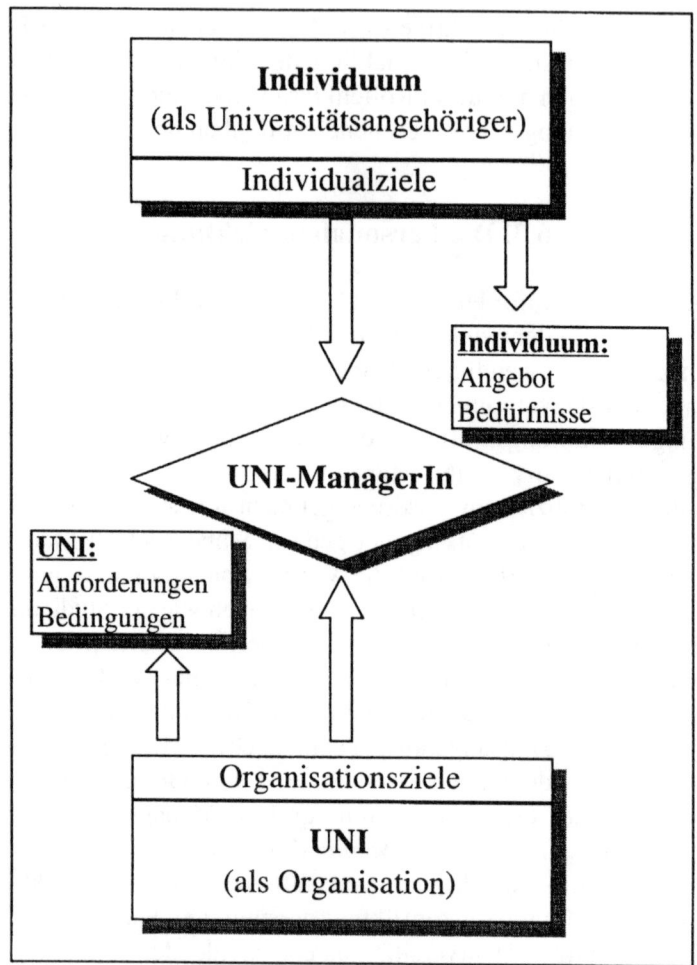

Abb. 6.3: Die UNI-ManagerInnen im Spannungsfeld zwischen Organisations- und Individualzielen

Hierin unterscheiden sich Universitätsangehörige wohl kaum von den MitarbeiterInnen in anderen Unternehmungen. Beispielhaft kann hier auf die Hierarchie der Bedürfnisse (nach *A. H. Maslow* [34]) verwiesen werden. In dieser Hierarchie sind an der Basis die physiologischen Bedürfnisse sowie, darauf aufbauend, die Bedürfnisse nach Sicherheit und sozialer Zugehörigkeit angeordnet. Überlagert werden sie von den Bedürfnissen nach Anerkennung bzw. nach Selbstverwirklichung.

Diese Bedürfnisse können nun durch die Rolle als UNI-Angehöriger mehr oder weniger deutlich gedeckt werden (Abb. 6.4).

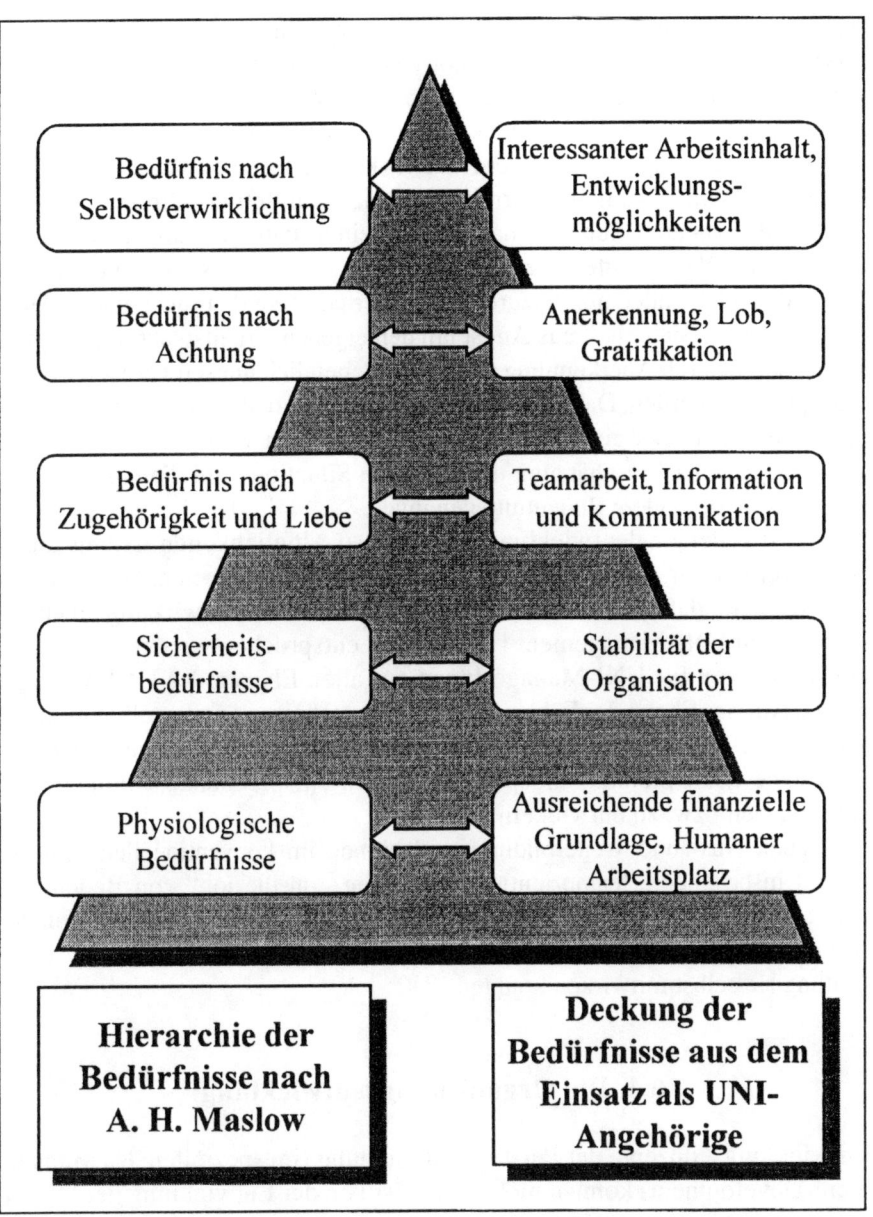

Bedürfnis nach Selbstverwirklichung

Interessanter Arbeitsinhalt, Entwicklungsmöglichkeiten

Bedürfnis nach Achtung

Anerkennung, Lob, Gratifikation

Bedürfnis nach Zugehörigkeit und Liebe

Teamarbeit, Information und Kommunikation

Sicherheitsbedürfnisse

Stabilität der Organisation

Physiologische Bedürfnisse

Ausreichende finanzielle Grundlage, Humaner Arbeitsplatz

Hierarchie der Bedürfnisse nach A. H. Maslow

Deckung der Bedürfnisse aus dem Einsatz als UNI-Angehörige

Abb. 6.4: Die Hierarchie der Bedürfnisse nach A. H. Maslow [34] und deren Deckung aus dem Einsatz als UNI-Angehörige

Ergänzend dazu stellt *A. H. Maslow* die These auf: „Ein befriedigtes Bedürfnis wirkt auf das Verhalten nicht länger motivierend." Ist bei einer Person beispielsweise das Bedürfnis nach Sicherheit befriedigt, wird sie auf dieser Basis nicht weiter angespornt werden können. Dann müssen andere Bedürfnisse – auf höherer Ebene – angesprochen werden. Dies können beispielsweise die sozialen Bedürfnisse sein, etwa in der Form des angenehmen Betriebsklimas.

Auf der anderen Seite ist daraus abzuleiten, daß es wenig sinnvoll ist, Bedürfnisse höherer Stufen anzusprechen, solange Bedürfnisse darunter liegender Stufen nicht oder nur unzureichend befriedigt sind. Eine Person, deren Bedürfnis nach Sicherheit aus Angst um den eigenen Arbeitsplatz nicht befriedigt ist, kann durch Anerkennung allein wahrscheinlich nur schwer motivierend angesprochen werden. Dabei ist es aber keineswegs so, daß man während eines Lebens nacheinander eine Stufe der Pyramide nach der anderen erklimmt. Je nach persönlicher Einschätzung der aktuellen Situation wird die eine oder die andere Stufe besondere Bedeutung gewinnen.

Mit der Personalentwicklung sollten also Möglichkeiten gezielt angeboten werden, um individuelle Fähigkeiten als Kernkompetenzen so weiterzuentwickeln, daß damit den Anforderungen aus einer Mitwirkung an einem innovativen UNI-Management bestmöglich entsprochen werden kann. Dies gilt im übrigen für UNI-ManagerInnen auf allen Ebenen des UNI-Managements. Auf der Ebene der Führungsprozesse erscheint es unmittelbar evident; aber auch UNI-ManagerInnen auf der Ebene der Leistungsprozesse wie auf der Ebene der Unterstützungsprozesse haben entsprechende Kompetenzen aufzuweisen bzw. zu entwickeln.

Neben Aus- und Weiterbildungsmaßnahmen im konventionellen Sinn erscheint insbesondere teamorientiertes Training „on the job" von Bedeutung; damit sollte berücksichtigt werden, daß sich MitarbeiterInnen mit solchen Aufgabeninhalten und Strukturen am stärksten identifizieren, an deren Ausgestaltung sie selbst mitwirken konnten.

6.4. Die Organisationsentwicklung

Entwicklungskonzepte der Personalentwicklung (im speziellen des Management-Development) können nicht losgelöst von der Entwicklung der organisatorischen Gesamtheit im Sinne der Organisationsentwicklung (Organizational Development) gesehen werden.

Die Organisationsentwicklung geht davon aus, daß organisatorische Strukturen und menschliches Verhalten in einer engen Wechselbeziehung zueinander stehen und nicht voneinander isoliert, sondern nur aufeinander abgestimmt verändert werden sollten (Abb. 6.5).

Abb. 6.5: Die Schwerpunkte der Entwicklung zum innovativen UNI-Management

Organisatorische Innovationen haben deshalb durch aktive Lernprozesse bei den Mitarbeitern vorbereitet bzw. unterstützt zu werden. Diese wiederum sollten längerfristig geplant und schrittweise entwickelt werden.

Die Organisationsentwicklung verfolgt eine doppelte Zielsetzung. Zum einen geht es um eine Steigerung des Problemlösungspotentials und damit um eine Verbesserung der Leistungsfähigkeit der Organisation im weitesten Sinn. Zum anderen geht es aber auch um eine Verbesserung der Qualität des Arbeitslebens für die in ihr tätigen Menschen.

Qualität des Arbeitslebens bedeutet nicht zuletzt interessante Arbeit, Selbständigkeit, Beteiligung an Entscheidungen und die Möglichkeit, sich weiterzubilden und zu entwickeln.

Hier erscheint gerade für Universitäten eine Entwicklungsrichtung interessant, die von *H.-J. Warnecke* [64] mit der Einführung des Begriffes Fraktal aufgezeigt wurde.

Ein Fraktal ist demnach eine selbständig agierende Unternehmenseinheit, deren Ziele und Leistung eindeutig beschreibbar sind.

Das Fraktal wird somit zum zentralen Gestaltungselement in einer Organisation. Es kann durch die folgenden Merkmale gekennzeichnet werden:

- Selbstähnlichkeit:
  Dieses Merkmal bezieht sich nicht nur auf die strukturellen Eigenschaften der organisatorischen Gestaltung: es umschreibt zudem die Art und Weise der Leistungserstellung sowie die Formulierung und Verfolgung von Zielen. Die fraktale Organisation wird damit zu einem vieldimensionalen, integrierten Ansatz.

- Selbstorganisation:
  Selbstorganisation betrifft sowohl die operative wie die strategische Ebene. Es gilt dabei insbesondere, globale Ziele zu vereinbaren und diese lokal umzusetzen.

- Dynamik und Vitalität:
  Unter Vitalität wird die Lebensfähigkeit bzw. Lebendigkeit verstanden, mit der die Gesamtorganisation als System auf die Dynamik im Umfeld reagiert.

In konsequenter Weiterentwicklung dieses Grundgedankens ist die aufbauorganisatorische Struktur nicht mehr als Pyramide, sondern zukünftig als Haus darzustellen (Abb. 6.6).

Diese Fraktale als organisatorische Einheiten ergeben eine dynamische Strukturierung, die gerade für turbulente Entwicklungen im Umfeld besonders geeignet erscheinen.

Des weiteren liefern sie relativ flach gegliederte aufbauorganisatorische Strukturen, was gerade für MitarbeiterInnen an Universitäten günstig erscheint.

Selbststrukturierung, Selbstorganisation sowie Selbstabstimmung der Leistungsträger stellen heute wie in der Zukunft wichtige Anliegen für den universitären Forschungs- und Lehrbetrieb dar.

Allerdings muß auf zwei wesentlich erscheinende Voraussetzungen hingewiesen werden:

- Die Informations- und Kommunikationskultur muß entsprechend entwickelt werden. Von unbeweglichen, hierarchisch geprägten Informationssystemen muß die Entwicklung zu problemorientierten, dynamischen, anpassungsfähigen Systemen gehen, die die Prozeßketten im Fraktal berücksichtigen und die unterschiedlichen Informationspunkte (als Quellen bzw. Senken) im Netzwerk berücksichtigen.

- Dem Prozeß der Zielsuche bzw. Zielvereinbarung kommt ganz besondere Bedeutung zu. Dazu ist ein Abstimmungsprozeß zwischen den beteiligten Fraktalen zu generieren und mit dem übergeordneten Zielsystem sicherzustellen.

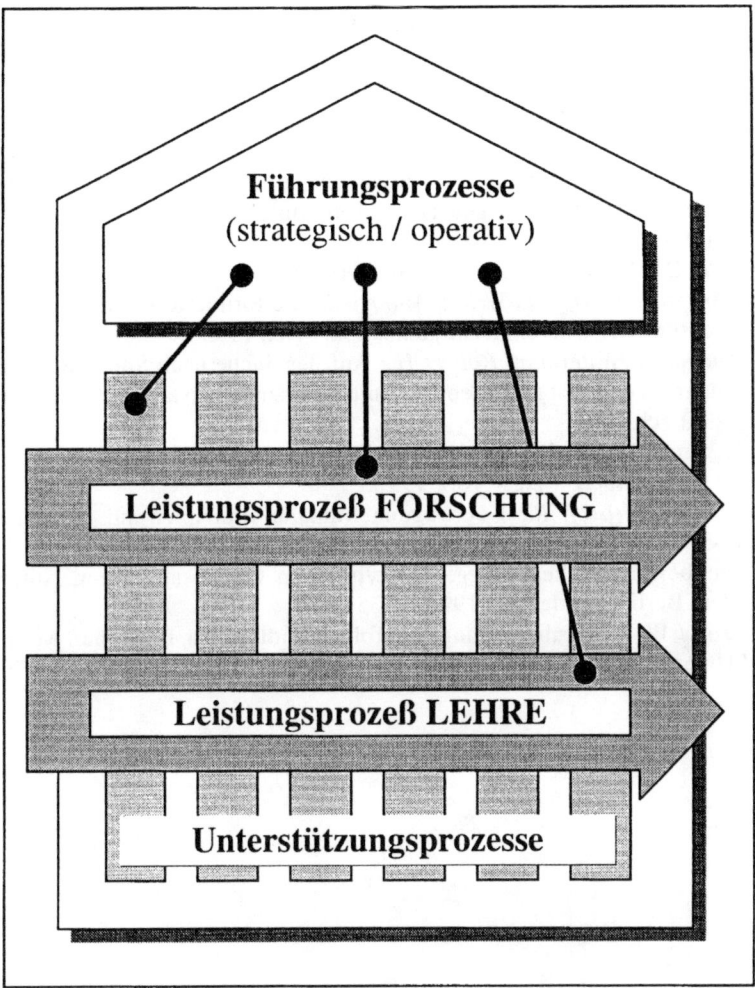

Abb. 6.6: Die UNI als Zusammenspiel von Organisation, Information und Leistungserstellung (nach H. J. Warnecke [64])

Management by objectives, d.h. Führung durch Zielvereinbarung, gehört heute zu den altbekannten Management-Einsichten. An Universitäten wird diesem Aspekt besonderes Augenmerk zuzuwenden sein. Manche Autoren (wie z.B. *A. Pellert* [50], S. 53) meinen ja, daß die Universität als Organisation gar nicht existiere, sondern eher als loser Verbund von einzelnen Instituten interpretiert werden muß. Für viele Universitätsangehörige scheint die Universität derzeit nur den Hintergrund für das individuelle Verhalten abzugeben; sie wird selten als etwas gemeinsam zu Gestaltendes empfunden.

Literatur zu Kapitel 6:

Bast, Gerald: UOG 93 – Universitäts-Organisationsgesetz, Wien 1994.

Maslow, Abraham H.: Motivation und Persönlichkeit, Freiburg im Breisgau 1977.

Pellert, Ada: Zwischen Gesellschaftsrelevanz und Gesellschaftsdistanz: Versuch einer Aufgabenbestimmung der Universität, in: *Pellert, Ada/Welan, Manfried:* Die formierte Anarchie – Die Herausforderung der Universitätsorganisation, Wien 1995.

Pellert, Ada: Der Universitätsmanager als Verwalter, Psychotherapeut, Minister und Symbol, in: *Pellert, Ada/Welan, Manfried:* Die formierte Anarchie – Die Herausforderung der Universitätsorganisation, Wien 1995

Peters, Thomas J./Waterman, Robert H.: Auf der Suche nach Spitzenleistungen – Was man von den bestgeführten US-Unternehmen lernen kann, 10. Aufl., Landsberg am Lech 1984.

Warnecke, Hans-Jürgen: Die fraktale Fabrik – Revolution der Unternehmenskultur, Berlin – Heidelberg – New York 1992.

Warnecke, H.-J./Kristof, R.: Übertragung fraktaler Prinzipien auf den Dienstleistungssektor, in: *Goldman, S. L./Nagel, R. N./Preiss, K./Warnecke, H.-J.:* Agil im Wettbewerb – Die Strategie der virtuellen Organisation zum Nutzen des Kunden, Berlin, Heidelberg 1996, S. 353 ff.

Wohinz, Josef W.: Laufbahnplanung – Erfolgsgrundlage für Bewerber, Mitarbeiter und Unternehmungen, Wien 1985.

Kapitel 7:
Innovationsansätze zur Entwicklung

Einleitend wurde allgemeingültig als Funktionsinhalt des Management (nach *K. Bleicher* [6], S. 35)
- die Gestaltung eines institutionellen Rahmens
- die Lenkung durch das Bestimmen von Zielen und Festlegen von Aktivitäten sowie
- die Entwicklung u.a. durch intergeneratives Erlernen von Wissen, Können und Einstellung (Wollen)

herausgearbeitet. Dabei gewinnen tendenziell die Gestaltung und Entwicklung immer mehr an Bedeutung, was wohl auch für Universitäten angenommen werden kann.

In der weiteren Folge sollen deshalb mögliche Innovationsansätze zur Gestaltung und Entwicklung im UNI-Management aufgezeigt werden.

7.1. Innovation als Management-Aufgabe

Innovation (aus dem Lateinischen innovatio) bedeutet Erneuerung, Veränderung, heute insbesondere die Entwicklung neuer Ideen, Produkte bzw. Strukturen.

Der Begriff der Innovation im heutigen wirtschaftswissenschaftlichen Sinn geht auf *Joseph A. Schumpeter* (1883 – 1950) zurück. Dieser große österreichische Vertreter der Wirtschafts- und Sozialwissenschaften ging in seinem 1911 erschienenen Buch ,,Theorie der wirtschaftlichen Entwicklung" [60] erstmals auf das Wesen der Innovation in der heutigen Deutung ein.

Unter dem Begriff ,,Durchsetzung neuer Kombinationen" beschrieb er die folgenden fünf Fälle:
1. Herstellung eines neuen, d.h. dem Konsumentenkreise noch nicht vertrauten Gutes oder einer neuen Qualität eines Gutes.
2. Einführung einer neuen, d.h. dem betreffenden Industriezweig noch nicht praktisch bekannten Produktionsmethode, die keineswegs auf einer wissenschaftlich neuen Entdeckung zu beruhen braucht und auch in einer neuartigen Weise bestehen kann, mit einer Ware kommerziell zu verfahren.
3. Erschließung eines neuen Absatzmarktes, d.h. eines Marktes, auf dem der betreffende Industriezweig des betreffenden Landes bisher noch nicht eingeführt war, mag dieser Markt schon vorher existiert haben oder nicht.
4. Eroberung einer neuen Bezugsquelle von Rohstoffen oder Halbfabrikaten, wiederum: gleichgültig, ob diese Bezugsquelle schon vorher

existierte – und nur vielleicht nicht beachtet wurde oder für unzulänglich galt – oder erst geschaffen werden muß.

5. Durchführung und Neuorganisation wie Schaffung einer Monopol-stellung (z.B. durch Vertrustung) oder Durchbrechen eines Monopols.

J. A. Schumpeter differenzierte weiters deutlich zwischen Invention, Innovation und Imitation, was in den folgenden Formulierungen (nach *G. G. Ray* [58]) zum Ausdruck kommt:

„– Invention:
  obvious first step toward any new product or process
– Innovation:
  process of finding economic application for the inventions
– Imitation:
  process by which innovation is diffused throughout the industry or the economy."

Im Grunde wird in etwas abgewandelter Form auch heute dieser Begriffsinhalt verwendet; je nachdem, welcher Schwerpunkt im Rahmen des Innovationsprozesses im Vordergrund steht, werden beispielsweise (unter Bezug auf *K. E. Knight* [25] bzw. *N. Thom* [63], S. 39) die folgenden vier Formen unterschieden:

- Produktinnovationen als Erneuerung im Sachziel von soziotechnischen Systemen (entspricht: product or service innovations);
- Verfahrensinnovationen als geplante Veränderungen im Prozeß der Faktor-kombination (entspricht: production-process innovations, i.e. introduction of new elements in the organization's task, decision, and information systems or its physical production or service operations, the advances in the technology of the company);
- Strukturinnovationen als geplante Veränderungen von Aufgaben-zuordnungen, Autoritätsbeziehungen oder Kommunikationssystemen (entspricht: organizational-structure innovation, i.e. the introduction of altered work assignments, authority relations, communication systems, or formal rewards systems into the organization);
- Sozialinnovationen als geplante Änderungen im Humanbereich von soziotechnischen Systemen (entspricht: people innovation, i.e. altering the personnel by dismissing and/or hiring and modifying the behavior or believes of the people in organization via techniques such as education or psychoanalysis).

Innovation (als „Aufbruch ins Neuland") kann durch die Merkmale

- Neuigkeitsgrad
- Komplexität
- Unsicherheit/Risiko
- Konfliktgehalt

gekennzeichnet werden (Abb. 7.1). Je stärker Neuigkeitsgrad und Komplexität eine Veränderung prägen, um so mehr werden Unsicherheit und Konfliktgehalt als begleitende Merkmale Bedeutung erhalten.

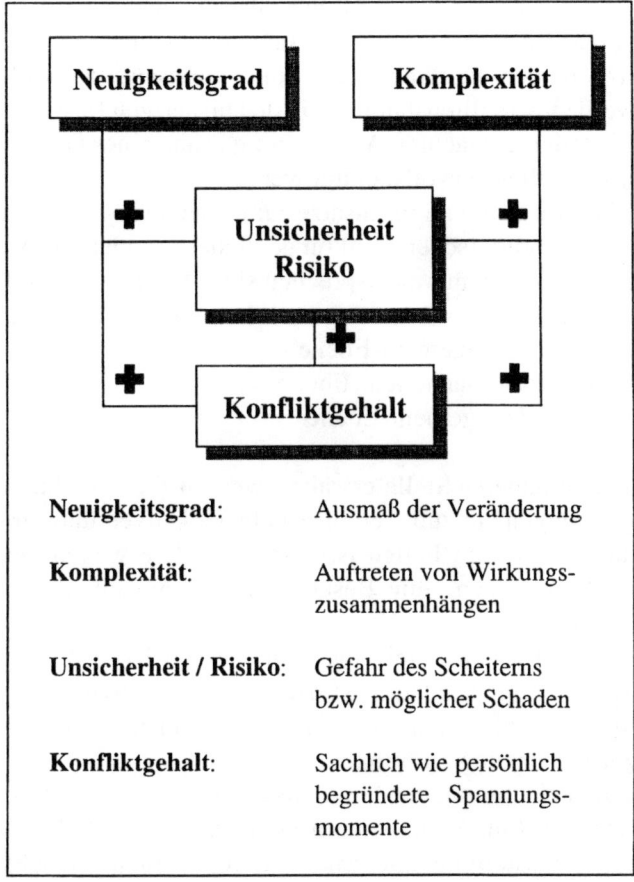

Abb. 7.1: Merkmale von Innovationen (nach N. Thom [63])

Innovationen erfordern deshalb Bereitschaft (Wollen) und Fähigkeit (Können) zum erfolgreichen Erreichen eines angestrebten Zustandes. Im günstigen Fall spricht man von einem positiven Innovationsklima, im anderen Fall liegen Innovationsbarrieren vor, die für eine Veränderung erst überwunden werden müssen.

Gerade für Universitäten wird aus ihrem Selbstverständnis der Forschung und Lehre die Bewältigung des Spannungsfeldes zwischen Tradition und Innovation zu einer besonderen Herausforderung (siehe dazu: *J. W. Wohinz* [71]).

Tradition als Verbundenheit mit dem Überlieferten erscheint wichtig und zweckmäßig. Traditionalismus als Geisteshaltung wird aber dann gefährlich werden, wenn diese Verbundenheit mit dem Überlieferten dazu führt, daß man allem Neuen skeptisch bis ablehnend gegenübersteht und dadurch erschwert oder sogar verhindert wird, daß für anstehende aktuelle Probleme neue, zeitgemäße Lösungen gesucht, gefunden und auch umgesetzt werden.

Wenn also in der weiteren Folge Innovationsansätze schlaglichtartig aufgezeigt werden, so sollten damit die in den bisherigen Beschreibungs- und Erklärungsmodellen gemachten Aussagen im Sinne eines Gestaltungs- bzw. Entwicklungsmodelles vervollständigt werden.

Dazu werden die Innovationsansätze zur Entwicklung prioritär nicht nach der obgenannten typologischen Struktur gegliedert, sondern nach den Ebenen des Managements, die damit anzusprechen sind. Mit Bezug auf das Konzept Integriertes Management werden demnach Innovationsansätze auf
– der normativen Management-Ebene
– der strategischen Management-Ebene
– der operativen Management-Ebene
aufgezeigt.

Wie schon an anderer Stelle erwähnt, werden Entscheidungen über allfällige Veränderungen nur zum Teil innerhalb der Universität selbst getroffen werden können; in vielen Fällen ist – insbesondere wegen der gesetzlich vorgegebenen Grundlagen – eine Beschlußfassung nur außerhalb der Universität herbeizuführen.

Dennoch bleibt es das Ziel eines innovativen UNI-Managements, für erkannte Problembereiche adäquate Lösungsansätze auszuarbeiten und diese im Sinne einer zukunftsorientierten Gestaltung auch zur Beschlußfassung und damit zur Umsetzung zu bringen.

Unter Berücksichtigung der Möglichkeiten, vorgegeben durch Entscheidungskompetenzen (universitätsintern oder -extern), und der notwendigen Zeitbedarfe zur Gestaltung und Entwicklung werden zunächst Innovationsansätze auf operativer Ebene dargestellt; daran anschließend werden solche für die strategische wie für die normative Ebene des UNI-Management behandelt.

7.2. Innovationsansätze auf operativer Ebene

Aus den Aufgaben und Schwachstellen im derzeitigen System sind die Ansätze für Innovationen in der Zukunft abzuleiten.

Derzeit sind in der hierarchischen Ebene Bundesministerium/Universitätenkuratorium die Aufgaben:

- bei Kernprozessen: Wissenschaftspolitik und -strategien für Forschung und Lehre mit Schwerpunktsetzungen nach Universitäten (Fakultäten). Hierbei zeigen sich als Schwachstellen fehlende Wissenschaftspolitik und ein fehlendes Controlling, weil die Auswertungen der „Arbeitsberichte" infolge mangelnder Benutzerfreundlichkeit schwierig sind.
- bei Ergänzungsprozessen: Verteilung der finanziellen Mittel global für alle Produktionsfaktoren an die einzelnen Universitäten nach Zielen der Wissenschaftspolitik mit Schwerpunktsetzungen. Diese Aufgabe muß an Hand eines Controllingsystems, aufgebaut nach Ausgaben und Kosten bei Beachtung von Evaluierungen, erfolgen. Als Schwachstelle zeigt sich hierbei insbesondere das Fehlen eines Globalbudgets mit Limits.
- bei den Führungsprozessen: Die Aufgabe besteht hier insbesondere in der Organisation der Forschung und Lehre im Rahmen der Wissenschaftspolitik. Hierzu ist ein Informationssystem nach hierarchischen Ebenen mit Informationsverdichtungen zu gestalten, die Leitbilder der Wissenschaftspolitik bei Beachtung der Universitätsleitbilder sind einzubeziehen. Als Schwachstelle ist hier insbesondere ein fehlendes Gesamtcontrollingsystem mit Verteilungen an die einzelnen Universitäten anzuführen. Weiterhin fehlen Schulungen im Management und ein einheitliches benutzerfreundliches Informationssystem. Die Entscheidungszuordnung im gesamthierarchischen System ist unausgewogen.

In der Führungsebene Universität (Fakultät) sind die Aufgaben des Management:

- bei Kernprozessen: Koordinierung der Forschung und Lehre und Umsetzung der Wissenschaftsstrategien bei Schwerpunktsetzungen an der Universität. Als Schwachstellen zeigen sich hier insbesondere die fehlenden Wissensstrategien.
- bei Ergänzungsprozessen: Koordinierung der Institute und Studienrichtungen nach einem Controllingsystem mit Leistungsevaluierungen. Die Schwachstellen sind hier insbesondere im mangelhaften Controllingsystem und im fehlenden limitierten Globalbudget zu finden. Außerdem fehlen Anreize zum Outsourcing von Arbeiten.
- bei Führungsprozessen: Organisation der Koordinierung der Institute und Studienrichtungen im Sinne eines Universitätszieles. Als Schwachstelle ist hier insbesondere ein fehlendes einheitliches und benutzerfreundliches Informationssystem zu nennen und mangelhafte Schulungen im Management.

In der hierarchischen Ebene Institut:

- bei Kernprozessen: Führung der Forschung und Lehre bei qualitativ höchster Leistung für eigenständige Forschung und Lehre und gemeinschaftsbezogener Forschung und Lehre mit Evaluierung. Schwachstellen sind hierbei klare Aussagen über die Notwendigkeit der eigenständigen (nach Humboldt) und gemeinschaftsbezogenen Forschung und Lehre. Dies ist auch in den Evaluierungen zu berücksichtigen.

- bei Ergänzungsprozessen: Controlling der optimalen Kombination der Produktionsfaktoren. Schwachstellen sind hierbei insbesondere das Fehlen eines Controllingsystems auf der Basis Kosten und Ausgaben und Evaluierungen im Rahmen eines limitierten Globalbudgets.
- bei Führungsprozessen: Institutsmanagement mit Motivation der Mitarbeiter zu Leistung in Forschung und Lehre. Als Schwachstelle ist hier insbesondere die mangelhafte Schulung im Management zu nennen.

Die innovativen Ansätze auf der operativen Ebene im UNI-Management können deshalb in den folgenden Punkten gesehen werden (Abb. 7.2):

Abb. 7.2: Innovationsansätze auf operativer Ebene

Bereich: Budgetierung, Rechnungswesen, Finanzierung
- Ein Controlling-System, in dem das Finanz- und Budgetcontrolling mit dem Kosten- und Leistungsertragscontrolling koordiniert und zum Zusammenwirken gebracht wird.
- Dazu wird ein „Gutschriftensystem" erstellt, mit dessen Hilfe die Nachteile der „Jährlichkeit" im derzeitigen Haushaltsrecht überbrückt werden können.
- Dieses Controllingsystem in Kombination mit dem Gutschriftensystem bietet einmal eine Führungsbasis zur Verteilung der finanziellen Mittel an den Universitäten (Fakultäten) und eine Motivation zum wirtschaftlichen Einsatz der Produktionsfaktoren, zum anderen ist es eine Basis für ein Budgetierungs- und Finanzierungssystem mit einem Globalbudget.
- Ein Kostenrechnungssystem in seiner Anwendung für die Errechnung der Kosten für Forschung und Lehre an Instituten und für Studienrichtungen, aber auch für Veränderungen der Kapazität für Forschung und Lehre als Wirtschaftlichkeitsvergleich.

Bereich: Organisatorische Struktur
- Ein System der Entscheidungszuordnung auf der Basis Umformkapazität = Leitungsspanne.
  Mit diesem System soll sichergestellt werden, daß jene Stelle im hierarchischen Führungssystem, die über die besten Informationen (formal und informal) verfügt und die beste Motivation zum effizienten Produktionsfaktoreinsatz hat, die Entscheidungen zu treffen hat.
  In „Erfolgszentren" sollen auf der Basis Umformkapazität = Leitungsspanne größte Erfolge in den Kernprozessen bei größter Effizienz auf der Basis der Ergänzungs- und Führungsprozesse erzielt werden.
- Ein System als Entscheidungsbasis für Outsourcing von Aufgaben der Verwaltung und Dienstleistungen.

Bereich: Qualitätssicherung, Evaluierung
- Ein System der Evaluierung als Basis für eine Bewertung der Leistung in Forschung, Lehre und Verwaltung.
  Mit diesem System soll eine Qualitätssicherung der Grundlagenforschung und der damit verbundenen Lehre über die zweckorientierte Grundlagenforschung bis zur angewandten Forschung und der damit verbundenen Lehre erfolgen.

Bereich: Informationssystem
- Ein Informationssystem, das über alle hierarchischen Ebenen reicht und das Management benutzerfreundlich mit Informationen bedient. Eine

Verdichtung der Informationen, kombiniert mit einem Kennzahlensystem benutzerfreundlich gestaltet, ist eine Grundlage für das Informationssystem.

Die Grundlagen des Universitätsmanagements sind die Kernprozesse Forschung und Lehre. Forschung und Lehre sollten als erste Priorität ein Maximum an Leistung erbringen.

Restriktionen gehen hervor aus

- der Verfügbarkeit von Ressourcen (Produktionsfaktoren), ausgedrückt in finanziellen Mitteln,
- Gesetzen, in deren Rahmen sich – neben den Kernprozessen – die sekundären und tertiären Prozesse befinden müssen,
- der Organisation, in deren Rahmen das Universitätsmanagement vollzogen wird.

Forschung und Lehre sind frei (UOG 93 § 1). „Einsamkeit und Freiheit" als vorwaltende Prinzipien der Universitäten (nach Wilhelm von Humboldt) sind ein sehr wesentlicher Teil der gesamten Tätigkeit in Forschung und Lehre der Wissenschafter an den Universitätsinstituten.

Da aber auch Wissenschafter in einer Gemeinschaft (mit anderen Wissenschaftern und an der Gesamtuniversität (Fakultät) arbeiten, ist insbesondere in der Lehre eine Abstimmung erforderlich, um die einzelnen Lehrveranstaltungen in das Programm der Studienrichtungen einzufügen.

In einem innovativen Management ist sicherzustellen, daß sowohl die eigenständige Forschung und Lehre als auch die gemeinschaftsbezogene Forschung und Lehre als Bereich in den Kernprozessen ihre Plätze finden.

In den Leitbildern der Universitäten (Fakultäten) müssen diese Anteile zum Ausdruck kommen. In den Organisationen müssen die Bereiche abgesichert werden (tertiäre Prozesse). Die Ergänzungsprozesse, besonders die Controllinginstrumente, müssen diese Anteile berücksichtigen (sekundäre Prozesse).

7.3. Innovationsansätze auf strategischer Ebene

Als innovative Ansätze auf der strategischen Ebene des UNI-Managements können aufgezeigt werden (Abb. 7.3):

Innovationsansätze auf strategischer Ebene	
Analyse der Situation	Regelmäßige Durchführung strategischer Basisanalysen, wie z.B.: •SWOT-Analyse •GAP-Analyse •Portfolio-Analyse
Vision Mission	Breite Diskussion über zukünftige Entwicklungsrichtungen Ausformulierung von Grundsätzen (Leitlinien nach außen und innen)
Strategische Erfolgs-positionen	Gezielter Aufbau bzw. Ausbau von Fähigkeiten, um langfristig überdurchschnittliche Ergebnisse erreichen zu können
Organisation (Struktur)	Verstärkung der Prozeßorientierung (Führungs-, Leistungs- und Unterstützungsprozesse) Organisationsentwicklung
Organisations-kultur	Verstärkung der Bereitschaft und Fähigkeit zur Innovation auf breiter Basis; Personalentwicklung

Abb. 7.3: Innovationsansätze auf strategischer Ebene

- Strategisch orientierte Analyse der Ausgangssituation:

Universitäten als organisatorische Einheiten können nicht losgelöst von der allgemeinen Dynamik der Entwicklung in Gesellschaft, Politik, Wirtschaft, Technologie und Ökologie gesehen werden. Es erscheint deshalb zweckmäßig und notwendig, sich mit dieser Dynamik im Umfeld systematisch auseinanderzusetzen. Gleichzeitig muß die Situation innerhalb der Universität hinterfragt werden. Mit der regelmäßigen Durchführung strategisch orientierter Basisanalysen, wie z.B. in Form einer SWOT-Analyse, einer GAP-Analyse bzw. Portfolio-Analyse, sollte der Einstieg in die Ausarbeitung strategischer Konzepte vorbereitet bzw. die Überarbeitung bestehender Konzepte eingeleitet werden.

- Vision bzw. Mission:

Mit der breiten Diskussion über mögliche zukünftige Entwicklungsrichtungen sollen Veränderungen gegenüber der aktuellen Situation gedanklich vorbereitet werden; durch die Ausformulierung von Grundsätzen (Leitlinien des Handelns nach außen und nach innen) werden jene Werte festgelegt, denen sich die Universität besonders verpflichtet sieht bzw. sehen will.

- Strategische Erfolgspositionen:

Die Voraussetzung für die Erreichung überdurchschnittlicher Ergebnisse in der Zukunft ist durch den Aufbau bzw. Ausbau strategischer Erfolgspositionen zu schaffen. Vorhandene interne Stärken sind zu verstärken, Schwachstellen zu beseitigen, um Chancen in der Entwicklung im externen Umfeld wahrnehmen bzw. mögliche Bedrohungen so rechtzeitig erkennen zu können, daß Auswirkungen entweder überhaupt abgewendet oder zumindest bewältigbar gemacht werden können.

- Organisatorische Struktur:

Mit der Gestaltung bzw. der Entwicklung der organisatorischen Struktur wird der Rahmen für die operative Umsetzung der strategischen Konzepte gelegt.

Die Verstärkung der Prozeßorientierung, und zwar in Hinblick auf Führungsprozesse, Leistungsprozesse und Unterstützungsprozesse erscheint hier von besonderer Bedeutung. Die Überprüfung, ob aktuelle Trends in der Organisationsentwicklung (wie z.B. die Forderung nach schlanken Organisationen oder die Bildung von Fraktalen) auch Innnovationsansätze für inneruniversitäre organisatorische Strukturen liefern können, wird damit zu einer kontinuierlich wahrzunehmenden Aufgabenstellung.

- Organisationskultur:

Das Bemühen um Bereitschaft und Fähigkeit zur Innovation sollte bewußt gestärkt werden. Letztlich wird davon abhängen, in welcher Art die Entwicklungen im Umfeld von den Angehörigen der Universität interpretiert werden. Werden sie als Bedrohung gesehen, weil damit bestehende universitäre Strukturen in Frage gestellt werden müssen? Oder werden sie auch als Chance interpretiert, weil damit vielleicht längst sinnvolle Änderungsprozesse eingeleitet bzw. fortgeführt werden können?

Die konkrete inhaltliche Ausprägung bleibt dem universitätsspezifisch ablaufenden Entwicklungsprozeß überlassen; die daraus abgeleiteten Produkt-, Prozeß- und Strukturinnovationen werden demnach die besondere Positionierung der jeweiligen Universität unterstreichen. Die Beschäftigung mit diesen Schwerpunkten auf strategisch-orientierter Management-Ebene kann aber als Aufgabenstellung allgemeingültig angesehen werden.

7.4. Innovationsansätze auf normativer Ebene

Schließlich ist noch auf Innovationsansätze hinzuweisen, die die normative Ebene des UNI-Managements betreffen. Sie können in die folgenden fünf Schwerpunkte gegliedert werden (Abb. 7.4):

* Organisationsrecht:
Jeder Universität und Hochschule sollte das autonome Recht eingeräumt werden, Studiengänge neu einzuführen und veraltete aufzuheben sowie neue Institute einzurichten und bestehende Institute aufzulösen. Die bezüglichen Genehmigungs- und Untersagungsrechte des BMWV sind ersatzlos zu beheben, jedoch ist zu verlangen, daß die Wirksamkeit dieser Maßnahmen von der Bestätigung der Kostendeckung durch den Rektor/die Rektorin abhängig gemacht wird. Dasselbe gilt für die Einrichtung von Universitätslehrgängen.

* Budgetrecht:
Einführung eines Globalbudgets mit Wegfall der Jährlichkeit der Budgetzuweisung verbunden mit einem Gutschriftensystem und damit Schaffung einer Finanzautonomie der Universitäten. Bis dahin jedenfalls die Ermöglichung des autonomen Austausches der zugewiesenen Budgetmittel auch zwischen den Ansätzen (Virementfähigkeit).

* Dienstrecht:
Volle Diensthoheit des Rektors/der Rektorin sowohl bei den Vertragsbediensteten als auch bei den Beamten einschließlich der Universitätsprofessoren. Alleinige Entscheidungskompetenz des Rektors/der Rektorin innerhalb des jährlichen Stellenplanes.

Innovationsansätze auf normativer Ebene

Organisations-recht	Einführung von neuen Studiengängen, Einrichtung und Auflösung von Instituten ohne Genehmigungsvorbehalt des BMWV bei finanzieller Bedeckbarkeit innerhalb der Universität
Budget-recht	Einführung eines Globalbudgets mit Wegfall der Jährlichkeit der Budgetzuweisung verbunden mit einem Gutschriftensystem; mindestens jedoch volle Virementfähigkeit zwischen den Ansätzen
Dienst-recht	Volle Diensthoheit des Rektors / der Rektorin bei Vertragsbediensteten und BeamtInnen. Entscheidungsautonomie des Rektors / der Rektorin innerhalb des jährlichen Stellenplanes
Studien-recht	Autonomes Gestaltungsrecht der Studienpläne durch die Studienkommissionen bei finanzieller Bedeckbarkeit innerhalb der Universität; Einführung von Studiengebühren
Satzungs-recht	Wegfall des Genehmigungsvorbehaltes des BMWV auch für die im § 7 des UOG 93 aufgezählten allgemeinen Richtlinien

Abb. 7.4: Innovationsansätze auf normativer Ebene

- Studienrecht:
Autonomes Gestaltungsrecht der Studienpläne durch die Studienkommissionen mit Wirksamwerden der Bestätigung der Kostendeckung durch den Rektor/die Rektorin. Einführung von Studiengebühren in welcher Form immer (Elternbeiträge, Stipendien, Darlehen).

- Satzungsrecht:
Wegfall des Genehmigungsvorbehaltes des BMWV auch für die im § 7 Abs 2 Z 7, 11 und 13 UOG angeführten allgemeinen Richtlinien, da Frauenförderpläne (Z 7), Akademische Ehrungen (Z 11) und die Durchführung von Evaluierungsmaßnahmen (Z 13) wohl auch von jeder Universität und Hochschule autonom beschlossen und vom BMWV ohnehin im Rahmen des allgemeinen Aufsichtsrechtes kontrolliert werden können.

7.5. Entwicklung als kontinuierlicher Prozeß

Zum Abschluß soll noch einmal auf die Einleitung eines kontinuierlichen Veränderungsprozesses an den Universitäten verwiesen werden: Kontinuierliche Verbesserung (Continuous Improvement – Kaizen nach *Masaaki Imai* [24]) stellt wohl die aktuelle Herausforderung für jedes UNI-Management dar.

Philippe de Woot [73] hat deutlich gemacht, durch welche Merkmale Veränderungsprozesse an Universitäten geprägt sind und welche Probleme bei solchen Veränderungsprozessen in den überwiegenden Fällen auftreten:

- Viele Personen reden zwar gerne über Veränderungen; wenn mit solchen Veränderungen aber direkte Auswirkungen verbunden sind, ist eher Widerstand dagegen feststellbar („Wir sind grundsätzlich zwar für Veränderungen, aber nicht für die gerade vorgeschlagenen und nicht zu diesem Zeitpunkt.").
Solcher Widerstand gegen Veränderungen stellt eine natürliche menschliche Reaktion dar; dieser Widerstand scheint aber in jenen Organisationen tendenziell stärker ausgeprägt zu sein, die nicht dem allgemeinen Wettbewerb unterliegen.
- Veränderungen können aber nicht allein „von oben" verordnet werden: Veränderungen stellen einen komplexen Prozeß dar, der durch aktive Mitwirkung aller Beteiligten gestaltet bzw. entwickelt werden muß.
- Veränderungsprozesse sollten deshalb in einer systematisch-methodischen Art vorbereitet und unterstützt werden. Dabei sind vier Schlüssellelemente von Bedeutung, damit ein solcher Veränderungsprozeß auch

erfolgreich ablaufen kann (Abb. 7.5). Fehlt eines dieser Elemente, wird der Prozeß entweder nicht beginnen oder nicht erfolgreich durchgeführt werden können.

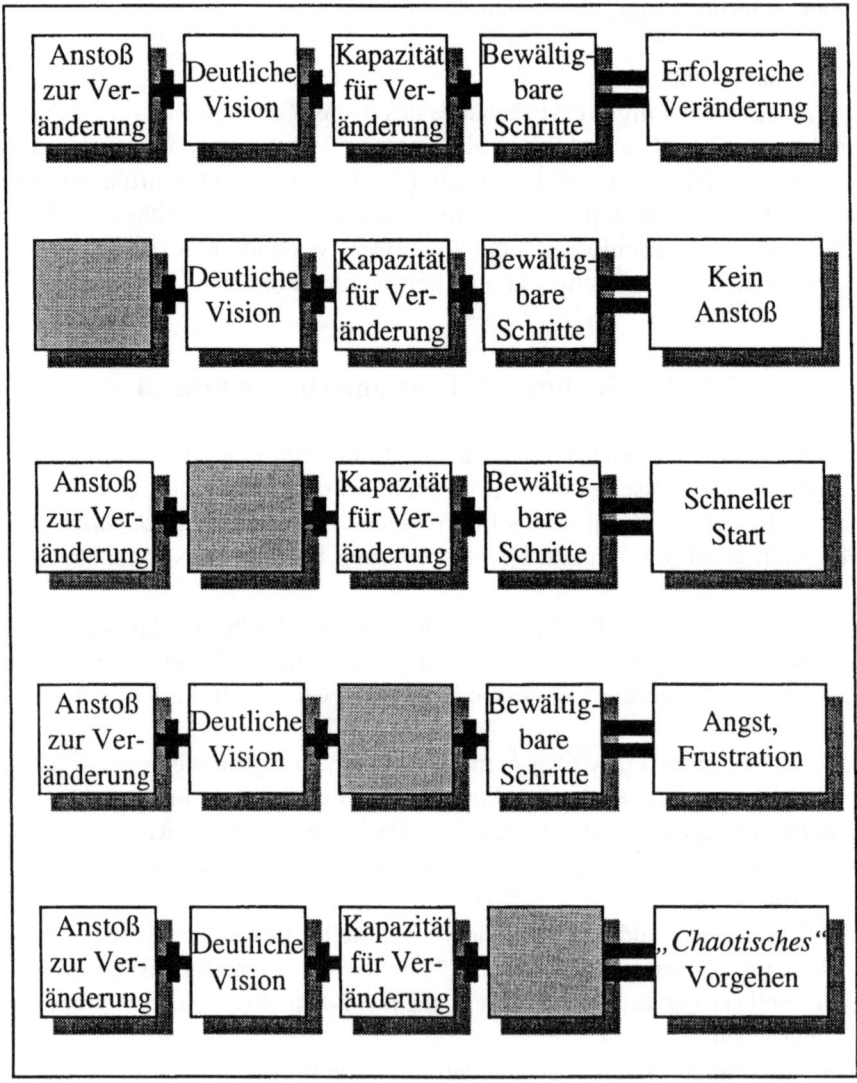

Abb. 7.5: Das Management von Veränderungsprozessen an einer Universität (nach Ph. de Woot [73])

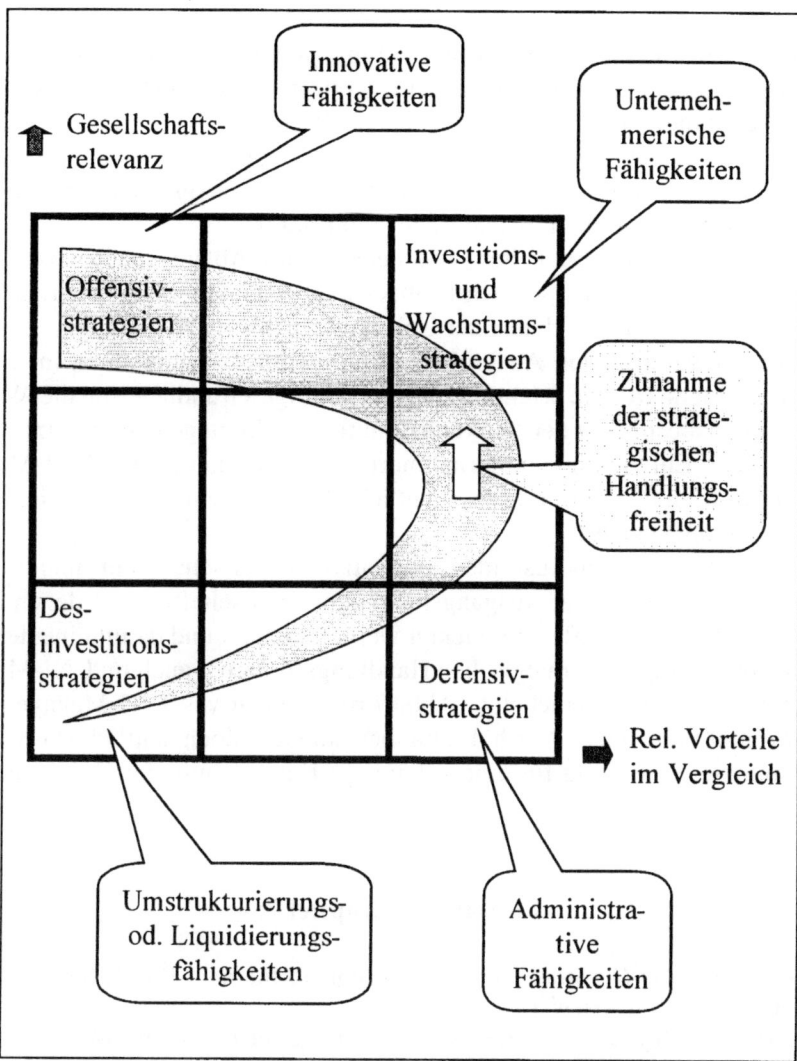

Abb. 7.6: Die Zunahme der strategischen Handlungsfreiheiten durch Ausbildung innovativer Fähigkeiten (nach H. H. Hinterhuber [20], S. 303/304)

Das auslösende Element als Anstoß zur Veränderung kann extern oder intern begründet sein. Externe Anstöße können aus Änderungen in den normativen Rahmen resultieren, sie können aber auch aus geänderten Bedingungen (z.B. der Ressourcenzuteilung) bei gleichbleibenden normativen Rahmen hervorgehen. Interne Anstöße setzen ein entsprechendes Problembewußtsein voraus und erscheinen deshalb für die Einleitung von Veränderungsprozessen besonders wertvoll. Eine deutliche Vision vermittelt dazu die Orientierung für jene

Richtung, in die zukünftige Entwicklung gehen soll. Die notwendigen Voraussetzungen – als Kapazitäten im weitesten Sinn – stellen das dritte Schlüsselelement dar, das für den nachhaltigen Erfolg solcher Prozesse verfügbar gemacht werden muß. Schließlich ist der gesamte Ablauf in bewältigbare Schritte zu gliedern; die Einrichtung eines entsprechenden Projekt-Management liefert die notwendige Struktur dafür.

Trotz aller Schwierigkeiten, mit denen beim Ablauf solcher Veränderungsprozesse zu rechnen sein wird, gibt es wahrscheinlich wenig Alternativen, um die zukünftige Entwicklung der Universitäten positiv zu gestalten.

Mit der verbesserten Ausbildung administrativer Fähigkeiten im UNI-Management wird eine wichtige und notwendige Grundlage für die Wahrnehmung insbesondere der Lenkungsfunktion im Management gesetzt.

Mit der Entwicklung unternehmerischer Fähigkeiten im UNI-Management werden darüber hinaus wesentliche Voraussetzungen zur Gestaltung für die Zukunft gelegt.

Aber erst mit dem Ausbilden innovativer Bereitschaft und innovativer Fähigkeiten werden jene Ausgangsbedingungen geschaffen, auf denen aufbauend Offensivstrategien entwickelt werden können und damit eine deutliche Verbesserung der strategischen Handlungsfreiheit – auch im UNI-Management – erreichbar erscheint (Abb. 7.6). Innovatives UNI-Management sollte damit keine leere Worthülse bleiben, sondern doch deutliche Orientierungspunkte als Beitrag für eine zukünftige Entwicklung der Universitäten liefern können.

Literatur zu Kapitel 7:

Hinterhuber, Hans H.: Strategische Unternehmungsführung, Bd. II: Strategisches Handeln, Berlin – New York 1992.

Imai, Masaaki: Kaizen – Der Schlüssel zum Erfolg der Japaner im Wettbewerb, 3. Aufl., München 1992.

Knight, K. E.: A Descriptive Model of the Intra-Firm Innovation Process, in: JoB, 40 (1967), S. 478 – 496.

Ray, G. G.: The diffusion of new technology – A study of ten processes in nine industries, in: National Institute Economic Review, Heft 48, May 1969, S. 40.

Schumpeter, Joseph A.: Theorie der wirtschaftlichen Entwicklung, 7. Aufl., Berlin 1987.

Thom, Norbert: Grundlagen des betrieblichen Innovationsmanagements, 2. Aufl., Königstein/Ts. 1980.

Wohinz, Josef W.: Tradition und Innovation, in: Der Wirtschaftsingenieur, 25 (1993) 4, S. 23 – 27.

Woot de, Philippe: Managing Change at the University, Vortrag in: CRE 46th Bi-annual Conference, Santiago de Compostela, 23. – 24. May 1996.

Kapitel 8:
Zum Abschluß: Ein Ausblick

Die aktuelle Situation an den Universitäten Österreichs – aber auch in anderen Ländern – kann unterschiedlich gesehen und interpretiert werden. Dementsprechend differenziert fallen auch Stellungnahmen darüber aus.

Wenn aber Vermutungen über zukünftige tendenzielle Entwicklungen an und für die Universitäten abgegeben werden, wird diese Vielfalt der Stellungnahmen wahrscheinlich noch größer werden.

Die für die Universitäten relevanten Entwicklungstendenzen werden nicht losgelöst von der allgemeinen Entwicklung erfolgen. Und daraus lassen sich die folgenden Schlußfolgerungen ableiten:

- Die Dynamik in der Entwicklung des universitären Umfeldes wird weiter aufrecht bleiben; die Universitäten haben sich mit dieser Dynamik auseinanderzusetzen.

- Mit dieser Entwicklung werden sich kurz- bis mittelfristig wahrscheinlich keine besonders schwerwiegenden Veränderungen gegenüber dem derzeitigen Zustand ergeben. Grundsätzliche Neu-Orientierungen in diesem Zeitrahmen werden nicht zu erwarten sein. Mittel- bis langfristig werden aber tiefgreifende Veränderungen auch an bzw. für die Universitäten nicht ausgeschlossen werden können.

- Daraus ergeben sich neue Problemstellungen und Herausforderungen für die Universitäten. Die Inhalte des UNI-Managements wie die Rolle der UNI-ManagerInnen wird zu überdenken und den veränderten Umständen anzupassen sein.

In diesem Sinn wurde versucht, mit der vorliegenden Darstellung einen Beitrag für ein „Innovatives UNI-Management" zu liefern. Im Untertitel wurde bewußt „Eine Orientierung" hinzugefügt; denn die Darstellung ist im Sinne eines breiter angelegten Gesamtüberblickes gehalten.

Sie kann damit zwar in den einzelnen Punkten nicht in die letzten Einzelheiten eindringen, versucht aber, die wesentlich erscheinenden Tatbestände aufzuzeigen.

Eine schlaglichtartige Darstellung über die aktuelle Situation bzw. die dafür relevante historische Entwicklung bildeten den Einstieg ins Thema.

Anhand von drei Grundfragen wurde anschließend das Problemfeld ausgeleuchtet:

- Kann die UNI als Management-Objekt interpretiert werden?
- Welche Inhalte umfaßt ein („innovatives") UNI-Management?
- Welche Konsequenzen ergeben sich daraus für UNI-ManagerInnen?

Die Auseinandersetzung mit diesem Problembereich erscheint notwendiger denn je. Alle, denen die aktuelle und zukünftige Situation an den

Universitäten ein Anliegen darstellt, sind aufgerufen, hier ihre Beiträge einzubringen.

Dies betrifft also die Personen bzw. die Personengruppen, die innerhalb der Universität arbeiten bzw. das Leben und Arbeiten beeinflussen: StudentInnen, UniversitätsassistentInnen, UniversitätsprofessorInnen, MitarbeiterInnen im Bereich der Forschung, der Lehre und der Verwaltung.

Dies gilt aber auch für alle, die das universitäre Umfeld bilden: AbsolventInnen, EntscheidungsträgerInnen in Politik und Verwaltung, aber auch Auftraggeber wie Kooperations- und Geschäftspartner (Abb. 8.1).

Bei aller Unterschiedlichkeit der Standpunkte, bemühen wir uns um gemeinsame Lösungen auf dem Weg zur UNI-INNOVATIV!

Abb. 8.1: Auf dem Weg zur UNI-INNOVATIV (Cartoon von J. Stosiek)

Literaturverzeichnis

[1] *Absenger, A. G.* (Hrsg.): Die Studentenbewegung der sechziger Jahre: Schwerpunkt Österreich. Zeitgeschichte – Politische Bildung XVII; Pädagogisches Institut des Bundes in Wien 1993, Heft 146.

[2] *Andernegg, Walter:* Über Autonomie und Verantwortung der Universität, Österreichische Rektorenkonferenz 1991, Plenum 1/1991.

[3] *Bast, Gerald:* UOG 1993 (Universitäts-Organisationsgesetz), Wien 1994.

[4] *Bast, G.; Vodrazka, K.:* Universität und Drittmittel – Ein Anwenderhandbuch. Österreichische Rektorenkonferenz, BM für Wissenschaft und Forschung, Wien 1990.

[5] *Bircher, Bruno:* Langfristige Unternehmungsplanung – Konzepte, Erkenntnisse und Modelle auf systemtheoretischer Grundlage, Bern 1976.

[6] *Bleicher, Knut:* Das Konzept Integriertes Management. Das St. Galler Management-Konzept, Bd. 1, Frankfurt – New York 1991.

[7] *Bolte, K. M./Rink, J./Timmermann, M.:* Führung und Zusammenarbeit im Betrieb, Düsseldorf 1995.

[8] *Brünner, Christian:* Unterscheidung zwischen strategischen und operativen Organen – ein Grundsatzgedanke der Reform, in: *Strasser, R.* (Hrsg.): Beiträge zum Universitätsrecht 16 – Untersuchungen zum UOG 1993, Wien 1995, S. 7, 8.

[9] Bundeskanzleramt: Controlling-Handbuch für die öffentliche Verwaltung, Wien 1996.

[10] Bundesministerium für Wissenschaft und Forschung (BMWF): Allgemeine Richtlinien für statistische Übersichten in Forschung und experimenteller Entwicklung (Frascati-Handbuch II) 1971.

[11] Bundesministerium für Wissenschaft und Forschung (BMWF): Kostenrechnung und Controlling an Universitäten und Hochschulen, Wien 1992.

[12] Bundesministerium für Wissenschaft und Verkehr: Arbeitsprogramm zur Rationalisierung des Lehr- und Studienangebotes und zur Entwicklung von Schwerpunkten, Wien, Mai 1997, S. 3 f.

[13] Bundesministerium für Wissenschaft, Verkehr und Kunst: betreffend das Verfahren für Bedarfsberechnung und die Erstellung des Budgetantrages an Universitäten (Bedarfsberechnungs- und Budgetantragsverordnung).

[14] *Einem, Caspar:* Interview in der Tageszeitung ,,Die Presse" vom 6.2.1997, S. 1.

[15] *Faulhammer, F.:* BMWVK, Abteilung Organisation und Controlling 1993.

[16] *Funk, Bernd Christian:* Legalitätsprinzip und Rechtsquellensystem im neuen Universitätsrecht, Vortrag bei der Plenarsitzung der Österreichischen Rektorenkonferenz am 6. Juni 1994 in Klagenfurt, Plenum S. 22.

[17] *Gantner, Manfried:* Die Finanzautonomie der Universitäten, erschienen in: *Strasser, R.* (Hrsg.): Beiträge zum Universitätsrecht 16 – Untersuchungen zum UOG 1993, Wien 1995, S. 144.

[18] *Gomez, Peter:* Wertmanagement. Vernetzte Strategien für Unternehmen im Wandel, Düsseldorf – Wien – New York – Moskau 1993.

[19] *Hinterhuber, Hans H.:* Strategische Unternehmungsführung, Bd. I: Strategisches Denken, 5. Aufl., Berlin – New York 1992.

[20] *Hinterhuber, Hans H.:* Strategische Unternehmungsführung, Bd. II: Strategisches Handeln, Berlin-New York 1992.

[21] *Höllinger, Sigurd:* Der späte Abschied vom 19. Jahrhundert – Österreichs Hochschulen auf dem Weg in die Autonomie, Vortrag in: Internationaler Workshop „Unternehmen Hochschule", Klagenfurt, 24. Sept. 1996.

[22] *Höllinger, S./Musner, L.:* in: „Wilhelm von Humboldts Universitätsidee – ihre Bedeutung für die Hochschulbildung heute", Ministerium für Hoch- und Fachschulwesen der DDR und Bundesministerium für Wissenschaft und Forschung der Republik Österreich 1988.

[23] *Holoubek, Michael:* Neue Autonomie und Bundeshaushaltsrecht, 16. Seminar Universitätsrecht in Linz, Mai 1997.

[24] *Imai, Masaaki:* Kaizen – Der Schlüssel zum Erfolg der Japaner im Wettbewerb, 3. Aufl., München 1992.

[25] *Knight, K. E.:* A Descriptive Model of the Intra-Firm Innovation Process, in: JoB, 40 (1967), S. 478 – 496.

[26] *Köhler-Frost, W.:* Outsourcing – Eine strategische Allianz besonderen Typs, Berlin 1993 und *Dankl, A.:* Vorgehenssystematik für Anbieter von Instandhaltungsleistungen zur Anbahnung und Vereinbarung von Outsourcingprozessen sowie zur Gestaltung von kundenorientierten Geschäftsbeziehungen mit Unterstützung eines Marketingkonzeptes. Dissertation an der Montanuniversität Leoben 1995.

[27] *Komarek, K. L.:* „Probleme der Forschung – heute und morgen" in: *Zapotoczky/Strunz* (Hrsg.): Forschungsmanagement, Wien 1996, S. 3 ff.

[28] Kommission der Europäischen Gemeinschaft: Qualitätsmanagement und Qualitätssicherung im europäischen Hochschulwesen – Methoden und Mechanismen. Bericht Nr. 1, Luxemburg: Amt für Veröffentlichungen der Europäischen Gemeinschaften 1993. Confederation of EU-Rectors Conferences (früher „Verbindungsausschuß").

[29] *Koschnik, W. J.:* Standard Lexikon für Markt- und Konsumforschung, München, New Providence, London, Paris 1995, S. 262.

[30] Landesregierung Nordrhein-Westfalen: Regierungserklärung 1995; Abschnitt VI, S. 16 – 17, und Arbeitsprogramm 1995 – 2000; Projekte aus Wissenschaft und Forschung, S. 10 ff.

[31] *Maderthaner, Heinrich:* Fernstudien und Universitätsreform, in: *Strasser, R.* (Hrsg.): Beiträge zum Universitätsrecht 16 – Untersuchungen zum UOG 1993, Wien 1995, S. 137, 138.

[32] *Magerl, G.:* Das Raumbedarfsmodell CONECTA, S. 52 ff.

[33] *Maierhofer, H.:* Computerintegriertes und netzwerkbasierendes Informationssystem für das Universitätsmanagement, Dissertation an der Montanuniversität Leoben 1995, S. 241.

[34] *Maslow, Abraham H.:* Motivation und Persönlichkeit, Freiburg im Breisgau 1977.

[35] *Mertens, P./Back-Hock, A./Sluka, K.:* „Ein Modell zur Kalkulation der Kosten je Absolvent". ZfB 2/94, S. 297 ff.

[36] *Mertens, Peter/Haase, Michael:* Die Kosten des Universitäts-Diploms. Berechnungsmodell und Beispiel. Arbeitspapier Nr. 3/1996, Bereich Wirtschaftsinformatik I, Universität Erlangen – Nürnberg.

[37] *Moltke, H. v.:* Ausgewählte Werke, hrsg. von *F. v. Schmerfeld*, 4 Bände, Berlin 1925.

[38] Montanuniversität Leoben, Satzung, S. 11, 12, 22.

[39] *Müller, R. A.:* Geschichte der Universität, München 1990.

[40] o.V.: Ausschußbericht 1225, BlgNR 18. GP (Bemerkungen zu §§ 7).

[41] o.V.: Erläuterungen zur RV des UOG 93 (1125 BlgNr. 18. GP).

[42] *Oberhofer, Albert F.:* Gedanken zur Budgetierung und Entscheidungszuordnung im öffentlichen Forschungs- und Entwicklungsbereich. Zeitschrift für Wissenschaftsforschung 2/1978, S. 169 – 185.

[43] *Oberhofer, Albert F.:* Bericht über die Rektorsjahre 1991/92 bis 1994/95, erschienen im Mitteilungsblatt der Montanuniversität Leoben.

[44] *Oberhofer, A. F.:* Qualitätswirtschaft, Köln 1987, S. 172.

[45] *Österle, Hubert:* Business Engineering. Prozeß- und Systementwicklung, Bd. 1: Entwurfstechniken, 2. Aufl., Berlin 1995.

[46] Österreichische Rektorenkonferenz: Planungsdaten; Auszüge aus: bm:wvk: Hochschulbericht 1996, Band 1 und 2, Wien 1996; ADV-Datenbank des bm:wvk/bm:wfk/ bm:uka/ams: Universitäten. Hochschulen, Studium und Beruf. Wien 1995; APA-Datenbank.

[47] *Paschen, Peter:* Interview in der Wirtschaftswoche vom 17./18.4.1996, S. 23, 24.

[48] *Pechar, Hans/Keber, Christian:* Abschied vom Nulltarif – Argumente für sozialverträgliche Studiengebühren, 1996.

[49] *Pellert, A./Welan, M.:* Die formierte Anarchie, Die Herausforderung der Universitätsorganisation, Wien 1995.

[50] *Pellert, Ada:* Zwischen Gesellschaftsrelevanz und Gesellschaftsdistanz: Versuch einer Aufgabenbestimmung der Universität, in: *Pellert, A./Welan, M.:* Die formierte Anarchie – Die Herausforderung der Universitätsorganisation, Wien 1995.

[51] *Pellert, Ada:* Der Universitätsmanager als Verwalter, Psychotherapeut, Minister und Symbol, in: *Pellert, A./Welan, M.:* Die formierte Anarchie – Die Herausforderung der Universitätsorganisation, Wien 1995.

[52] *Pellert, Ada:* Reifenwechsel bei voller Fahrt, Gastkommentar in der Zeitung „Die Presse" vom 26./27.4.1997, S. 2.

[53] *Peters, Thomas J./Waterman, Robert H.:* Auf der Suche nach Spitzenleistungen – Was man von den bestgeführten US-Unternehmen lernen kann, 10. Aufl., Landsberg am Lech 1984.

[54] *Promberger, K.:* Controlling für Politik und öffentliche Verwaltung, Wien 1995.

[55] *Pümpin, Cuno:* Strategische Erfolgspositionen, Methodik der dynamischen strategischen Unternehmungsführung, Bern – Stuttgart – Wien 1992.

[56] *Pümpin, Cuno/Prange, Jürgen:* Management der Unternehmensentwicklung. Phasengerechte Führung und der Umgang mit Krisen. Das St. Galler Management-Konzept, Bd. 2, Frankfurt – New York 1991.

[57] *Radke, M.:* Handbuch der Budgetierung, Landsberg/Lech 1989, S. 125 ff.

[58] *Ray, G. G.:* The diffusion of new technology – A study of ten processes in nine industries, in: National Institute Economic Review, Heft 48, May 1969, S. 40.

[59] *Rüegg, W.:* Geschichte der Universität in Europa, München 1993.

[60] *Schumpeter, Joseph A.:* Theorie der wirtschaftlichen Entwicklung, 7. Aufl., Berlin 1987.

[61] *Stolzlechner, Harald:* Das neue Satzungsrecht der Universitäten, in: *Strasser, R.* (Hrsg.): Beiträge zum Universitätsrecht 16 – Untersuchungen zum UOG 1993, Wien 1995, S. 29.

[62] Technische Universität Graz, Bericht 1993 – 1996, Implementierung des UOG 93, Ausgabe 1996, S. 13.

[63] *Thom, Norbert:* Grundlagen des betrieblichen Innovationsmanagements, 2. Aufl., Königstein/Ts. 1980.

[64] *Warnecke, Hans-Jürgen:* Die fraktale Fabrik – Revolution der Unternehmenskultur, Berlin – Heidelberg – New York 1992.

[65] *Warnecke, H.-J./Kristof, R.:* Übertragung fraktaler Prinzipien auf den Dienstleistungssektor, in: *Goldman, S. L./Nagel, R. N./Preiss, K./Warnecke, H.-J.:* Agil im Wettbewerb – Die Strategie der virtuellen Organisation zum Nutzen des Kunden, Berlin, Heidelberg 1996, S. 353 ff.

[66] *Weiler, N.,* in: Check up, Mitteilungen des Gemeinnützigen Zentrums für Hochschulentwicklung GmbH in Gütersloh/BRD, Sonderausgabe Nr. 1/1996 vom Juni 1996, S. 24 ff.

[67] *Winkler, Günther:* Die Rechtspersönlichkeit der Universitäten, 1988, S. 333.

[68] *Winkler, Günther:* Rechtspersönlichkeit und autonomes Satzungsrecht als Wesensmerkmale in der personalen Selbstverwaltung, ÖJZ 1991, 73, bzw. Erkenntnis des Verfassungsgerichtshofes vom 15.6.1993, B 1392/90 (= JBl 1994, 197 mit Besprechung von *Pernthaler*).

[69] *Wohinz, Josef W.:* Wertanalyse – Innovationsmanagement, Würzburg – Wien 1983.

[70] *Wohinz, Josef W.:* Laufbahnplanung – Erfolgsgrundlage für Bewerber, Mitarbeiter und Unternehmungen, Wien 1985.

[71] *Wohinz, Josef W.:* Tradition und Innovation, in: Der Wirtschaftsingenieur, 25 (1993) 4, S. 23 – 27.

[72] *Wohinz, Josef W./Keplinger, Wolfgang:* Effizienz und/oder Effektivität? Kenngrößen erfolgsorientierter Betriebsführung, in: Der Wirtschaftsingenieur, 25 (1991) 3, S. 4 – 8.

[73] *Woot de, Philippe:* Managing Change at the University, Vortrag in: CRE 46th Bi-annual Conference, Santiago de Compostela, 23. – 24. May 1996.

Stichwortverzeichnis